化育天工：教育与思想

李海朝　杜柄璇　张　涛　编著

科 学 出 版 社

北 京

内 容 简 介

　　化学是一门核心科学，在教育中有巨大的受教群体，进一步加强课程思政教育是时代的要求。目前化学类各门课程教学中存在课程思政元素难以提炼的问题，本书以此为出发点，主要以案例形式介绍了我国部分化学家的卓越成就和中国古代在化学领域的贡献。全书共 4 章。第一章和第二章共 14 个案例，分别阐述了金丹术、冶炼、造纸等方面的成就。第三章和第四章用案例详细介绍了 23 位杰出化学家的贡献。

　　本书可供化学教师进行课程思政教学参考使用。

图书在版编目（CIP）数据

化育天工：教育与思想/李海朝，杜柄璇，张涛编著. —北京：科学出版社，2024.6

ISBN 978-7-03-077327-2

Ⅰ. ①化… Ⅱ. ①李… ②杜… ③张… Ⅲ. ①高等学校-思想政治教育-研究-中国 Ⅳ. ①G641

中国国家版本馆 CIP 数据核字（2024）第 000631 号

责任编辑：贾　超 / 责任校对：杜子昂
责任印制：徐晓晨 / 封面设计：东方人华

科 学 出 版 社 出版

北京东黄城根北街 16 号
邮政编码：100717
http://www.sciencep.com

涿州市般润文化传播有限公司印刷
科学出版社发行　各地新华书店经销
*

2024 年 6 月第　一　版　开本：720×1000　1/16
2024 年 6 月第一次印刷　印张：17 1/2
字数：360 000

定价：128.00 元

（如有印装质量问题，我社负责调换）

前　　言

为谁培养人？培养什么样的人？在任何时代都是教育不容回避的问题。思想政治教育是现代教育的重要组成部分，是明确和回答这些问题重要的环节保障。但是，从目前的教育实践来看，单一的思想政治课程不足以完成思想政治教育的全部目的和任务。2016 年 12 月，习近平总书记在全国高校思想政治工作会议上强调要用好课堂教学这个主渠道。课程思政系指在"三全育人"格局下，各类各门课程与思想政治理论课程的内涵同向同行，在"立德树人"教育的根本任务方向上，形成协同效应的一种教育理念和实践。课程思政不同于思政课程。课程思政，不只是思政课程的任务，不只是思政课教师的任务，是所有课程、所有教育者的任务。课程思政的实现不必一定采用思政课的术语，除却说教模式，"润物细无声"的教育，往往能更好地使思想入脑入心，获得更好的教育效果。

《教育部高等教育司 2020 年工作要点》第五条明确指出："充分发挥各类课程的育人功能，深入挖掘各门课程蕴含的思想政治教育内容，促进专业课与思想政治理论课同向同行，实现价值引领、知识教育、能力培养的有机统一。"目前，课程思政已经引起了各领域教育专家和广大高校教师的高度关注，课程思政教学改革如雨后春笋，方兴未艾。

化学化工是现代高等教育的很多专业和生产的很多领域所必须涉及的基础核心学科。人们的衣食住行各个方面都离不开化学化工；工业、农业、国防、科技、材料和社会经济发展也离不开化学化工。必须修习化学化工相关课程的专业领域非常广，涉及的受教育人群也非常巨大，这就要求化学化工教育者必须做好化学化工相关的课程思政。

从某种角度讲，中国化学史教育就是思政教育，科学教育本身也是显性的思政教育。本书分为中国化学古代贡献（含燧人氏、冶炼和制陶等）和中国近现代化学化工学家贡献两个大类内容，共 4 章。第一章、第二章由李海朝和张涛完成，第三章和第四章由李海朝和杜柄璇完成。本书编撰期间，研究生梁天、邢野、王亚南等也做了大量的资料收集整理等相关工作。全书由李海朝统稿。总体涉及理想信念与化学化工、生态文明与化学化工、爱国主义与化学化工等方面教育内容。希望此书能抛砖引玉，为广大化学化工教育者提供课程思政教育素材，为化学化工及相关专业的学生提供中国特色精神、文化和知识给养。

由于作者水平有限，书中不妥之处在所难免，敬请读者批评指正。

作　者

2024 年 6 月

目　　录

第一章

中华文明之火

　　宇宙的进程、生命的演化无疑都离不开化学变化，而化学是从人们对火的认识和利用开始的。我国古代传说"燧人作火"与西方的普罗米修斯盗火在精神层面本质上明显不同。燧人氏钻木取火，也许是人们最早主动进行的化学实践。除了祖先的聪明才智，更重要的是体现了中华民族伟大的斗争精神和自强不息的创新精神。中华文明之火，从未熄灭，每一个传说、每一个故事都是一面精神旗帜，引领一代代中华儿女自信向前。

第一例：或疑古者燧人氏，钻以出火为炮燔

一、案例内容

在远古时代，当火山爆发时或自然界的电闪雷击引发了森林大火时，火焰如同一个张牙舞爪的恶魔，仿佛要吞噬原始人和这一方天地，可以想象到当时原始人对它本能地抵触和恐惧。关于火的利用，大致可以分为如下四个阶段：（1）人们在同险恶的自然条件做斗争中，逐渐了解了烈火附近比较暖和以及被烧死的野兽可以充饥等情况（对天然火的间接利用阶段）；（2）于是，原始人便尝试在野外天然火堆上不断添放树枝等燃料以保持火种不灭（对天然火种的保存和利用阶段）；（3）想方设法将自然界的野火引入到他们的山洞里面，将火用作抵御寒冷、防止野兽侵袭的武器（对天然明火的直接引取或火种的搬迁阶段）；（4）后来，人们发现用引火物从天然暗火（如无火苗的炭木）中也可以引取火种（安全引火阶段）。

人类最早利用的火都是自然界的野火，从野火中取得火种，然后设专人保管。经过若干万年的摸索尝试，人们终于在实践中掌握了打击、磨、钻等人工取火的方法，如钻木取火[1]。研究证明，在旧石器时代初期（约 400 万到 300 万年前）人类可能已经会用火。

我国关于钻木取火的故事主要有燧人氏钻木取火、伏羲钻木取火和黄帝钻木取火[2]。记载"燧人氏钻木取火"的历史典籍最多，古籍《世本·作篇》记载"燧人火"。《三坟》中说："燧人氏教人炮食，钻木取火，教民熟食。"关于伏羲钻木取火和黄帝钻木取火也有记载。《河图挺辅佐》记载："伏羲禅于伯牛，钻木作火。"《管子》："黄帝钻燧生火，以熟荤臊，民食之无肠胃之病。"相比于燧人氏钻木取火的故事而言，伏羲和黄帝取火的记载却较为笼统且数量较少，黄帝时代距今约 5000 年，而在此之前已有火的发明和使用。而根据《帝王世纪》《三坟》《通志·三皇纪》等文献记载，伏羲为燧人氏的后人，因而伏羲钻木取火更可能是继承而非发明。20 世纪 60 年代初，考古学家在河南商丘古城西南 1.5 千米处发现"燧人氏陵"遗址，其中保留的文物可以说是燧人氏发明钻木取火的最有力的佐证。

　　钻木取火后来又演进为锯法取火。直到青铜器时代，人们发明并制作了以青铜为材料的凹面镜，称为阳燧或夫燧。汉代，人们用冰制作凸透镜做点火实验。这些实验虽没有太大的实用价值，却展现出古人非凡的想象力和探索精神[3-4]。人们用木材头蘸硫黄制作出"引光奴"，大概在宋元时期传至欧洲，欧洲人才制造出原始火柴[5]。到了宋元时代，火镰击石法成为当时主要生火方法，锯法取火逐渐被淘汰。到了 1830 年左右，用黄磷、硫黄和氯化钾混合物制成摩擦火柴问世，后来又用赤磷代替黄磷制成沿用至今的安全火柴。随着科技的发展，今天的取火本领更加先进。普通打火机中用铈铁合金做"火石"，点燃的是汽油或液化石油气，原理与古代燧石与铁质的火镰相撞产生火花一样。在当今电气化的时代，电火花点火也是常见点火方式之一[6]。

　　以火为热源，出现了烹饪，发展了不同的饮食文化；以火之魂魄，结合自然发展，阴阳相印，具体到人体，出现了中国本土的医疗体系——中医，如《黄帝内经》中"南方生热，热生火，火生苦，苦生心"，火气代表人之精气神，对人体正常运转有重要作用；以火之形象，柴置于地而其上发焰，烈烈威风，灼灼生辉，此谓之火也；根据火的形，华夏先祖，创造了火字，既有火的象，又富含人文，如人肩载火，喻为人性，而后又衍生了"炎""吹""燊""炽"等数以千计的与火相关的文字，并且每个都有其独一无二的含义。如今，火的文字、文化已成为人类文明中不可分割的璀璨部分[7]。

　　明《归德府志》和清康熙四十四年（公元 1705 年）《商丘县志》均记载："燧皇陵在阏伯台西北，相传为燧人氏葬处[8]，为古人祭祀之处。"在如今睢阳当地还有许多纪念"火神"阏伯的民间火文化习俗，如取新火、添新土、赛火把、打铁花、火龙灯、太阳鸟、吃红蛋和赶火神台庙会等。图 1.1 和图 1.2 展示了传统节日火把节和打铁花项目。

图 1.1　火把节

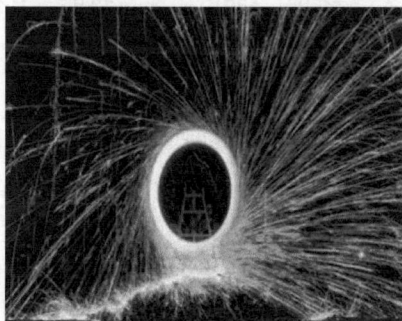

图 1.2　打铁花

人们对于火的崇拜最早源于对太阳的崇拜，而后转为对火的功能性的感恩。古人认为，金、木、水、火、土，共同组成了万物之素[9]。蒙古族在每年腊月二十三日举行拜火仪式，满族传说火为雷神之妾送给人间的礼物，彝族、纳西族、白族保留着"火把节"的种种传说，他们举行非常隆重的仪式表达对火神圣不可侵犯的崇敬[10]。

禁忌本身不是人为的说教，而是传统习俗代代相传。火的禁忌在许多民族中普遍存在。寒食节源于晋文公对介子推的追缅和悼念，人们以吃冷食而寄托情怀。汉族民间在对灶君神、灶君府的供奉和祭典中，保持灶台的绝对洁净[12]，以此祈求五谷丰登、生活幸福。鄂温克族、鄂伦春族的各家各户必须谨慎地保存好火种，即使搬迁时亦不得熄灭，不能向火中扔污秽之物[13]。藏族、纳西族、基诺族、佤族、拉祜族、布朗族等，他们在家中最佳位置架起一座火塘灶，以火塘灶为中心形成一块不可侵犯的圣地，全家以火塘灶为生活的依托，不从火塘灶上跨过，不乱扔东西到火塘中，"不洁之人"不靠近火塘，架起火塘的石头也不能随意搬弄。火禁忌在某些地区的汉族人中"取名"时更为突出：长辈给小孩取名时，依照水火相克的"原理"，寄托美好期望，取名忌用"火"，甚至带火字旁的字[11]。在人们心灵深处形成了不可亵渎火的观念[14-16]。

火的使用日益广泛，人类逐渐思考如何发展火，控制火。

在燃料方面，古代主要是柴草、树木、动植物油（如油灯等，多用于照明），而后快速发展，出现了木炭。木炭是木材或者木质原材料在隔绝空气下不完全燃烧残留的深褐色多孔固体燃料。有黑炭、白炭、瑞炭等，品质大同小异，主要区别在烧制原材料不同[17]。烧制方法有窑烧法和干馏法，所用原料多为各种树材。

根据记载，我国在商朝时期已经掌握烧制技术并使用木炭。木炭，作为燃料燃烧十分彻底，能产生大量热能。其优良的产热性能，在推动社会发展与技术变革中起重大作用。

木炭的使用对冶炼的发展影响较为巨大，青铜器的冶炼就是受益者之一。有木炭这类高效燃料助阵，商周时期我国就已经有较为成熟的青铜器冶炼技术。范铸法制造青铜器为主[18]，其制作步骤为：（1）矿石选择与开采，主要是孔雀石、铅孔雀石、赤铜矿等富含铜元素的矿石材料；（2）制模翻范，亦称作合置范，有内范与外范之分，当模具合范以后，制作特定的范盖并留有浇铸孔与排气孔，以便孔灌浇铸；（3）矿石熔炼，所选矿材，在1100℃高温下熔炼成青铜合金液体；（4）浇铸成型；（5）打磨修整。青铜器的制造，技术复杂，工艺繁多，尤其是浇铸工艺、模具的制造以及青铜器表面花纹等，都对工匠的技艺有十分高的要求。"金有六齐：六分其金而锡居一，谓之钟鼎之齐；五分其金而锡居一，谓之斧斤之齐；四分其金而锡居一，谓之戈戟之齐；三分其金而锡居一，谓之大刃之齐；五分其金而锡居二，谓之削杀矢之齐；金锡半，谓之鉴燧之齐。（《周礼·考工记》）"也就是说铸造钟鼎需要掺入大约六分之一的锡，制造斧钺需要掺入大约五分之一的锡，铸造戈戟、刀刃、箭镞、鉴燧（铜镜）所用青铜原料中锡的比例以此类推，逐渐增加[19]。铸造不同的青铜器，锡的比例有所不同，成形后的青铜器颜色也不尽相同。在红铜中加入少量的锡，它的金属光泽就会从红色向橙黄色转变，随着锡的比例提高，颜色又逐渐变为金黄色、浅黄色，乃至灰白色。图 1.3 和图 1.4 便是青铜器不同程度的"青化"[20]。

图 1.3　青铜器逨盘　　　　　　图 1.4　青铜器黄簋

器物埋藏地下时接触到氯化物，由于氯离子半径小，易穿透水膜与铜作用形成氯化亚铜，与水、氧气等发生如下反应：

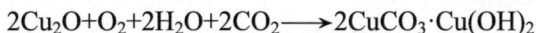

$$Cu+Cl^- \longrightarrow CuCl+e^-$$

$$2CuCl+H_2O \longrightarrow Cu_2O+2HCl$$

$$2Cu_2O+O_2+2H_2O+2CO_2 \longrightarrow 2CuCO_3 \cdot Cu(OH)_2$$

$$2Cu_2O+2H_2O+O_2+2HCl \longrightarrow CuCl_2 \cdot 3Cu(OH)_2$$

因此，青铜是在外界环境影响下所形成的腐蚀产物，由内向外为 CuCl、Cu_2O，再向外是 $CuCO_3 \cdot Cu(OH)_2$ 或 $CuCl_2 \cdot 3Cu(OH)_2$，或两者并存的层叠状结构，颜色也就变为青色[21]。

青铜器种类繁多，造型独特，有饮器、食器、酒器以及乐器。著名的编铙、编钟、编镈可组建一支完整的乐队[22]。青铜器的发展也开启了冷兵器战争的新格局，刀、枪、剑、戟等合金制品第一次走上人类战争的舞台。青铜器是一种世界性文明的象征，更是中华文明发展的灿烂瑰宝。

青铜器大多质地较脆易断，铸件需求受限，并且铜矿原材料量少，无法大量生产，因此逐步退出了历史舞台。但是依靠快速发展的冶炼技术，人们很快找到了另一种性能更好的金属——铁。

铁器的古代冶炼过程包括四个阶段：造炉、选矿、熔炼和锻造[23]。冶炼技术在不同时期的技术程度不同，不同的地理位置获得的原材料亦是千差万别，不同的熔炼规模、工艺要求、性能指标等，导致在早期无法形成统一的冶炼标准。我国早期炼铁方法为块炼铁，始于春秋时期，而后又发展了炉炼，战国时期已掌握脱碳、热处理等重要冶炼工艺，发明了韧性铸铁，而后模具生产也相应出现。西汉时期有坩埚炼铁法，汉代以后发明了灌钢法，炼钢技术得到空前发展[24]。

在明代，我国炼铁工艺已经达到世界一流水准，总产量达到全世界三分之二。铸造工艺十分成熟，铁矿石在 1100～1200℃的炉温下融化为铁水，倒入模具成为铸铁，而后又进行加热反复捶打以降低 C、S、P 等杂质的含量，这种工艺又称为锻造，因此古人有"百炼成钢"的说法。锻造的程度不同也决定了铁的品质差异，有柔铁、低碳钢等。炼铁的主要原料有铁矿石、焦炭、石灰石。高温条件下，其反应方程式为[25]：

$$Fe_2O_3 + 3CO \longrightarrow 2Fe + 3CO_2$$

$$Fe_3O_4 + 4CO \longrightarrow 3Fe + 4CO_2$$

$$CaCO_3 \longrightarrow CaO + CO_2$$

$$CaO + SiO_2 \longrightarrow CaSiO_3$$

铁制品，如日常生活所用的斧头、锤子、刀具，以及刀、枪、剑、戟等军用武器的革新，极大地推动了社会进步，使中国社会从青铜器时代进入了铁器时代，为人类文明发展写下了浓墨重彩的一笔。

科技时代下人类对火的使用达到了前所未有的高度，冶铁技术得到了空前绝后的发展，有高炉法、直接还原法、熔融还原法、离子法等，脱碳工艺也逐步发展壮大完善。随后发明了蒸汽机、火力发电、内燃机，出现了飞机、火箭、轮船、潜艇等一系列高科技产物。我国后来者居上，在航空航天、能源开发等多个领域皆是领跑者。高能燃料开发是科学技术进步的必然趋势，但在快速发展的前提下人类必须顺应自然，统筹兼顾，要努力实现科学技术进步与自然和谐发展相协调一致，实现可持续发展，守护"绿水青山"，创造"金山银山"，实现中华民族伟大复兴。

二、教育思想

取火，取的是不屈的攻坚精神，是不惧于自然的无畏精神，是勇于改造自然的伟大探索精神。华夏先民的"钻木取火"的"引火术"是耐心探究且细钻磨研的"智取"，而普罗米修斯"盗火术"是一种勇敢无畏、"明火执仗"的"豪夺"。两者充分体现了东西方文化不同的本质特征。燧人氏钻木取火除了体现祖先的聪明才智，更重要的是体现了中华民族伟大的斗争精神和自强不息的创新品质。"天行健，君子以自强不息。"中华民族的伟大精神就是指引着我们，头顶天，脚踏这一片华夏土地，做一个响当当的、大写的中国人[26-28]。

火文化是中华民族的传统文化之一。封建时代，烽火是战时传递信息的重要手段。古代的驻边军队，现在的边防战士、军垦部队等像一簇簇烽火，他们是民族的守护神，守护着数以万计的黎民百姓。燧人氏取火、刀耕火耨、火烧赤壁，火开启了新时代；火法冶金、烧制青铜、淬炼铁器，火孕育了新生命；伏火炼丹，火药、火箭的发明，这些都是中华民族丰厚的历史文化底蕴。它们是华夏祖先给予后代子孙的瑰宝，鼓舞中华民族奋勇向前。

中华之火，是星星之火，更是希望，是中华民族伟大复兴的火种[29]。"星星之火，可以燎原。"这是有根的红色思想，是活的红色精神，它使中国人民拥有坚强的信念，勇敢地去走独属于自己的革命道路。

在《化学史》《燃烧学》等课程中，教师可以讲解人类古代先民发现火、认识火、使用火不断演变的过程，再加上教师对火的意义的感悟，引发学生的深思，并产生对人类先祖的敬佩之情。教师可以讲解平时人工取火的方法，引起学生的兴趣。因为现在的大学生生活在都市里，甚至是农村的孩子也不懂得人工取火，这样既宣传了科普知识，同时也教会学生实用的技能。教师也可以利用新媒体教学法，在班级里播放或在班级群分享人工取火的视频，增加学生阅历。培养当代优秀中国青年人，必须让他们拥有足够的文化自信，树立正确的人生观、价值观，脚踏实地、坚韧不拔地成长，要明白我们的文化自信不是空穴来风的，其本质是建立在 5000 年文明不断代传承基础上的文化自信。把握现在，前瞻未来，有创造力的文化都是向未来敞开的，实现中华民族伟大复兴，更为重要的是坚定对文化未来发展前景的自信。面对过去我们可以豪气满怀，面对未来我们更要昂首挺胸，用双手去谱写中华民族的灿美华章。

参 考 文 献

[1] 缪坤和, 周智生. 火的起源与人类早期的取火法[J]. 云南消防, 2003(05): 47-48.

[2] 凌德祥. 关于火的起源的语义思考[J]. 阜阳师范学院学报(社会科学版), 1990(04): 34-38.

[3] 王旭蕴. 中国古代在取火方法方面的发明[J]. 清华大学学报(自然科学版), 1960(02): 63-75.

[4] 姚丁杨. 古人如何取火[J]. 百科知识, 2011(22): 45-46.

[5] 蔺理生. 谈谈取火方法的演变(一)[J]. 火柴工业, 2002(02): 14-20.

[6] 蔺理生. 谈谈取火方法的演变(二)[J]. 火柴工业, 2002(03): 15-16.

[7] 杜莉. 火文化在原始社会发展中的重要作用[J]. 黑龙江史志, 2009(03): 45-46.

[8] 朱文旭. 彝语支民族尚火文化习俗[J]. 楚雄师范学院学报, 2014, 29(10): 56-61.

[9] 敬义. "火"字知多少[J]. 七彩语文(写字), 2012(11): 34-35.

[10] 王大华. "火"字真火[J]. 新语文学习(小学中年级版), 2013(03): 11-13.

[11] 杨光, 田丽华. 古代赫哲族的火文化[J]. 通化师范学院学报, 2014, 35(07): 70-74.

[12] 玲玲. 蒙古族火文化生态哲学意蕴[D]. 呼和浩特: 内蒙古师范大学, 2014.

[13] 崔波, 刘晓. 《周易》火文化浅析[J]. 华北水利水电大学学报(社会科学版), 2014, 30(01): 147-149.

[14] J. G. 弗雷泽, 赵捷. 火文化的三个时代[J]. 云南民族学院学报, 1987(02): 32-36.

[15] 何平, 郑加负. 火文化论[J]. 云南消防, 2000(02): 43-45.

[16] 吴松. 伊朗的火文化风情[J]. 山东消防, 2000(07): 33.

[17] 张雪梅, 汪徐春, 王恒, 等. 易燃木炭的分析与制备研究[J]. 安徽科技学院学报, 2017, 31(03): 48-52.

[18] 唐兰. 中国青铜器的起源与发展[J]. 故宫博物院院刊, 1979(01): 4-10, 107.

[19] 胡春良. 商代青铜器铸造工艺的分析[J]. 铸造工程, 2019, 43(01): 46-47.

[20] 丁元海. 中国古代青铜器的铸造工艺[C]. 决策论坛——基于公共管理学视角的决策研讨会论文集(上). 2015: 251.

[21] 高守雷, 范金辉. 试论中国商周时期青铜器的铸造技术[J]. 铸造, 2016, 65(11): 1111-1114.

[22] 许书理. 炼铜技术对炼铁技术的影响(公元前 8 世纪～2 世纪)[D]. 郑州大学, 2010.

[23] 华觉明. 中国古代钢铁冶炼技术[J]. 金属学报, 1976(02): 222-231, 267-274.

[24] 张寿荣, 于仲洁. 中国炼铁技术 60 年的发展[J]. 钢铁, 2014, 49(07): 8-14.

[25] 王维兴. 中国炼铁技术进展[J]. 钢铁, 2003(05): 61-66.

[26] 凌德祥. 东西方火的文明比较研究[J]. 浙江工商大学学报, 2009(06): 28-32.

[27] 伊莎贝拉. 中西方神话中"火的起源"(上)[J]. 今日中学生, 2021(08): 16-18.

[28] 伊莎贝拉. 中西方神话中"火的起源"(下)[J]. 今日中学生, 2021(11): 18-20.

[29] 徐莹, 葛宁. 《星星之火, 可以燎原》蕴含的思想政治教育资源[J]. 学习月刊, 2020(10): 20-24.

第二例：水中闻虎啸，火里见龙行

一、案例内容

（一）炼丹术的起源与发展

炼丹术是中国古代独立发展并且盛行很久的一门方术。它试图用自然界的一些矿物、草药，通过化学加工制造出性质神异的神丹妙药，人服用后可以长生不死或者羽化登仙（图 1.5）。

图 1.5　黄帝炼丹于黄山

在新石器时代的后期，人们对世界上某些自然现象的理解正处于蒙昧的阶段，认为自然法则都是神在主宰，认为人死后，灵魂去往另一个世界。到了商代，人们认为疾病和死亡是神明、祖先的惩罚。天地诸神、亡故的祖先在商人的心中占据很重要的地位，于是商人的大小活动都要祈告神灵和祖先[1]。到了周代，医药学有一定的发展。《周礼》记载，将医分为"食医""疾医""疡医""兽医"四种。疾医以"五味""五谷""五药"养其病[2]。道家祖师老子李耳有《道德经》传世，他的信徒从"道"中发掘出长生不死的途径，认为真正修得至道，便会掌握生死的法门。图 1.6 为古代炼丹活动。

图 1.6　古代炼丹活动

　　炼丹术的出现源自古代神话传说和对冶炼技术的探索。我国古代木炭的烧制技艺成熟，品类繁多且广泛使用，快速发展的冶铸技术给炼丹术奠定了物质和技术基础。特别是医疗方面，为世界人民作出了很大贡献，著名丹医学家张觉人所著《外科十三方考》（1947 年）、《救痨手册》（1948 年）、《中国炼丹术与丹药》（1981 年）等医学经典便是集前人之智慧而造福后世 [3]。

　　炼丹术可分为外丹和内丹。人们所说的炼丹术，通常是指外丹。图 1.7 为外丹。外丹，是指以丹砂、铅、汞等天然矿物石药为原料，用炉鼎烧炼，以制造出服后永生不死的丹药。秦始皇陵出土的众多文物典籍中记载了大量外丹秘方 [4]。内丹，是通过内炼以求养生、长生的一种修养方术，内指身体内部，丹指小而圆的精神意识产物。

　　春秋战国时期为中国炼丹术的萌芽期，在《山海经》《战国策》中便有神仙和不死药的记载。如《山海经》："有轩辕国，不寿者八百岁，寿者数千岁。" [5]

图 1.7　丹药

中国炼丹术正式出现在西汉。陈国符："我国之金丹术与黄白术，可溯源至战国时代燕齐方士之神仙传说与求仙药。"张子高："炼丹术在我国有其悠久的历史。它形成于汉武帝时代，而以秦始皇时代为先驱。"孟乃昌："汉武帝时代制炼黄金和长生药物结合起来，奠定了中国炼丹术以金丹和黄白结合为起点的基础。"炼丹术技法与成品既是传统中医药的重要组成部分，也寄托着古人长生不老、得道成仙的梦想。术士们不断寻找和改善着炼丹术，在丹炉的氤氲里苦心孤诣地煎熬着益寿延年的梦[6-7]。

汉武帝时期，刘彻派人赴蓬莱取丹，而诸方士如李少君、栾大等更在朝廷为其服务，如表 1.1 所示[8]。李少君是史书记载的最早一位炼丹家，而刘安也是当时著名的炼丹人物，其著作《淮南子》也曾提到汞、丹砂、雄黄等药物。

表 1.1 汉朝时期著名炼丹术士及炼丹活动

炼丹方士	炼丹活动
李少君	丹砂可化为黄金。——《史记》
栾大及其师	黄金可成，而河决可塞，不死之药可得，仙人可致也。——《史记》
新垣平、李少翁等	以仙人、黄冶、祭祠、事鬼使物、入海、求神、采药。——《汉书》
	言神仙黄白之术。——《汉书》
淮南王刘安	书言神仙使鬼物为金之术，及邹衍重道延命方。——《汉书》
	招致宾客方术之士数千人……铸成黄白，白日升天。——《风俗通义》

炼丹术也曾耗费了大量的人力和物力。以秦始皇为例，为了能够长生不老，一次遣发方士徐福率童男童女数千人入东海求仙人（图 1.8），后又多次求仙问

图 1.8 徐福东渡寻药

药，结果"今闻韩众去不报，徐福等费以巨万计，终不得药，徒奸利相告日闻"，终成泡影。

炼丹术在中国漫长的发展历程中，伴随着朝代的更替与兴衰，在社会留下的影响具有两面性。它促进了火药、冶炼、外科用药等技术的发展。由于炼丹术与道教是分不开的，很多封建迷信的思想也就深入人心，无休止地追求仙药，造成了社会的动荡。炼丹的最初目的是追求长生不死，尽管没有成功，但对我国的医药事业的发展具有重大贡献[9-11]。

中医外科很早就使用金石药物的炼制品，典型的例子是"五毒丹"。五毒都是炼丹家使用的诸如丹砂、雄黄等金石药物，这在《周礼·天官冢宰》中有明确的记载。到了唐代的王焘《外台秘要》，外科依旧用此药[12]。

另外，可以发现很多著名炼丹家都是当时的医家，如葛洪、孙思邈等。将炼丹中产生的化学物质应用于医学方面，很大程度上推进了医药事业的发展，尤其是外科。比如说，基于以往的用药研究，现在对白降丹的临床应用已经延伸到治疗咳嗽、牙痛、腰痛、关节炎、坐骨神经痛等症[13]。

基于实践，古人发现丹石之类的矿物药对人体作用利弊参半，纵使中毒事件频发，但矿物药作为中医外科的拔毒化腐生肌药仍有确切疗效。例如雄黄，长于攻疮毒与蛇虫毒，也曾被《本草纲目》誉为"治疮杀毒要药"，同时外用还能杀虫以及治疗疥癣。现代临床用于疮疡、湿疹疥癣、蛇虫咬伤。现在很多中西医结合医院也在尝试用此类药物治疗瘰疬等症，并且也取得了良好疗效。现代科学研究还表明雄黄有较强的抑菌作用，0.125%的雄黄即对金黄色葡萄球菌有 100%的杀灭作用，浓度为 2%时对大肠埃希菌有 100%的杀灭作用，且灭菌作用较同浓度的黄连素水溶液要强；雄黄水浸剂（1：2）在试管内对堇色毛癣菌、同心性毛癣菌、许兰氏黄癣菌等皮肤真菌有不同程度的抑制作用，还有抗血吸虫作用。朱砂是炼丹家最常用的药，它有很大的毒性，但是在中医方面可以清心安神，清热解毒，用于心神不宁及惊风、癫狂等证。它既能宁心安神，又可清心热，尤宜于火热内扰而心神不宁诸证，还可用于疮疡、咽喉肿痛、口舌生疮等。另外值得一提的是，内丹与太极有着密切的关系，太极现在依旧被用来健身，也是我国的文化遗产，它的创始人张三丰正是内丹派的代表人物。

炼丹术的衰亡，也证明了不科学的追求只会使自己一步步走向灭亡，可持续发展的和谐社会要求我们用科学合理的方式来追求健康与长寿，人类只有遵循自然和社会发展规律才会生活得更好。用现代的科学技术对其合理成分进一步加以研究和发掘，为人类的健康事业服务。如果没有炼丹术，社会将会怎样发展，没有人能够预测。虽然炼丹术背后的亡灵对它定是痛恨至极，但当时炼丹家发明的医学经典的确是人类史上当之无愧的宝藏[14]。从医学工作者的角度来讲，炼丹术有巨大的医学贡献；但其社会破坏性也不容忽视，所带来的沉痛教训值得我们引以为戒。漫漫历史长河，炼丹术如同浩瀚繁星，时亮时暗，给后世带来无穷的想象，值得进一步探索与研究。

（二）炼丹术中的化学

1. 汞化学[15]

从公元前 3 世纪到 16 世纪，炼丹术的兴起，可以说它是近代化学的前身，但是我国化学并非起源于炼丹术，也不存在一个单独的"炼丹时期"，炼丹术只是我国化学史上一股支流，它的思想路线对我国化学发展起消极作用。炼丹的实践使炼丹家接触到种种自然现象，从而认识到"物质之间可以用人工的方法互相转变"。在炼丹过程中，人们掌握了一些无机物的分离和提纯手段，摸清了一些物质的性质，大大丰富了化学知识。而唐朝末年出现的火药则是炼丹术实践催生的产物。人们发现硫黄和硝石等量研成粉末，点着后，能够起一种类似火药的作用。可是，这还不能算火药，必须再加上木炭，并且按恰当的比例配制，才能成为真正的火药。经过一次又一次爆炸起火与冒险试验，终于有人找到了恰当的比例，进一步把硝石、硫黄和木炭混合在一起，配制成火药，所以火药的发明离不开"火法炼丹"。《抱朴子》中对火法有所记载，火法大致包括：煅、炼、灸、熔、抽、飞、优。这些方法都是最基本的化学方法，与炼丹家有着非常重要的关系。炼丹术与宋代冶铜业革命也有很大联系。"化铁为铜"现象发源于炼丹术是有确凿证据的。其中最易懂的是矾石水中提炼出铜，涉及的化学反应就是：

$$Fe+CuSO_4\longrightarrow Cu+FeSO_4$$

炼丹术是欧洲近代化学产生和发展的基础，人们积累化学操作的经验，发明多种实验器具，认识了许多天然矿物，从而由 Alchemia 和 Alchimia 等代表炼丹术的名词演变为代表化学的 Chemie（德文）、Chimie（法文）和 Chemistry（英文）。

由于丹砂（主要化学成分 HgS）加热产生水银，而水银又能溶解金银，这在当时的人们看来极为神奇，因此，丹砂和水银便成为方士们炼丹的重要原料。在两千多年的炼丹活动中，方士们积累了丰富的汞化学知识，天然产硫化汞因色红叫丹砂，人造的称为银朱或灵砂。最早关于以硫黄、水银升炼制取人工丹砂的明确记载见于丹经《太清石壁记》。唐代以后，"炬制灵砂"便经常出现在炼丹术中，其反应式为：$Hg+S \longrightarrow HgS$。

人类最早用化学合成法制得的产品有很多，人造硫化汞便是其中之一。可能是因为炼丹术在汞化学上进展显著。《黄帝九鼎神丹经诀》中指出"化丹砂即需石胆（$CuSO_4$）"。这就说明在溶解丹砂的过程中，醋和硝石的混合液是不易将它溶解的，但石胆可以将它溶解。从化学的角度分析，硫酸铜可能是反应过程的催化剂。

水银的使用，在中国古代便有了明确的记载，如：鎏金术兴起、春秋战国时期和秦代的帝王墓中都放置了大量水银、战国时的医药中也用到了水银等。估计用丹砂烧炼水银，从那时已经开始了。起初用到的低温焙烧法，其反应为：$HgS \longrightarrow Hg+S$，此法汞的产率很低。经过炼丹家们的摸索，便可借助某些手段促进 HgS 的分解。

在丹砂中混入黄矾，黄矾的主要成分是硫酸铁，在加热下易分解：

$$Fe_2(SO_4)_3 \longrightarrow Fe_2O_3 + 3SO_3 \uparrow$$

我们知道 $2SO_3 + S \longrightarrow 3SO_2$，所以 $2SO_3 + HgS \longrightarrow 3SO_2 + Hg$，把丹砂放在铁釜中加热（而不用土釜），或借助于铜、铅来促进 HgS 的分解。

$$HgS + Fe(Cu, Pb) \stackrel{\triangle}{=\!=\!=} FeS(CuS, PbS) + Hg$$

到了宋代，又找到了往 HgS 中混入更廉价的木炭的方法，宋代的《修炼大丹要旨》中就记载了此法，其化学反应式为：

$$2HgS + C \stackrel{\triangle}{=\!=\!=} CS_2 + 2Hg$$

我国炼丹家在"抽砂炼汞"的实践中，客观上已经运用了现代化学中的质量作用定律，即把可逆反应中的生成物从反应体系中排除，那么就可以促进反应的正向进行。当然，那时他们并没有认识到这一重要规律，但他们摸索出的这些手段还是对炼汞化学作出了重大贡献。

水银在空气中低于 350℃加热，表面就会生成一层红色的 HgO，色貌与天然丹砂相似，在当时的条件下，不少方士把它误作丹砂，如葛洪《抱朴子》有"丹砂烧之成水银，积变又还成丹砂"一语。目前化学史界一致认为是指以下反应：

$$HgS+O_2 \longrightarrow SO_2+Hg$$

$$2Hg+O_2 \longrightarrow 2HgO$$

HgO 也为红色，与 HgS 外貌相似，葛洪未能区分，误以为是 HgS。唐代《稚川真人校正术》中有数语："水银一味别无物，先作骨兮后作肉；骨肉相依化作亲，从此河车任往复。"这里以水银为骨，将它在空气中加热，表面生成一层 HgO，很像生出了红色的肉。"往复"显然是指汞与 HgO 的可逆变化和循环：

$$2Hg+O_2 \rightleftharpoons 2HgO$$

陶弘景在《本草经集注》中指出水银："还复为丹，事出〈仙经〉酒和日曝，服之长生，烧时飞着釜上灰，名汞粉，世呼为水银灰，最能去虱。"值得注意的是他称这种"丹"为汞粉，而不再称之为丹砂，可以说是他最早区分了氧化汞（HgO）与丹砂、铅丹。HgO 是很好的外用药，明代后广泛地用于中医疡科。1962 年出版的《全国中药成药处方集》就记载了各家红升丹的配方，但大同小异，主要成分就是 HgO（红色），此丹具有拔毒、去腐、生肌、敛口功能。

氯化汞的合成是我国炼丹技术及医药化学对无机合成化学的一项重大贡献，可能是我国人工合成的第一批无机化合物，在中国乃至世界化学史上都占有重要地位。$HgCl_2$ 和 Hg_2Cl_2 都是白色结晶，以丹砂、水银、盐、矾等原料升炼而成，外貌特征相似。但前者易溶于水，有剧毒；后者难溶于水，无毒。虽然用现代化学鉴定方法，两者不难分辨，但在古代，二者常互相混淆。一般认为，古代炼丹术与本草学中的粉霜是 $HgCl_2$，粉霜又有很多别名，如霜雪、水银霜、白灵砂等，俗称升汞。而被称为轻粉的则被认为是 Hg_2Cl_2，它也有很多别名与隐名，如水银粉、汞粉、银粉等，俗称甘汞。把粉霜与轻粉明确而较科学地加以区分的，最早当属宋人所撰《灵砂大丹秘诀》，书中将"轻粉法"与"粉霜法"并列，把汞、盐、皂矾混合升炼所得的产物称为粉霜。这两种丹药后来都成为重要的医药。清代把升汞定名为"白降丹"，是广泛应用的疡科药；甘汞仍称为轻粉，可作泻下利尿及疡科的药物。

在炼丹实践中，早就发现了水银可与金、银、铅、锡等形成汞齐。魏伯阳对铅汞齐有所描述，陶弘景对汞齐说得更清楚，"水银，能消化金、银使成泥，人以镀物是也。"即镀金、银可以用金、银与汞化合形成汞齐的方法。另外，宋人《诸家神品丹法》中有"化庚粉法"，就是利用金汞齐制造金粉的方法：先制成金汞齐，再加入食盐，然后蒸发掉水银，溶掉食盐，留下来的就是粉末状的黄金。《唐本草余》则最早记载了用水银、白银、白锡形成三元汞齐，制作"银膏"用于补牙，这是世界上最早的补牙合金。欧洲直到 1819 年才发明这种方法。

2. 铅化学[16]

铅化合物种类多、颜色醒目，因此备受方士们的喜爱。

铅粉也叫胡粉，起源很早，铅制的酒器与醋中的醋酸作用即可生成碱式碳酸铅即铅粉，古代用作颜料、化妆粉等。合成工艺中包括两步，其化学反应式为：

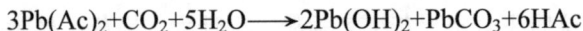

$$2Pb+4HAc+O_2 \longrightarrow 2Pb(Ac)_2+2H_2O$$

$$3Pb(Ac)_2+CO_2+5H_2O \longrightarrow 2Pb(OH)_2+PbCO_3+6HAc$$

铅霜即 $Pb(Ac)_2$，也是重要的炼丹原料和医药。由以上可看出，铅霜实际上是造铅粉工艺中的第一步产品，不过在唐人所著《黄帝九鼎神丹经诀》（卷十七）中收录了一则制铅霜的丹方。先将铅制成板状，用水银处理成汞齐，再用醋熏制，模拟实验证明此法制得的铅霜比纯铅快得多。虽然现代电化学知识不难解释这个事实，但以当时的化学水平很难摸索到这个程度。在欧洲，直到十六世纪，德国炼金家伐仑丁才研究出以氧化铅与醋作用得到醋酸铅的反应。

被炼丹家视为神丹的黄丹，是指金属铅或铅粉在空气中以低于 350℃ 焙烧生成的黄色 PbO。因其很早便从波斯输入，故又称作"密陀僧"。唐代炼丹家张隐士《张真人金石灵砂论》中提到铅可作密陀僧。到了宋代，由《本草图经》可知，我国已有自制密陀僧的详细工艺了。将黄丹进一步以猛火焙烧，即成为红色 Pb_3O_4，曰铅丹[17]。《神农本草经》中说它"炼化还成九光，久服通神明"。由于古代火候难以控制，且 Pb_3O_4 在高于 500℃ 时又会分解为 PbO 和 O_2，所以这两种丹往往都是 Pb_3O_4 和 PbO 的混合物，只是比例不同，色泽有异。唐代炼丹家发明了用硝石、硫黄与铅烧制铅丹的工艺，称为"黄硝法"，这是铅丹工艺发展中的一次突破。该工艺过程是先利用硫黄与熔融的金属 Pb 反应生成 PbS，然后加入钾硝石作氧化剂，很快使 PbS 转变为 Pb_3O_4。该工艺反应快，铅丹中 Pb_3O_4 成分高，色泽鲜艳。到了明代，又有用硝石、矾、铅烧炼铅丹的新工艺问世，称为"硝矾法"[18]。

魏伯阳则注意到铅与胡粉间的相互变化；"胡粉投火中，色坏还为铅"。胡粉经过火的作用，颜色和质都变了，变为原来的铅，说明他们已注意到了铅与其化合物间的相互变化[8]。

3. 砷化学

中国古代医药和金丹术早就广泛地利用了含砷矿物，如雄黄 As_4S_4、雌黄 As_2S_3、砒石等[19]。

在公元四世纪前半叶，大炼丹家葛洪（283～363 年）已在他的著作中记载了炼单质砷的方法。以后又历经多年的实践与认识过程，在南宋时期不仅制取了非常纯的单质砷，而且有多种炼制方案，还描述了它的形态。宋人辑撰的《诸家神品丹法》中记载了一些丹方，明确记载得到的产物"色如银"或"如黑角色，甚硬"，并可直接点化赤铜为丹阳银（砷白铜），该物质正是单质砷，当时的炼丹家称它作"砒"或"死砒"[20]。但是西方化学家一般认为，最早从化合物中分离出单质砷的人是十三世纪日耳曼炼金家马格努斯，因为此人曾用一份雌黄与两份肥皂共热，制得所谓"Arsenicum metallinum"，但他对这种物质没有更多的描述，那时的炼金术士都把它当作是一种水银。及至十六世纪，瑞士的医药学家帕拉塞斯"将古代砷（硫化砷）与蛋壳共热"而得到了一种色白如银的物质，即单质砷。由此得出，在对砷的认识上，在十三世纪，中国的炼丹家比同时期的马格努斯要深刻很多，炼制的方法要先进得多。即使十六世纪的帕拉塞也远不能与之相比，所以，可以肯定地说，是中国炼丹家最先发现的元素砷，这是中国古代砷化学中的最大成就。

最晚在隋代，中国炼丹家已经通过焙烧雄黄制取了"其色飘飘或如霜雪，或如白色钟乳相连"的升华纯净的砒霜。隋唐之际，砒霜进入医药的行列。唐初名医孙思邈的《备急千金要方》与《千金翼方》，书中就有用砒霜（砷）逐渐增量法治疟最早的有效方剂，方名为"太一神精丹"。西方是 1786 年由英国医师福勒用砒霜作为鸡那树皮的代用品治疟疾，疗效很好。后来人们为了纪念他的功劳，把用砒霜和碳酸氢钠配成的亚砷酸钠溶液称为"福勒氏液"。其实，福勒氏液和孙思邈的方子相同，但晚了一千多年。在之后的宋代时期，砒霜就成为百姓熟知的剧毒药了。

唐、五代时成书的《丹房镜源》中说："砒霜化铜干汞"。宋、元方士土宿真君的《造化指南》中说："砒石用草制，炼出金花，成汁化铜干汞。"从《本草纲目》中得知：所谓"干汞"，是指用砒霜或砒石把汞变成汞齐。砷很难直接溶解于汞，而我国古代炼丹家却制成了砷汞齐，不能不说是一种奇迹。

中国炼丹家点化药金和药银所用的药剂中沿用最久也是最早的是一些含砷类矿物[21]。早在西汉时期就已炼制出含砷量较低（<10%）的黄色砷铜合金，即当

时所谓的"丹阳伪金"。到了隋代，方士已提出以伏火砒霜（大概是砷酸钾）"点铜成银"了，这种药银当为含砷量相当高（>10%）的砷白铜。及至南宋，中国炼丹家已知先从砒霜炼制到"死砒"（单质砷），用它直接点化砷白铜，该合金由于砷的挥发性，银白色难以持久，因此实用价值不大，但在古代的技术条件下能将它炼制出来，这足以体现古代炼丹家的智慧。另外，《太清丹经要诀》中的"伏雄雌二黄用锡法"也同锡砷合金有关。

4. 矾化学

我国古代炼丹术中常用一些矾类化合物，如白矾、绿矾、黄矾、胆矾等。

以前，胆矾被称作"石胆""胆子"，到了唐代才有胆矾的名称。我国使用胆矾的历史很久远，《九转流珠神仙九丹经》《三十六水法》中都曾提到和利用石胆，《神农本草经》说它"炼饵服之，不老；久服增寿神仙"，而且"能化铁为铜成金银"，在炼丹术中很受方士们的推崇，又给它起了很多隐名，如石液、立制石[22]。《黄帝九鼎神丹经诀》（卷八）中记载的"假别药作石胆法"用绿矾或黄矾与曾青[即蓝铜矿 $CuCO_3 \cdot Cu(OH)_2$]反应生成胆矾。若以黄矾为例，其化学反应式为：

$$2Fe_2(SO_4)_3+3CuCO_3 \cdot Cu(OH)_2+3H_2O \xrightarrow{\triangle} 6CuSO_4+4Fe(OH)_3+3CO_2\uparrow$$

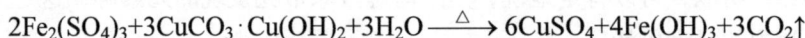

这个方法是利用绿（黄）矾与曾青间的复分解反应，它与现代无机合成化学相差无几，在当时没有近代化学知识的情况下居然发明出这种工艺，的确使我们叹服。到了宋代，由于在很多地方发现了含有胆矾的泉水，使胆矾的生产面貌大为改观。

胆矾的鉴定。唐代方士金陵子在《龙虎还丹诀》中指出："石胆生蒲州山谷，状似折篦头如瑟瑟，浅碧色，烧之变白色者真。"胆矾烧之变白的反应式是：$CuSO_4 \cdot 5H_2O \xrightarrow{\triangle} CuSO_4(白)+5H_2O$，而曾青、空青[$CuCO_3 \cdot Cu(OH)_2$]烧之变黑，生成 CuO。至今在化学实验室中，还用白色无水 $CuSO_4$ 来检验酒精中的水分。

陶弘景曾把绿矾误作石胆。宋人苏颂撰《本草图经》中提出了鉴别绿矾的方法："取此一物，置于铁板上，聚炭封之，囊袋吹令火炽，其矾即沸，流出色赤（Fe_2O_3）如融金汁者是真也。"反应式为：

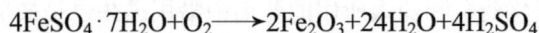

$$4FeSO_4 \cdot 7H_2O+O_2 \longrightarrow 2Fe_2O_3+24H_2O+4H_2SO_4$$

从矿物和金属制得各种无机化学制品，如果没有诸如 H_2SO_4、HNO_3、HCl

等无机酸，那就会遇到很大的困难。而我国古代，没有直接用过这些强酸，但也在医药和炼丹术化学中出色地制造了一系列无机化合物，还解决了很多化学中的疑难课题。这其中的奥秘就在于在高温焙烧中矾将分解出硫酸。矾、硝一起加热，便将产生硝酸；矾与盐或硇砂（NH_4Cl）一起加热，将产生盐酸，相当于间接利用了三大酸。下面举个矾的应用实例[23]。

"硝矾法"炼红升丹。通过焙烧水银制红升丹（HgO）的反应式为：$2Hg+O_2\longrightarrow 2HgO$。这样制得的红升丹中往往含有黑灰色水银（直到明代，采用白矾与焰硝的混合物与水银或丹砂合炼，才得到纯净的 HgO，且产率大大提高），而在此过程中主要发生了如下反应：

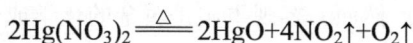

$$Al_2(SO_4)_3+6KNO_3+3H_2O\longrightarrow Al_2O_3+6HNO_3+3K_2SO_4$$

$$3Hg+8HNO_3\longrightarrow 3Hg(NO_3)_2+4H_2O+2NO\uparrow$$

$$2Hg(NO_3)_2\xrightarrow{\triangle} 2HgO+4NO_2\uparrow+O_2\uparrow$$

在反应器（如土釜）中因充满 NO_2 及 O_2，从而抑制了 HgO 的分解。这个配方的最大成就是引入了白矾。

矾在解决金银分离这一古代难题中也曾发挥了特别的作用，如宋代的"硫黄法"，著名方士狐刚子发明的"吹灰法"都引用了矾。

很遗憾的是，炼丹术的数千年发展并没有对气体有过多的研究。究其原因是五行无"气"，"气"与长生无缘。这也代表炼丹术与古代科学发展的局限性[24]。不得不强调的是，我国化学并非起源于炼丹术，也不是以炼丹术这种形态出现的，炼丹术仅是我国古代化学的一个分支，不足以影响我国古代化学发展的过程。炼丹家的实践为后世医学、药物化学、火药的发展提供了一定的经验和化学基础。

化学具体的发展历程远比这复杂；但可以肯定，不管是化学方法还是化学元素都与炼丹密不可分，炼丹术促进了近代化学的产生。

二、教育思想

炼丹术之所以出现于封建社会初期，是因为从奴隶社会发展到封建社会这一过程中社会形态发生了变化。生产力得到了发展，也为从事研究物质变化提供了条件，导致人们对物质生活的追求也有所提升。所以，炼丹术便开始兴起。同时，实验的技术基础如水银、硝石等商品以及炼丹炉、炼丹锅等设备这些都可在这一时期得到保证。在物质变化的研究中，唯物主义和唯心主义也存在斗争，但是唯心主义世界观的反映导致了中国古典科学的错误发展方向[25]。

THE HISTORY OF CHEMISTRY[26]: The Chinese alchemists also attempted to manufacture gold, but their motivation for doing so was different. The goal of adherents to the Taoist faith was to achieve immortality, and the supreme underactivity of gold appeared to give it an immortal quality. It was therefore hoped that a pill of immortality could be prepared from alchemical gold, and it was even believed that eating food from plates made from alchemical gold could confer longevity. It is interesting to note that the Chinese believed that alchemical gold would be superior to natural gold in this wonderful property.

炼丹家认为一切物质都可以变化，只要在诚心的要求和适当的条件下，人们就可以变得仙丹和黄金。然而，客观事实是黄金的化学成分是 Au，不含 Au 的物质，无论怎么炼都不可能变成黄金。在所有的条件中，物质条件显然是不可或缺的。炼丹术的产生，证明我国古代劳动人民积累了丰富的化学知识和技能，这也是炼丹术得以产生的现实基础。保持用发展的眼光去看世界，坚持用实践去探索世界，善于总结事物发展的一般客观规律，是当代科研工作者勇往直前的一大理论基础。

纵观古今，无论是炼金术，还是炼丹活动，都是人类在不断探索科学的过程。古老的炼丹术现在看来是可笑的，但在那个没有科学概念的时代里，铅、汞、金等自然界密码在先辈手中绚丽生花。古老的炼丹术成就了我国中医，一种独属于中华民族的医疗体系，长达几千年的医疗文化传承；术士偶得的火药开启了人类火器文明时代；因炼丹需求而得到发展的冶炼技艺、道教文化、民风习俗、文字发展等，它们共同组成了中华民族灿烂的物质文化和精神文明，这些都是我们后辈应有的自豪感和自信心，强大的文化底蕴是我们不竭创造的力量源泉，这种不屈的创新品质、无畏的探索精神便是中华儿女得以长存的金钥匙。

参 考 文 献

[1] 张银河. 食盐与中国古代炼丹术[C]. 盐文化研究论丛(第二辑). 2007: 236-245.

[2] 鲁子健. 古代神秘的炼丹术[J]. 文史杂志, 1998(05): 56-58.

[3] 林砚铭, 林森荣. 张觉人与《中国炼丹术与丹药》[J]. 成都中医药大学学报, 1998(04): 38, 43.

[4] 郭宝发. 秦陵出土物与中国古代炼丹术的成就[J]. 秦文化论丛, 1999(00): 390-406.

[5] 张厚宝. 道家炼丹术与丹药[J]. 时珍国医国药, 2000(03): 216-217.

[6] 王守谦, 张丹瑞. 炼丹术: 热能驱动的养生崇拜[J]. 能源, 2014(05): 108-111.

[7] 程志立, 顾漫, 国华, 等. 孙思邈与炼丹术和丹药服食养生及思考[J]. 中华中医药杂志, 2016, 31(03): 1109-1112.

[8] 蔡林波, 杨蓉. 中国古代炼丹术的实验程序及知识体系之脉络探析[J]. 广西民族大学学报(自然科学版), 2021, 27(02): 1-10, 30.

[9] 孔令宏. 从三元丹法看炼丹术的分类与历史[J]. 宗教学研究, 2020(03): 37-41.

[10] 王治浩, 季鸿崑. 吴鲁强和中国古代炼丹术[J]. 自然科学史研究, 1988(03): 258-262.

[11] 何振中. 新世纪《中国医学史》"炼丹术与制药化学"之商榷[J]. 中医文献杂志, 2022, 40(01): 48-51.

[12] 田卫丽. 浅谈何家村出土医药文物与唐代道教外丹术的发展[J]. 文博, 2015(03): 42-46.

[13] 周春生. 我国古代炼丹术和医药中的化学成就[J]. 商洛师范专科学校学报, 2002(01): 74-79.

[14] 宋时雁, 孙强, 马丹红. 古代炼丹家发明火药[J]. 百科探秘(海底世界), 2019(Z2): 89-92.

[15] 容志毅.《周易参同契》与外丹铅汞论——中国古代炼丹术何以推崇铅汞大丹[J]. 河南师范大学学报(哲学社会科学版), 2003(02): 11-14.

[16] 赵匡华, 张清健, 郭保章. 中国古代的铅化学[J]. 自然科学史研究, 1990(03): 248-257.

[17] 赵匡华. 狐刚子及其对中国古代化学的卓越贡献[J]. 自然科学史研究, 1984(03): 224-235.

[18] 江家发, 徐龙胜, 雍玉梅. 略谈中国古代炼丹术对金属性质的探索[J]. 化学教育, 2009, 30(04): 76-78.

[19] 王箴. 略谈中国古代化学知识[J]. 化学世界, 1981(07): 29-30.

[20] 孙晓云, 陈桂书. 中国古代炼丹术及其在化学史上的地位[J]. 河北师范大学学报, 1990(02): 89-94.

[21] 江家发, 王平. 中国古代化学史研究的拓荒者——张子高[J]. 化学教育, 2009, 30(09): 72-74.

[22] 华边.《中国古代化学史研究》出版[J]. 中国科技史料, 1986(04): 64.

[23] 朱晶. 炼丹术研究的转向: 从前化学到社会、文化与认知情境[J]. 科学技术哲学研究, 2013, 30(04): 71-76.

[24] 陶果. 中国古代炼丹家为何不研究气体[J]. 川北教育学院学报, 1998(04): 100-101, 103.

[25] 华岩. 炼丹术的教训[J]. 化学通报, 1974(06): 50-54.

[26] Hudson John. The history of chemistry[M]. London: The Macmillan Press ltd. 1992, 72.

第三例：蓦然回首，那人却在，灯火阑珊处

一、案例内容

火药的发明与应用

火药是中国古代的四大发明之一，后经商人传至阿拉伯等国家，继而传向整个欧洲。这种因剧烈的化学反应而能释放出巨大能量，展现出惊人威力的黑色粉末使当时的人震惊不已[1-2]。所谓火药即是能够发生猛烈的燃烧，且在燃烧反应时产生大量气体，气体在受热下发生骤然的体积膨胀而发生爆炸。整个燃爆反应在大气中或在隔绝大气时（比如在水中）点燃，仍可发生爆炸。火药可用来制作炸弹、地雷、水雷、燃烧弹、炮弹和子弹的发射剂。火药大多数由硝石（KNO_3）、硫黄和木炭三部分组成。人们最初发现火药燃爆现象是源于对金石矿物的火炼，从发现火药方至今已有千年的历史。

火药被发明的时间，一直以来都有不同的说法。《中国大百科全书·军事卷》认为，中国火药发明不迟于公元 808 年（唐宪宗元和三年）。容志毅在《化学通报》2009 年第 2 期撰文指出，唐代道士最先发明火药的说法看似已被学界所普遍接受，通过对东晋道教炼丹经《太上八景四蕊紫浆五珠降生神丹方经》的研究发现，东晋道士是火药的最早发明者。

火药的主要成分硫黄（如雄黄）和硝石在先秦时期就被认为是药材。至唐朝末年炼丹家已对这两种药材研究利用了 1000 多年，对它们的诸多来源和特性已有相当充分的了解。另外，炼丹术对药物的组合是遵循阴阳传说，硫黄被视为纯阳火石之精气，雄黄被称为日之魂，为极阳之物，硝石被认为北方坎水之气，为极阴之物，它们一起被送入炼丹炉中就有可能产生爆炸。而火药另一个组分木炭来源于草本药物，随着黄白术的兴起，炼丹师把具有超自然神力的草本药加入炼丹术的药谱中。

东晋道士炼丹配方中所用的雄黄、雌黄、硝石和薰陆香等粉末状药物，事实上就已经包含了传统火药中"一硝、二硫、三木炭"的基本成分，如图 1.9～图 1.11 所示。

图1.9　硝

图1.10　硫黄

图1.11　炭

炼丹术中很重要的一种方法就是"火法炼丹"，如图 1.12 所示。这是一种无水的加热方法，晋代葛洪在《抱朴子》中对火法有所记载，火法大致包括：煅（长时间高温加热）、炼（干燥物质的加热）、灸（局部烘烤）、熔（熔化）、抽（蒸馏）、飞（又叫升，就是升华）、优（加热使物质变性）。这些方法都是最基本的化学方法。炼丹家对于炼丹的执着，再加上寻找长生不老药的失败，使他们不得不进行反复实验和寻找新的解决方法。炼丹家们思想富于开拓性，往往标新立异、别出心裁且胆量较大。他们喜欢对多种多样的矿物进行组合，并在炼丹炉中提炼，这就是火药诞生的基础。

对于火药的产生，较为流行的说法有"伏火矾法"和"伏火硫黄法"两种。唐代炼丹家清虚子撰写的《太上圣祖金丹秘诀》中的"伏火矾法"，是中国古代关于火药的最早文字记载。因此，至迟到这一年，有硝、硫、炭三组分的火药已在中国诞生。另有专家认为"伏火硫黄法"（图1.13）先于"伏火矾法"。我国三组分火药的实际发明时间就目前所掌握的资料来看，至少可以追溯到"伏火硫黄法"的隋末唐初 [3]。炼丹师调配出"伏火硫黄法"的配方，用木炭、硫黄、硝石把真正的火药配方给制造出来[4]。

唐末的郑思远撰写的《真元妙道要略》"假验真镜第一"中有以下二条："有以硫黄、雄黄合硝石，并蜜烧之，焰起烧手面，及烬屋舍者""唯硝石伏火，不能独化五金、石硫黄，宜服养诸药。硝石宜佐诸药，多则败药。生者不可合三黄等烧，立见祸事。"由此可见，早在中唐时期人们就对硝石、硫黄与炭或可炭化的有机物的混合物加热具有爆燃性能的理论已有一定认识了。此后，炼丹师在进一步研究火药的过程中，烧伤手面、炸炉，甚至爆炸引起房屋倒塌的惨痛事故就频繁发生，如图 1.14 所示。这些事故引起了炼丹师们深刻的思考，逐渐找出了爆炸的规律，并通过改变药剂的比例取得了最佳的爆炸效果。火药并不是历史上个别人物的发明创造，而是起源于古代炼丹家对仙药和金银的探求。

图 1.12　火法炼丹图　　　　　　　　　图 1.13　伏火硫黄法

图 1.14　炼丹爆炸失火

古代火药今名为黑火药或黑药，也称为有烟火药。以硝化棉为主要原料的现代火药则诞生于十九世纪中叶。在长达一千年的历史中，黑火药是人类使用的唯一爆炸物，应用范围非常广泛。直到现在，黑火药仍大量生产。人们最早使用火药基本原料的目的是制造药物。其次，火药最重要的应用便是在军事方面，中国是最早将火器（图 1.15）应用于战争的文明古国。正如李约瑟所说："从最早发现火药配方到射出与内腔口径吻合的弹丸金属管状枪的完善，这整个过程在中国演进时，其他民族对此还一无所知。"

图 1.15　火器的出现

中国火器的发明对世界文明历程产生了极其深远的影响。据古书记载，硝磺爆仗出现于北宋年间。宋人孟元老所撰之《东京梦华录·驾登宝津楼诸君呈百戏》"驾登宝津楼，诸军百戏呈于楼下……忽作一声霹雳，谓之爆仗，烟火大起。"北宋人路振撰写《九国志》："天佑初（904 年）王茂章征安仁义于润州……璠以所部发机飞火烧龙沙门，率壮士突火先登入城。"其中"发机飞火"与许洞撰写的《虎钤经》"风助顺利为飞火"中的"飞火"为同一物。"飞火者，谓火炮、火箭之类也。"火炮记载始见《武经总要》（1044 年），是以抛石机发射带有引线的火药包（炮弹）。该书同时记载了第一批正式的火药配方[5]。

从北宋曾公亮《武经总要》中记载的"火球火药方、蒺藜火球火药方、毒药烟球火药方"三个世界最早的火药配方可知，火药在此之前就已经开始被用于战争。到南宋时，陈规创制出世界上最早的管形火器——竹火枪。此后，飞火枪、突火枪、铁火炮（图 1.16）也相继出现。到元代，随着蒙古人对外征服的战争，火药与火器技术被传向了世界[6]。此时，金属管形射击火器——火铳（图 1.17）已被创制和使用，这是元代火器技术发展的典型代表，也是中国火器史的历史性转折点。它加速了火器时代的到来，并对明清时期的火器发展起到重要作用。

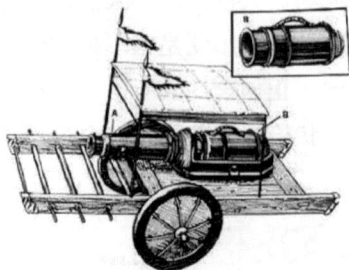

图 1.16　铁火炮

图 1.17　铜火铳

　　中国传统火器在继承宋金元以来技术的基础上，在明代得到了跨越式的发展。不仅传统火器数量增多，而且还新发明出地雷、水雷、二级火箭等新型火器。可以说这一时期的中国传统火器技术日臻成熟，并形成了完整的理论体系，火器制造、应用等相关知识也基本完善。明代火器技术的发展大致可分为两条脉络，一条是中国传统火器技术与相应理论的发展；另一条则是西洋火器技术引入后，西洋火器技术在中国的发展[7]。中西火器共同促进了明代火器技术的发展，两者也有交集，明代人兼收并蓄中西方火器技术特点而创制的新型火器与改进的中国传统火器。这是中外技术交流使然，也是明代对非本土文化技术的接纳、包容与吸收的结果[8]。

　　西洋火器技术的传入主要集中于正德、嘉靖年间至明末，佛郎机、鸟嘴铳、鲁密铳、红夷大炮等武器也先后传入。明代掀起了仿制与改造火器的高潮，火器制造技术水平显著提高，朝野内外谈论火器成为风气[9]。明人对西洋火器技术的仿学，经过了从简单的器物层面仿学到对西洋火器技术理论的学习与借鉴，特别是在西洋传教士的帮助下，明代的铸炮理论日渐完备、系统化。明人已懂得运用近代自然科学知识来辅助火器制造理论，并出现了汇集中西火器、火药知识于一身的火器专著——《西法神机》和《火攻挈要》。基于理论的完备和技术的成熟，之后火器的开发更是数不胜数，如图 1.18～图 1.20 所示，均是当时威名赫赫的战争武器[10]。

　　明代已具有攻、防、战、守等多种性能与用途的火器，且明人已懂得运用不同用途的火器来完善火力布防体系。火药的燃烧性、爆炸性、抛射性，甚至是反作用推进性等均被应用于火器，火药性能在明代被发挥到一个新的高度，火器的威力与使用频率也大幅提升[11]。火药和火器在军事战争的应用中得到改进和发展，是几个世纪经验积累的成果。

图 1.18　神火飞鸦

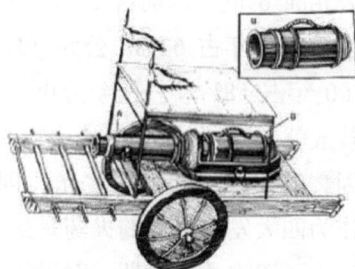

图 1.19　子母炮

图 1.20　炮石

　　火药技术的日趋成熟自然而然带动了火器的发展，军事变革也因它的发明而悄然进行。如果说火器直接影响了战争，那么由它的发展所带来的一系列技术的进步与人类思想格局的变化则间接影响了社会的进步与发展[12]。我国自主研发的"东风"系列导弹以及各种各样先进的国防设备都在维护着我国的安全，也在很好地保护我们每一个人，让我们的社会得到了和平发展。

二、教育思想

　　中国以历史悠久、拥有丰富的古代科学思想和文化成果而闻名于世，15 世纪以前的中国科技水平在世界上处于领先地位。正如英国著名学者李约瑟所说："中国的这些发明和发现往往远远超过同时代的欧洲，特别是 15 世纪之前更是如此。"

　　按照自然科学大事表的统计，中国古代重大的科技项目在世界所占的比例是：公元前 6 世纪以前占 57%；公元前 6 世纪至公元前 1 年占 50%；公元前 1 年至公元 400 年占 62%；公元 401 年至公元 1000 年占 71%；公元 1001 年至公元 1500 年占 58%[13]。迄今为止，世界上没有任何一个国家曾经取得过如此惊人的科技成就，这足以令每个中国人为祖先所取得的伟大成就感到欢欣鼓舞。

闪耀的中华民族智慧之光，创造出了对世界有重大影响的古代科学技术成果。作为四大发明之一的火药是最具有影响力的发明，它与战争密切相联，推动欧洲进入了资本主义时期，对世界历史的变化产生了极其深远的影响。公元 970 年至公元 1000 年火药就用在兵器上，制造了火箭、火球等威力较大的火器。南宋时期，战争频发促使火药得到更快发展。公元 1259 年发明的利用火药弹射伤敌的"突火枪"是世界上最早的管形火器。元朝初年出现了用铜、铁制成的大型管形"火铳"，铳身装火药、石弹，铳尾留有火眼供点放，成为现代枪炮的发端。明代以后火药兵器发展更快，人们发明了地雷、水雷、定时炸弹，还有单级、多级火箭，甚至对现代空间科学技术产生极大影响的回收火箭。

马克思说："火药把骑士阶层炸得粉碎；指南针打开了世界市场并建立了殖民地；而造纸术和印刷术则变成新教的工具；总的来说变成了科学复兴的手段，变成了对精神发展创造必要前提的最强大的杠杆。"中国的古代科技发明在人类发展历史上留下了深刻的印记。在资本主义世界兴起和形成的过程中，随处可以看到中国古代文明影响的痕迹[14]。

即使在科学技术发达的今天，火药也被广泛用于生产生活中，例如山体的爆破以方便开路架桥，火药在交通基础设施建设上功不可没；矿洞的开发离不开火药，火药在矿产资源的开发上发挥重要作用等。火药的出现使得某些工程的进度大大提升，节省了大量的人力物力，有效地提高了生产效率，对社会发展与进步产生重大而深远的影响。

火药在中国传统文化里有着举足轻重的地位，自诞生之日起，除了用于战争外，在生活中还扮演着"浪漫的角色"，作为火药应用之一的烟花常出现在各大节庆活动。烟花使得人类文明更加丰富灿烂，使得人类文化更加绚丽多彩。从火药到烟花的转变展现了中国人民辩证看待问题的哲学智慧，火药不仅仅是战争与流血的代名词，烟花也是喜悦与浪漫的象征，烟花代表了中国人民追求幸福的淳朴愿望。

火药造就火器，一声巨响为人类送来了科技时代，全世界人类竞相发展高科技产品、创造高科技理念。科学技术是没有思维的，科学技术不知道要做什么，而人类是有思维的，知道怎样运用科学技术。人类既可以应用核科学技术建设核电站，发展清洁能源等为全人类谋求福祉，获得高质量的生活，也可以做炸药、核弹等高端武器，将世界炸得千疮百孔、生灵涂炭。

世界如此精彩，科学技术发展在很多时候是不以人的意志为转移的，但在科技进步日新月异的当代，人类的人文精神和伦理道德愈发重要。归根到底，人类才是手持这柄"双刃剑"的剑客，如何用好科技这把利器，在遵循自然的规律的前提下，保护我们赖以生存的生态环境，大力推动资源的可持续发展，让科技不仅体现出智能的一面，更体现出智慧的一面。

要让科技造福人类，我们必须认清和牢记科技的利弊，审时度势，坚守原则，通过积极有效的措施在科技利益与生态环境效益上找到一个平衡点，从根源上遏制高科技带给社会和自然不可逆的破坏。要不断促进科技的绿色、生态、可持续发展，确保科技与自然、社会和谐共处，进而共同营造出科技进步、社会发展、生态和谐、环境宜人的美好家园。

参 考 文 献

[1] 张扬. 中世纪晚期欧洲火药武器发展初探[J]. 首都师范大学学报(社会科学版)，2009(S1)：185-190.

[2] 刘戟锋. 火药西传以后——中西方早期火器技术发展的比较[J]. 大自然探索，1985(02)：181-185.

[3] 胡紫霞. 中国古代四大发明之火药[J]. 阅读，2021(94)：36-38.

[4] 王坚, 杨小明, 高策. 曹焕文与中国火药史研究[J]. 自然科学史研究，2014, 33(04)：467-478.

[5] 孟乃昌. 火药发明探源[J]. 自然科学史研究，1989, 8(02)：147-157.

[6] 李悦. 明代火器的谱系[D]. 长春：东北师范大学，2012.

[7] 钟少异. 中国早期火药火器史概观[J]. 文史知识，2021(10)：5-13.

[8] 朱丽莉. 明代火器的发展及其对军事领域的影响[J]. 学理论，2011(20)：163-164.

[9] 王坚, 高策, 杨小明. 近现代火药史学的形成与分野[J]. 自然辩证法研究，2016, 32(09)：74-79.

[10] 王学要. 论唐宋时期火药的应用与发展[J]. 魅力中国，2009(36)：182-183.

[11] 冯家昇. 火药的发明、发展及西传[J]. 化学通报，1954(11)：540-545.

[12] 张柏生. 火药的发展和使用[J]. 火炸药，1982(04)：80-85.

[13] 马明中. 中国四大发明及其对世界历史的影响[J]. 绥化师专学报，2001(01)：101-103.

[14] 郑雨. 工具与机器——马克思《机器自然力和科学的应用》文稿的解读[J]. 科学技术哲学研究，2012, 29(06)：67-71.

第四例：满面尘灰烟火色，两鬓苍苍十指黑

一、案例内容

最古老的概念活化石——木炭

古代炭主要是木炭，起源无从考证。中国古代真正大量利用木炭的时期，是在冶铜业兴起之后。随着冶铜业的出现，作为必备燃料的木炭需要通过专门的炭窑烧取[1]。这种炭，是真正意义上的木炭（图1.21）。

图1.21　燃烧的木炭

木炭主要成分是碳，还有氢、氧、氮以及少量的其他元素，含量与树的种类关系不大，主要取决于炭化的最终温度。木炭属于憎水性物质，灰分很低，含量在6%以内，相对密度一般为1.3～1.4，发热量取决于炭化条件，一般为27.21～33.49 MJ/kg，木炭的还原能力大于焦炭。木炭有大量的微孔和过渡孔，孔隙占木炭体积7%以上，使它不仅有较大的比表面积，而且孔内焦油物质被排除后将有很好的吸附性能。木炭其孔隙甚多，与空气接触面大，有利于燃烧，并具有相当大的吸水能力，能吸附较其本身质量还大的水分。此外，木炭的稳定性很好，这就是为什么考古时常发现木炭的重要原因。如图1.22是黑炭及其燃烧状态。

图 1.22 黑炭及其燃烧状态

成熟的木炭利用史可追溯至商周时期。《礼记·月令》："草木黄落，乃伐薪为炭。"汉代学者郑玄解释"大者可析谓之薪，小者合束谓之柴"说："粗者曰薪，细者曰蒸（柴）。"也就是说，炭是粗木烧制的。那么，烧炭何用？《周礼·天官冢宰》："凡寝中之事，扫除，执烛，共炉炭。"为此，周朝还设立掌管木炭的官员。《周礼·地官》："掌炭，掌灰物、炭物之征令，以时入之，以权量受之，以共邦之用，凡炭灰之事。"由此可见，周朝时期，对木炭这种能源的使用已经上升到制度层面，并且建立了从采集、使用到日常管理的相关制度体系。

在以原始堆烧法制炭时，因薪材受热的温度、时间及氧气等炭化条件不易掌握，故所烧之炭不仅量少且质地较差。自商周出现窑烧法后，炭化的条件得到有效控制，在增加所获木炭数量的同时，木炭的品质亦有相当提高。

在煤炭及石油资源已开采应用的宋、明、清时期，木炭仍是冶铸业的主要燃料[2-3]。北宋初的文学家、名相李昉在《太平御览》中说"竹炭以炼好铁"。南宋陆游《老学庵笔记》记载："邛州出铁，烹炼利于竹炭，皆用牛车载以入城。"明末科学家宋应星在《天工开物》中记载："炉中炽铁用炭，煤炭居十七，木炭居十三。凡山林无煤之处，锻工选择坚硬条木烧成火墨，其炎更烈于煤。"清代文人屈大均的史料笔记《广东新语》中写道："产铁之山，有林木方可开炉。山苟童然，虽多铁亦无所用，此铁山之所以不易得也。"不过，南方盛产竹子，当地人常烧巨竹使之成炭，代替木炭和煤炭充填各地冶铸作坊的熔炉。当然，制炭工艺也随其用途增加而不断提升（图 1.23）。

图 1.23　传统的制炭工艺

从出土实物看，最早的冶铜器应在仰韶晚期，距今约六千年。这应该是中国古代真正大量利用木炭的历史，但仰韶时的冶铜制品数量甚少，即使不用炭窑烧取，仅用堆烧法即可满足冶铜业对木炭的少量需求，木炭的使用使得炼丹术得到蓬勃发展[4]。随着商代青铜器的大量铸造以及春秋战国时期冶铁业的兴起，对木炭量与质两方面的需求亦随之增加，这就必然会引起烧炭技术的相应变革。应该说这种变革的结果就是窑烧炭的出现。

古代使用木炭作为燃料和还原剂将铜从铜的氧化物中提炼出来，即发生还原反应。这需要两个条件——还原剂和足够高的温度，而木炭恰能同时满足。

炼铜原理：

$$Cu_2(OH)_2CO_3 \longrightarrow 2CuO + CO_2\uparrow + H_2O\uparrow$$

$$CuO + C \longrightarrow Cu + CO\uparrow$$

$$CuO + CO \longrightarrow Cu + CO_2$$

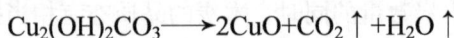

木炭产品主要有白炭、黑炭、活性炭、机制炭等四大类。薪材在窑内炭化后，不即刻出炉，而是将炭在窑内隔绝空气冷却，可得黑炭；将炽热的木炭自窑内取出与空气接触，利用热解生成的挥发物燃烧时产生的高温进行精炼后，再覆盖冷却，此时的炭不仅硬度较高，而且表面附有残留的白色灰分，故称为白炭[5]。商周时期便出现了白炭。白炭密度相对较小、硬度更高，价格也昂贵[6]。成书于光绪二十五年的《钦定大清会典》载："白炭千斤，准银十两五钱；黑炭千斤，准银三两三钱"。

　　中国古代所制之炭，除烧制方法（主要为堆烧法和窑烧法）及种类（白炭、黑炭、瑞炭、麸炭、炼炭、金刚炭、柽炭、竹炭等）不同外，至晋代，在炭的后期加工利用技术上，又有了进一步的提高[7-8]。宋王谠《唐语林》："晋羊琇，字稚舒，景献皇后从弟，性豪侈。洛下少林，木炭贵如粟。琇乃捣小炭为屑，以物和之，作兽形，用以温酒。火热，猛兽皆开口向人，赫赫然。诸豪皆效之。"文中未详述如何以炭屑做炭之法，五代王仁裕的《开元天宝遗事》却为我们揭开了谜底："杨国忠家以炭（为）屑，用蜜捏塑成双凤。至冬月燃于炉中，先以白檀木铺于炉底，余炭不可掺杂也。"即用蜂蜜作黏合剂与炭屑搅拌捏塑成型[9]。但蜂蜜毕竟太贵，非一般百姓所能负担，只有如羊琇之类豪侈之士方可为之。宋代发明"黑太阳法"后，才真正解决了炭塑型黏合剂昂贵的问题。

　　木炭种类繁多，按烧炭用的原料可分为：（1）硬阔木炭，由硬阔叶材如麻栎属、栲属树木为主烧制的炭。（2）阔叶木炭，由硬、软阔叶材混合烧制的炭，如杨、椴、柳等。（3）由松木或其他针叶材烧制的炭，如马尾松、红松、云杉等。图1.24、图1.25所示，便是不同作用的炭，应用于不同方面。

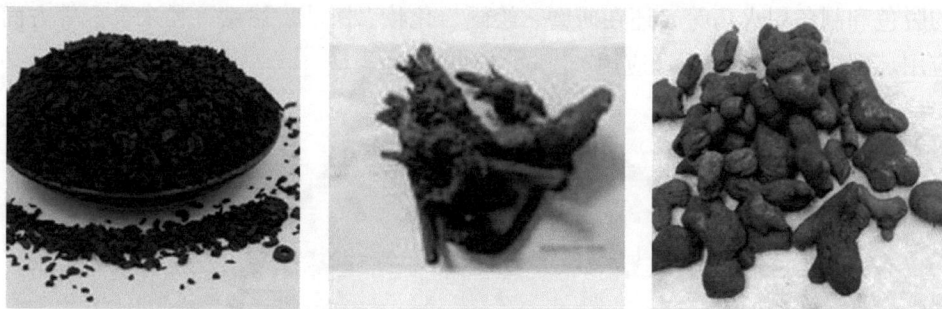

图1.24　丹皮炭、地榆炭、姜炭

图1.25　炭黑、果壳活性炭、熟地炭

木炭还有其他重要的用途。例如，可以用作建筑或墓穴的防潮剂，著名的马王堆一号墓出土的女尸千年不朽的原因便在于此。其墓穴四周共有一万多斤木炭，木炭外面用白膏泥填塞封固，如此来保持墓穴干燥，起到很好的保藏尸体的效果。

另一个典型的应用就是火药。黑火药的大体成分是"一硝、二硫、三木炭"。火药在人类社会的发展中所起到的作用更是不言而喻的。

除此之外，木炭在古代绘画、化妆、制香等方面都有重要应用。

二、教育思想

看似不起眼的木炭，背后蕴藏着人类文明发展的轨迹。从木炭的使用上可以看出，人类文明就是在一次次的偶然发现和不断尝试中蹒跚前进，任何一项文明成就的背后都是人类智慧的结晶。

炭可作为燃料和电炉冶炼的还原剂，金属精制时用作覆盖剂保护金属不被氧化。在化学工业上常作制备二硫化碳和活性炭等的原料，也用于水的过滤、液体的脱色和制备黑火药等，还在研磨、绘画、化妆、医药、渗碳、粉末合金等方面应用。图 1.26 为炭的发展应用。

图 1.26　炭的发展应用

　　碳元素的单质及化合物，既有最硬又有最软的材料，既有绝缘体又有导电体，既有隔热材料又有导热材料，毫无疑问地说它是人类发展科技进步的基石，如图 1.27 所示。

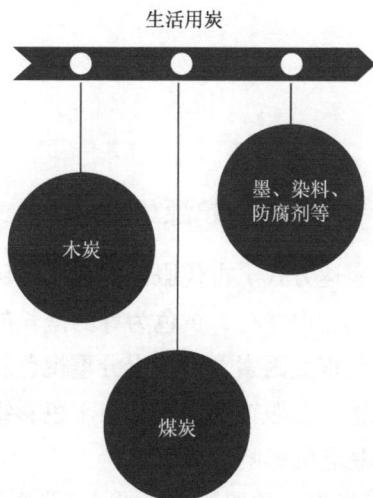

图 1.27　碳——人类文明的基石

参 考 文 献

[1] 吴伟, 李兆友, 姜茂发. 我国古代冶铁燃料问题浅析[C]. 第七届（2009）中国钢铁年会论文集（补集）. 2009: 42-45.

[2] 赵九洲. 古代华北燃料问题研究[D]. 天津: 南开大学, 2012.

[3] 赵九洲. 传统时代燃料问题研究述评[J]. 中国史研究动态, 2012(02): 55-62.

[4] 容志毅, 张泽洪. 《道藏》炼丹用燃料概说[J]. 宗教学研究, 2011(01): 1-9.

[5] 容志毅. 中国古代木炭史说略[J]. 广西民族大学学报(哲学社会科学版), 2007(04): 118-121.

[6] 夏炎. 魏晋南北朝燃料供应与日常生活[J]. 东岳论丛, 2013, 34(02): 86-91.

[7] 王树芝, 王增林, 许宏. 二里头遗址出土木炭碎块的研究[J]. 中原文物, 2007(03): 93-99.

[8] 邹久安, 杨启华. 怎样烧制木炭[J]. 农村新技术, 2006(11): 33.

[9] 孙梁红. 日照两城镇遗址古木炭的初步研究[D]. 济南: 山东大学, 2006.

第五例：花砖曾立摘花人，窣破罗裙红似火

一、案例内容

染料的起源与发展

色彩是美感最直接的表达方式。古代服饰的色彩经历了从神圣的红色到对黑白的崇尚，再到青、赤、黑、白并行，黄色为尊的漫长的色彩变化历程。人们对于服饰色彩的选择不仅按照审美因素，而且十分重视色彩的内涵和象征意识。所谓："服色娱目，衣饰见德。"服饰的演变是由于色彩组成此类的外在因素，内因则是审美道德和等级等观念的影响造成的[1]。

（1）色彩寓意化。《尚书·益稷》说："以五彩彰施于五色作服。"一些朝代，黄色是统治者专用的颜色，普通百姓是不允许使用的。白色则代表没有功名的人士，柳永《鹤冲天·黄金榜上》中就曾经嘲笑自己为"白衣卿相"。一些民俗将白色与不吉利之事联系在一起，比如丧事；红色代表的是喜庆之事，所以民间有红白之事的说法。将服饰色彩赋予各种寓意是人们对于环境的感知，并且反映其内心的结果。

（2）色彩伦理化。服色的伦理观念在先秦哲人树立德风的时候开始盛行[2]。孔子在《论语·阳货》中称："恶紫之夺朱也。"紫色是间色，朱是主色，体现着尊崇等级制度。

其实，色彩的搭配与道德本质并没有关系，色彩的装饰化以及流行化，都代表人们的审美意识与社会发展息息相关，色彩逐渐成为人类审美发展的最初印象物[3]。

随着社会的不断进步和发展，服饰的色彩有着更加复杂的分化，逐渐呈现出多样化，染料及染色技艺随之得以发展。

在几万年前，祖先就用天然的赤铁矿粉涂染串珠贝和筋绳，直到春秋战国时期，仍然用这种染料涂染粗劣的麻织物品。从远古到西汉，除使用红色天然赤铁矿粉（赭石）外，也使用其他的天然矿物颜料，如朱砂、绢云母、石黄、石绿、雄黄、雌黄、红土、白土等。1972 年长沙马王堆一号汉墓中出土的汉初的朱红菱纹罗绵袍上的朱红色，经 X 射线衍射分析，它的谱图和六方晶体的红色 HgS 完全相同。估计，最早的染料是天然矿物颜料[4]。

矿物性染料是由有色矿物研磨成细粒后制成，古代称其为石染。传统染整技术中采用的矿物源天然染料如表 1.2 所示[5]。

表 1.2　中国传统染整技术中采用的矿物源天然染料表

名称	别名	主要化学成分	色泽	颜料来源
赭石	赤铁矿	三氧化二铁(Fe_2O_3)	暗红	天然矿石
朱砂	辰砂、丹砂	硫化汞(HgS)	鲜红	天然矿石
银珠	紫霜粉	硫化汞(HgS)	鲜红	化学方法制取
石黄	雄黄	硫化砷(As_4S_4)	红光黄	天然矿石
	雌黄	三硫化二砷(As_2S_3)		
石绿	窄青、青膳	碱式碳酸铜	蓝绿	天然矿石
石青	大青、扁青	碱式碳酸铜	蓝	天然矿石
铅丹	铅红	四氧化三铅(Pb_3O_4)	红	化学方法制取
白垩	白垩土、白土	铝硅酸盐	白	天然矿石
松烟	松墨	碳(C)	黑	化学方法制取
行墨	石墨	碳(C)	黑	天然矿石
金粉	泥金	金(Au)	金	天然矿石
银粉	泥银	银(Ag)	银	天然矿石

织物的染色主要采用植物染料，如茜素、靛青等（图 1.28）。植物染料是我国古代染料的主流。《夏小正》中即有关于蓝草种植的记载，植物染料在周以前就开始应用，可见使用之早。

从现有的文献分析，古代对动物染料的利用，有紫铆（紫草茸）作红色染料的记载。紫铆是动物分泌物[6]。民俗资料上记载，古代少数民族曾用动物血给衣物上色。

图 1.28　茜草

春秋战国时期，社会生产力迅猛发展，染料技艺也随之而提高，出现很多色彩鲜艳的染色织物。《夏小正》中有"五月……启灌蓝蓼"的记载，可见当时蓝草已普遍种植，还原染色工艺得到了发展。复染工艺也有体现，《考工记》记载："三入为纁，五入为緅，七入为缁"，染色的次数影响染色的成色效果[7]。书中记述了染色工有五种：画、缋、钟、筐、幌[8]。由此可见，在春秋战国时期，染事分工更加细致明确，染料及染色技艺等方面都有很大的突破。

据《史记》和《齐民要术》记载，栀子（图 1.29）、黄檗树皮是最早使用的直接性植物染料[9]。秦汉时期，先民们盛行用栀子浸染天然纤维，栀子中的黄色素可直接在纤维上染出黄色。而南北朝时期又时兴用黄檗树来直接染丝帛。这是因为黄檗树中富含小檗碱，可在丝绢、羊毛等动物纤维上染色。

图 1.29　栀子

南北朝时期不仅染色技艺发达，而且媒染助剂应用尤为普遍。媒染领域中出现"助白剂"，利用天然白土练浣织物，使织物外表更加光洁白净。当时蓝白印花织物运用普遍，可见印花技艺比较成熟。

到了隋唐时期，印染工艺已经发展到相当高的水平。《唐六典》记载："凡染大抵以草木而成，有以花叶，有以茎实，有以根皮……"当时媒染剂应用更为广泛，印染技艺日趋完善[10]。

宋元时期，印花技艺有了突破性发展。在之前的印金工艺、描金工艺的基础上，创造性地发明了贴金印花工艺。

明代在印花工艺方面发明了木戳和木滚方法，在练染工艺方面发明了猪胰生物酶脱胶技术，在染色工艺方面发明了硫黄熏白法。

清代的染料开发、染色技艺和印花工艺使得纺织业印染工艺体系日趋完善，发展到了历史的高峰。

我国古代早期染整工艺包括织物的预处理、中期染色和印花、后期规整三部分，如图 1.30 所示[10-12]。织物的预处理主要是除去天然纤维中含有的胶质、色素等共生物，改变纤维的性质使之更适合染色，这在古籍中统称为"练"。

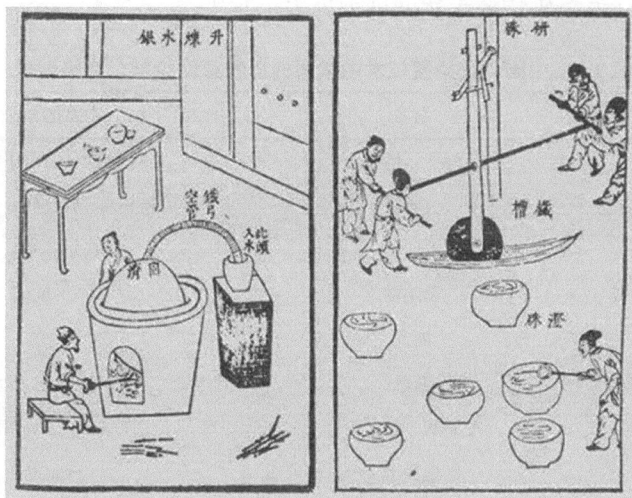

图 1.30 染料工艺

中期染色时，根据植物染料的性质和所染织物的特征，发明了许多染色工艺方法，主要有单染法、复染法、套染法、还原法和媒染法等[12]。后期整理是染色完成之后的工艺处理，对促进染色技术的发展发挥了很重要的作用。总结前人的经验不难发现我国古代的植物染料有以下几种：

（1）直接性植物染料。这类植物染料，不需要依赖其他的药剂而可以直接染着于棉、麻、丝、毛等质地的衣物上，单纯将织物置于由染料植物制成的染液里，通过煮染或浸染的方法给纤维着色。染色方法简单，色谱齐全，成本低廉。在我国染色技术发展早期，多用这类染料[13]，如栀子、地黄、黄檗等。

（2）盐基性植物染料。这类植物染料在水中溶解后能解离出阳离子，容易溶于碱性溶液内，因而又可称为碱性植物染料。如我国古代常用的红花，水浸后生成红花素，易溶于碱性溶液内，在中性或弱酸性溶液内产生沉淀，形成鲜艳的红色沉淀。我国在魏晋时期已经认识到这一原理，并用来提取红花素。《齐民要术》中"杀红花法"的记载即是如此[14-15]。

（3）媒染性植物染料[16]。这类染料必须加入媒染剂（即金属盐，如铝盐、铁盐等）作为媒介，才能固着于纤维上。我国古代植物染料中的茜草、紫草、荩草、苏枋、栌、栎等都属于这一类，所用媒染剂多为铝盐和铁盐。铝盐主要来自于明矾（含硫酸铝），而铁盐则来自于绿矾（含硫酸亚铁），还有用富含铝元素的植物烧灰做媒染。这类植物染料所染出的色泽由所用的媒染剂决定，如苏枋、铬媒染得绛红至紫色；铝媒染得橙红色；铜媒染得红棕色；铁媒染得褐色；锡媒染得浅红至深红色。矿物源天然助染剂见表1.3[17]。

表1.3　中国传统染整技术中常用的矿物源助染剂、媒染剂表

名称	别名	主要化学成分
青矾	绿矾、皂矾	$FeSO_4 \cdot 7H_2O$
明矾	白矾	$K_2SO_4 \cdot Al_2(SO_4)_3 \cdot 24H_2O$
铁砂		铁元素（Fe）
黄丹	密陀僧	PbO
黑泥	塘泥	Fe^{2+}
胆矾	蓝矾	$CuSO_4 \cdot 5H_2O$
石灰	生石灰、熟石灰	CaO、$Ca(OH)_2$
白土	白垩土	$CaCO_3$
白云母	绢云母	$H_2KAl_3(SiO_4)_3$
硫黄	昆仑黄	S
空气		O_2
石蜡	矿蜡	高级烷烃
土硝	芒硝、朴硝	Na_2SO_4
火硝	火碱	KNO_3

（4）还原氧化植物染料[18]。这类染料是需要经还原氧化作用后才能用作染色的不溶性植物染料。具体而言，先在碱液中经还原作用变成可溶性的隐色体钠盐在纤维吸着，再经过氧化，恢复成原来的不溶性染料，一般耐洗、耐晒，坚牢度较高。在古代，蓝色是服饰和生活用品的基本色调，蓝色染料的用量最大[19]。而蓝草作为还原氧化植物染料，染料中的靛苷经过水浸渍后可以染着织物上，再经过空气氧化形成蓝色的靛蓝。北魏贾思勰在《齐民要术》中比较仔细地记载了用蓝草制备蓝靛的工艺过程，这可以说是世界上关于天然蓝靛制作工艺的最早记载。古籍中所记载的蓝，多达十几种。《天工开物》记载，用于染蓝色的蓝草又可细分为蓼蓝、菘蓝、马蓝等（图1.31）。早期所用的靛蓝，取之于蓝草[20]。根据现代植物科学知识，结合前人的记载和农史专家的考证，还可以对应找到槐蓝和木蓝[21]。

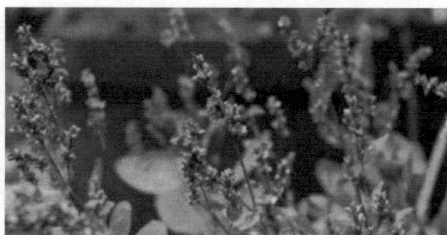

图 1.31　蓝草

黑色的染制可用多种染料，常用的植物染料有五倍子、鼠尾草、栎、乌桕、栗壳、莲子壳、橡树、薯莨、茶、狼把草、皂斗等。五倍子（图 1.32），也称盐麸木，树皮可以作黑色染料。我国古代染黑的原料多为含有单宁（又称鞣质）的植物。利用这些植物的树皮、叶、果实外皮、壳中含有的单宁和铁盐作用下将织物染成黑色。皂斗是古代一种很重要的黑色植物染料，多次在先秦的典籍中出现。大约在周代，人们就已经知道利用绿矾（硫酸亚铁）染黑，这项染色工艺实质上是化学染色，这种染色方法获得的黑色织物，都具有很强的耐晒性和耐水洗性。

图 1.32　五倍子

用于染紫色的植物主要有紫草、紫苏、棠等。紫草（图 1.33）属紫草科，是多年生草本植物，八九月茎叶枯萎时采根染紫。根含乙酰紫草宁，属于媒染染料，需要加入媒染剂才能使丝毛麻纤维着色，与椿木灰、明矾媒染得紫红色。

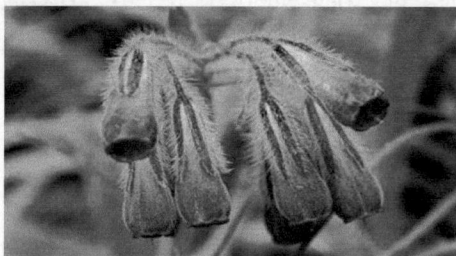

图 1.33　紫草

工业时代的精细染料工艺，多为化学浸染，按应用性能分类如下[22]：

（1）直接染料。这是一类可溶于水的阴离子染料。它们的分子中大多含有磺酸基或羧基，染料分子与纤维素分子之间以范德瓦耳斯力与氢键相结合。主要用于纤维素纤维的染色，也可用于蚕丝、纸张、皮革的染色，图 1.34 为直接湖蓝6B 的分子结构式。

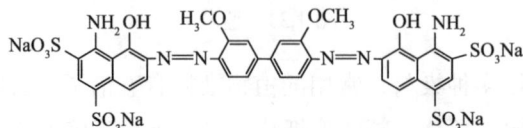

图 1.34　直接湖蓝 6B

（2）酸性染料。这是一类可溶于水的阴离子染料。染料分子中含磺酸基、羧基等酸性基团，通常以水溶性钠盐形式存在，在酸性浴中可以与蛋白质纤维分子中的氨基以离子键结合，故称为酸性染料。常用于蚕丝、羊毛和聚酰胺纤维以及皮革染色。也有一些染料，染色条件和酸性染料相似，但需要通过某些金属盐的作用，在纤维上形成螯合物才能获得良好的耐洗性能，称为酸性媒染染料。图1.35 为酸性黄 MF-2GL、酸性红 MF-2BL、酸性蓝 MF-BLN。

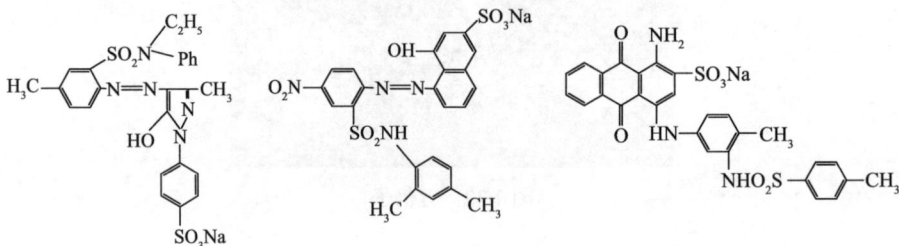

图 1.35　典型酸性染料

（3）阳离子染料。这类染料分子溶于水呈阳离子状态，故称阳离子染料，主要用于聚丙烯腈纤维的染色。在早期的染料分子中，具有碱性基团，常以盐形式存在，可溶于水，能与蚕丝等蛋白质纤维分子以盐碱形式相结合，故又称为碱性染料或盐基染料，如图 1.36 所示。

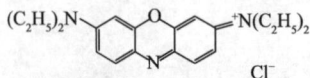

图 1.36　阳离子染料

（4）活性染料，又称为反应性染料。在这类染料分子结构中带有反应性基团，染色时能够与纤维分子中的羟基、氨基发生共价结合进而牢固地染着在纤维上，主要用于纤维素纤维纺织物的染色和印花，也能用于羊毛和合成纤维的染色，如图 1.37 所示。

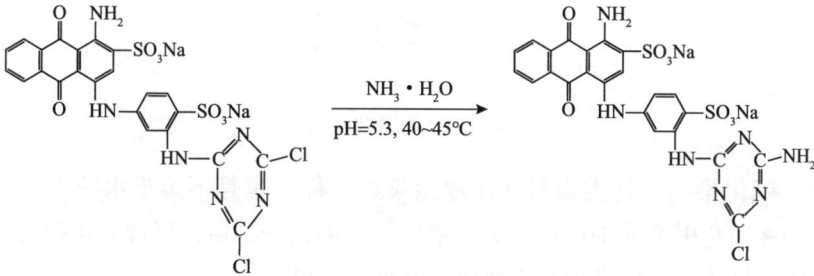

图 1.37　反应性染料

（5）不溶性偶氮染料见图 1.38。在染色过程中，由重氮组分和偶合组分直接在纤维上反应，生成不溶性色淀而染着，这种染料称为不溶性偶氮染料。其中，重氮组分是一些芳伯胺的重氮盐，偶合组分主要是酚类化合物。这类染料主要用于纤维素纤维的染色和印花。由于染色时需在冰冷条件下（0～5℃）进行，又称为冰染染料。

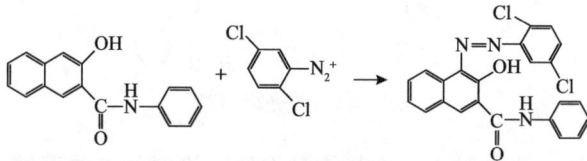

图 1.38　偶氮染料

（6）分散染料。这类染料分子中不含水溶性基团（图 1.39），染色时需借助分散剂的作用使染料呈细小颗粒的分散状对纤维进行染色，故称为分散染料。主要用于各种合成纤维的染色，如涤纶、锦纶、醋酸纤维等。

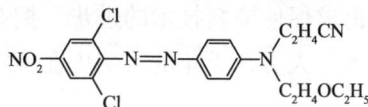

图 1.39　分散染料

（7）还原型染料，见图 1.40。这类染料不溶于水。染色时，它们在含有还原剂的碱性溶液中被还原成可溶性的隐色体从而上染纤维，染色后再经过氧化重新成为不溶性染料而固着在纤维上，主要用于纤维素纤维的染色、印花，少量用于丝、毛的染色，牢度优越。

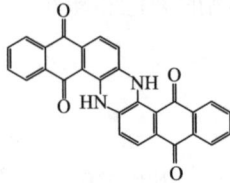

图 1.40　还原型染料

（8）硫化染料。这类染料和还原型染料一样，也是不溶于水的染料。染色时，它们在硫化碱溶液中被还原为可溶状态，染入纤维后，经过氧化便又呈不溶状态固着在纤维上。这类染料主要用于纤维的染色。

（9）缩聚染料。这是近年来发展起来的一类染料，可溶于水。它们在纤维上能脱去水溶性基团而发生分子间的缩聚反应，成为分子量较大的不溶性染料而固着在纤维上。目前主要用于纤维素纤维的染色和印花，也可用于维纶的染色。

（10）荧光增白剂（图 1.41）。这类物质上染到纤维、纸张等基质后，能吸收紫外线，发射蓝色光，从而抵消织物上因黄光反射量过多而造成的黄色感，在视觉上产生洁白、耀目的效果。不同品种的荧光增白剂可用于不同种类纤维的增白。

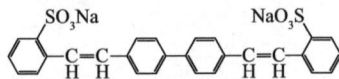

图 1.41　荧光增白剂

随着科技发展，染料的种类愈加多种多样，染料的工艺更加成熟复杂，逐步向着精细化、系统化、机械化、无害化方向发展。

二、教育思想

古人对于衣物染色的追求促使染料技术的进步，拥有了制造色彩的本领，以绚丽的色彩装扮着大千世界。人类几千年的文明史在染料的陪衬、包装下才显得更加多姿多彩[23]。

染料广泛应用于食品、医药、印染和化妆品等行业，我国染料年产量约为85 万吨，位居世界前列。随着各种染料的广泛使用，10%～15%的染料在生产和使用过程中会释放到环境中。

染料废水组分复杂、色度高、化学耗氧量和生物需氧量高、悬浮物多、水质及水量变化大、难降解物质多，加大了染料废水的处理难度，也使染料废水成为国内外难处理的工业废水之一。目前，国际上染料废水的处理方法主要有物理法、化学法和生物法等。虽然有很多种方法来解决染料废水的污染问题，但是每种方法在运行上都存在一定的局限性，比如处理结果欠佳，或者处理费用昂贵等。所以对于水污染处理方式应该从实际出发，结合污染水质的特点，应用微生物与物理化学方法相结合，研究出低耗能、不会产生二次污染、高效的水污染处理方式。与此同时还应该多利用自然界的可再生资源来进行染料废水的处理，比如太阳能资源和微生物资源[24-25]。

现阶段，科学技术的进步在一定程度上带动了社会经济的快速发展，然而也带来了一些较为严重的环境问题，给人们的日常生活带来严重影响，因此环境保护与可持续发展是当今社会关注的重要问题。可持续发展的前提条件就在于保护环境，实现人与自然之间的和谐统一。环境是全体公民得以长久生存的大家庭，直接关系到每个公民日常生活。故而，应该不断增强社会大众的环保意识，积极引导公民从小事做起，从节约每一度电做起，节约每一张纸做起，并且要在此基础上不断影响他人，使更多的人重视环境保护，实行环境保护，形成人人保护环境的和谐氛围。

参 考 文 献

[1] 王招弟. 两周时期五色象征意义初探[D]. 西安: 陕西师范大学, 2012.

[2] 杨健吾. 颜色与方位: 古人认识世界的特殊方式[J]. 文史杂志, 2007(03): 76-78.

[3] 葛蓓. 中国古代服饰色彩文化与色彩观念探源[J]. 大舞台, 2013(01): 272-273.

[4] 孙闻莺. 中国古代染色文化与植物染料研究[J]. 纺织报告, 2020, 39(12): 126-128.

[5] 李玉芳. 几种常见中国古代天然植物染料的分析鉴定研究[D]. 北京: 北京科技大学, 2020.

[6] 张红鸣. 中国古代纸染色用天然染料[J]. 染料与染色, 2020, 57(01): 29-34.

[7] 陈磊. 基于表面增强拉曼光谱快速鉴定和分析纺织品文物中天然染料的研究[D]. 杭州: 浙江理工大学, 2019.

[8] 从乐平, 张永伟, 龚奕. 出土古代纺织品纤维定性分析与染料鉴别[J]. 北京服装学院学报(自然科学版), 2017, 37(04): 36-40, 47.

[9] 从乐平. 出土古代纺织品纤维及染料的分析研究[D]. 北京: 北京服装学院, 2018.

[10] 沈文洁. 中国古代褐色系植物染料及其染色工艺[D]. 广州: 华南农业大学, 2017.

[11] 张林玉. 古代纺织品中染料成分的鉴定和染色工艺的探究[D]. 北京: 北京化工大学, 2017.

[12] 金少萍, 吴昊. 中国古代文献中记载的植物染料及其文化内涵[J]. 烟台大学学报(哲学社会科学版), 2012, 25(04): 79-89.

[13] 谭光万. 中国古代植物染料[J]. 地图, 2011(06): 64-71.

[14] 刘剑. 古代纤维和染料的鉴别与分析[D]. 杭州: 浙江理工大学, 2011.

[15] 谭光万. 中国古代植物染料研究[D]. 杨凌: 西北农林科技大学, 2009.

[16] 赵丰. 红花在古代中国的传播、栽培和应用——中国古代染料植物研究之一[J]. 中国农史, 1987(03)：61-71.

[17] 肖浪, 张克勤. 中国古代天然染料的科学基础研究进展[J]. 纺织导报, 2014(06)：123-125.

[18] 郭丹华, 姚燊豪, 梅祎芸. 《本草纲目》中动植物染料名实考释[J]. 自然博物, 2021, 6(00)：17-24.

[19] 高霭贞. 古代织物的印染加工[J]. 故宫博物院院刊, 1985(02)：79-88, 98.

[20] 王艳. 我国古代民间的传统工艺印染[C]. 中华教育理论与实践科研论文成果选编（下）. 2007：1021.

[21] 罗军. 我国古代的染料化学[J]. 化学教学, 1996(01)：12-13.

[22] J. Griffiths, 姚庆伟. 现代染料化学[J]. 世界科学, 1987(08)：12-16.

[23] 张丽平, 李敏, 陈坤林. 轻化工程专业"染料化学"课程思政教育的几点思考[J]. 创新创业理论研究与实践, 2021, 4(16)：41-43.

[24] 张中领, 孙晓玲. 染料废水处理技术现状与发展[J]. 化工设计通讯, 2017, 43(03)：7.

[25] 陈文华, 李刚, 许方程. 染料废水污染现状及处理方法研究进展[J]. 浙江农业科学, 2014(02)：264-269.

第六例：千锤万凿出深山，烈火焚烧若等闲

一、案例内容

（一）石灰的起源发展

中国在公元前 7 世纪开始使用石灰。从仰韶文化的半穴居建筑到龙山文化的木骨泥墙建筑、夏商周时期的宫式和高台建筑、秦汉时期的砖瓦建筑、明清时期的紫禁城到现代建筑等，石灰一直是不可或缺的材料。

随着汉代石灰的普及，至隋唐，石灰的应用渐渐超出了墙壁涂饰、消毒驱虫、墓葬、战争和炼丹的范围而扩展至医药、印染等领域，曾是古代中国应用最为广泛的物品之一。遗憾的是，国内学界没有给予它足够的重视，无论从何种角度衡量，对于石灰的研究都与它在古人生活中的地位不相匹配。

《周礼·秋官·司寇》载："赤犮氏掌除墙屋，以蜃炭攻之，以灰洒毒之，凡隙屋，除其狸虫。"赤犮氏用石灰驱虫、消毒，除去了房屋缝隙的虫子。可知当时已设有专门用石灰对房屋进行消毒的官员，他们燔烧石灰所使用的原料不是石灰岩，而是牡蛎壳，这种牡蛎壳燔烧的石灰称为"蜃"。

战国时人们还将石灰用于棺椁的防潮和祭祀器皿的涂饰。《周礼·地官·司徒》记载："掌蜃，掌敛互物、蜃物以共闽圹之蜃；祭祀，共蜃器之蜃、共白盛之蜃。"掌管牡蛎的人收集牡蛎壳制作石灰，用以填塞墓坑底部，用来防潮。举行祭祀时，石灰用来涂饰器物或墙壁。

至南朝梁时，陶弘景对石灰及其功用又有进一步的认识："近山生石，青白色，作灶烧竟，以水沃之，则热蒸而解。俗名石垩。石灰性至烈，人以度酒饮之，则腹痛下痢。古今多以构冢，用捍水而辟虫。"

据现代药理，石灰有较强的杀菌作用。通常情况下，若将病菌浸于百分之一的石灰液中，二三分钟后即可使它失去活力。原因大概有三个：一是石灰能吸水，病菌体内的水被吸收，导致死亡；二是石灰遇水形成的氢氧化钙能侵夺病菌体内氧气，使之缺氧失活；三是石灰与二氧化碳作用，能在病菌外表生成坚硬的碳酸钙，使之窒息而亡。

4000 年前，黄河上游的齐家文化遗址中，就已经有了以石灰岩燔烧的石灰，且那时的石灰似乎已广泛用于墙体的涂饰和地面的涂敷。《青海民和县喇家遗址 2000 年发掘简报》报道：居室……地面经修整，先敷一层厚约 3 厘米的黄土草拌泥，后抹厚约 0.5 厘米的白灰面。现存四壁均涂有一层草拌泥，后用白灰面涂抹磨光。草拌泥厚约 2 厘米，白灰面厚约 0.1 厘米。如图 1.42 所示[1]。

图 1.42　青海喇家遗址

文中的"白灰面"即是由石灰涂抹而成。民和县地处黄河上游，远离大海，故喇家遗址的石灰不可能像《周礼》那样使用牡蛎壳燔烧；发掘的石灰中还残留有细小的石粒，证实齐家文化遗址的石灰确是用石灰岩燔烧的。

殷人生活的年代（约 3500 年前），正处于齐家文化（约 4000 年前）与周文化（约 3000 年前）之间，殷人生活的区域主要在河南一带，也就是在黄河中游地带。因缺乏牡蛎壳，故仍沿用齐家文化以石灰岩燔烧石灰的方法，如图 1.43 所示。因此，殷人仍可燔烧大量石灰石，从而为"四壁垩墀"之习提供足够的石灰。而当齐家文化继续沿黄河向下游传播抵达入海口后，由于石灰岩获取相对困难，而牡蛎壳易得，甚至还可能因某些观念的改变，在原有的以石灰岩燔烧石灰的基础上，又发展演变出以牡蛎壳为原料燔烧石灰的方法，最后齐地成为获取石灰的主要地点。

图 1.43　燔烧石灰工艺

有关石灰的较早记载，当属晋张华（232—300 年）的《博物志》，卷四有一段描写石灰的文字："烧白石作白灰,既讫,积著地,经日都冷,遇雨及水浇即更燃,烟焰起。"明确指出白灰(石灰)是由白石(石灰岩)燔烧成的。具体的燔烧方法,明李时珍《本草纲目》载:"作窑烧之,一层柴,或煤炭一层在下,上累青石,自下发火,层层自焚而散。"当然,煤炭的普及是隋以后的事了,故文中用于"烧白石"的燃料当为薪柴。又所谓"更燃,烟焰起",并非真的燃烧,而是石灰遇水热解时的放热反应,也即陶弘景所说的"热蒸而解"。《北齐书》亦有关于石灰的记载:"苍鹰母求以神武(即齐高祖,496—547 年)为义子。及得志,以其宅为第,号为南宅。虽门巷开广,堂宇崇丽,其本所住团焦,以石垩涂之,留而不毁。至文宣(529—559 年)时遂为宫。"此处"石垩",即是由石灰岩燔烧的石灰。综合考古发掘(图 1.44)及《后汉书》《博物志》和《北齐书》的记载,则至迟于东汉时,以石灰岩燔烧石灰的技术已相当成熟,这为石灰的普及应用提供了技术保障[2]。

图 1.44　古代窑烧遗址

最早记载石灰药用的是葛洪(283—363 年)的《肘后备急方》,如卷五的葛氏卒毒肿起急痛方载:"水和石灰封上,又苦酒磨升麻,若青木香或紫檀以磨,敷上,良。"亦载:"先洗须发令净,取石灰、胡粉分等浆和。温,夕卧涂讫,用油衣包裹,明日洗去,便黑,大佳[4]。"孙思邈(581—682 年)《备急千金要方》卷五有"治产后阴道开而不闭方",即云:"石灰一斗,熬,令烧草,以水二斗投之,适寒温,入汁中坐,渍之须臾,复易坐,如常法[5]。"而唐王焘(670—755 年)《外台秘要方》所载石灰,又较葛洪和孙思邈为多,如卷十五"元侍郎希声集疗卒风疹秘验方"上的"石灰随多少,和醋浆水涂疹上,随手即灭"等。

除治病外,甚至还有用石灰泡酒以害人的。《旧唐书》载:"高祖(即唐高祖李渊,566—635 年)遣使招抚,百药劝伏威入朝,伏威从之,遣其行台仆射辅公祐与百药留守,遂诣京师。及渡江至历阳,狐疑中悔,将害百药,乃饮以石灰酒，因大泻痢，而宿病皆除。"伏威本欲加害百药，却不料百药服酒后反而治好了旧病。表明自东晋至隋唐，石灰在医药中的使用已日益频繁。古代民间的纺织印染，如南方少数民族广泛使用的蜡染工艺，石灰即为常用的原料。故唐梅彪《石药尔雅》便有"石灰，一名染灰"的说法[6]。对此，明李时珍《本草纲目》有更详细的记载："淀，石殿也，其淬澄殿在下也，亦作淀，俗作靛。"明代的《补遗雷公炮制便览》除载有石灰治病药方外，还描绘了医用石灰的炮制过程。

到唐宋以后，由于石灰岩燔烧石灰的技术日益普及，战争中以石灰御敌的战法也随之出现，不仅像汉代杨璇那样在陆战中使用石灰，而且在水战和地道战中亦广泛使用石灰。如宋朝范坰、林禹所撰《吴越备史》："乾化四年（914 年）夏四月乙巳大战，贼舟既高且巨，不能复上。我师反乘风以逐之，复用小舟围其左右。贼回舟而斗，因扬石灰，贼不能视。"宋代，更出现了不依赖自然风而靠人造风播散石灰的地道战法，这在曾公亮（999—1078 年）等撰《武经总要》中有描述："风扇车二柱二桄，高、阔约地道能容，上施转轴，轴四面施方扇。凡地道中遇敌人，用扇扬石灰、簸火球烟以害敌人。"书中并绘有扇扬石灰的"风扇车"。

东晋，石灰开始作为炼丹原料出现在道士的炼丹方药中。"西蜀（405—413 年）陈大师述"的炼丹著作《碧玉朱砂寒林玉树匮》，就是目前所见最早将石灰用于炼丹的经诀，"结庚母砂第五"中就有"取朱砂三两，庚母六钱，结砂子分作八块，用浆水、白矾、石灰、皂角灰、蛇床子等分，悬胎煮一日夜取出"的记载。隋苏元朗《太清石壁记》中亦有"石味灰（石灰）"之说。唐代，石灰在炼丹中的使用就已相当广泛了。结砂子法（红银）：硇砂（主要成分为氯化铵）一斤，土绿一斤，白矾一斤。右三件相合研，入瓶子内，以少盐薄为匮，养烧一伏时，最后用大火烧得通过，即以风化（石）灰一斗。以醋浆水投石灰中取清，以石灰汁煮令热[3]（唐金陵子所撰《龙虎还丹诀》）。即用氯化铵、土绿、白矾各一斤研磨，用少许盐熬一昼夜，最后用大火烧。用醋浆水投入石灰中，取清液再煮。

出红银砂子晕方：右取煮洗了砂子（HgS）作小挺子，以风化石灰纳铁筒中散安，将挺子插于灰中固济，不固济亦得。文武火养一月日以上，鼓之，每斤得十两成无晕。

除此之外，该诀还在"点红银晕法""出红银及砂子等晕法"及"燠出砂子红银晕法"等方中多处使用石灰，而且后面两个方子中还使用了"石灰矿"一词，这是石灰矿一词的最早出处。故此，汉代杨璇使用石灰岩燔烧石灰就不足为奇了。另外，根据唐代道士梅彪所撰炼丹书《石药尔雅》，当时仅石灰就有七个别名："一名五味，一名白灰，一名味灰，一名恶（垩）灰，一名希灰，一名染灰，一名散灰。"宋代以后，炼丹中使用石灰的经诀就更加频繁[7]。

石灰在炼丹中，大多是用于药物的浸煮、神室的密固或华池的制作上，如《上洞心经丹诀》"固神室玉床药法：石灰捣罗为细末，用极酸浆水浸七日了，去水晒干，复捣罗为细末。"《庚道集》"作华池法：用石灰同灶灰以饮汤调匀，捏作楪（碟）子，盛金公（Pb）与脱出马灵砂（HgS）一同煎，令白则成矣。"说明石灰是作为与炼丹相关的材料被间接使用的，并未作为药物而直接参与金丹大药的烧炼，其原因可能正如陶弘景所说"石灰性至烈"。

石灰作为染布的原料，《周礼》已有记载："涑帛，以烂为灰，渥润其帛，实诸泽器，淫之以蜃。"元毛应龙《周官集传》卷十四引宋欧阳修的话说："蜃，若今之石灰，《周礼》共白盛之蜃。古者盖取贝壳以为（石）灰，以为白盛之用也。以栏木灰煮其帛使熟，又以蜃灰淫之使熟，盛（按净字）而白也。"可见，还在战国，石灰已被用于丝帛的染色[8]。迄今在贵州、广西等地的蜡染制作中，一道不可或缺的工艺就是"打蓝靛"，其中要在发酵池里投放约 10 斤生石灰。一般而言，草木灰染色耗时较多，且色彩保留效果不如石灰的长。

其他如造纸、船舶补漏、井盐挖掘、皮蛋腌制等，亦多用石灰[9]。

（二）石灰工艺化学

我国烧制石灰历史悠久，但烧制工艺很少有文献记载。南朝陶弘景在《本草经集注》中才有简要明确的记载："近山生石，青白色，作灶烧竟。以水沃之，则热蒸而解。"这不仅讲述了烧制石灰的原料和烧制方法，还强调了石灰的重要性质。

对烧制石灰工艺记述较为详细的文献有明末宋应星《天工开物》："凡石灰，经火焚炼为用。成质之后，入水永劫不坏。……石以青色为上，黄白次之。石必掩土内二三尺，掘取受燔，土面见风者不用，燔灰火料，煤炭居十九，薪炭居十一。先取煤炭泥和做成饼。每煤饼一层，垒石一层，铺薪其底，灼火燔之。最佳者曰矿灰，最恶者曰窑滓灰。火力到后，烧酥石性，置于风中，久自吹化成粉。急用者以水沃之，亦自解散。"

从古籍的记载来看，中国古代烧制石灰的原材料有两种：石灰岩与牡蛎壳。现代石灰原料为：石灰石、白云石和白垩等矿石（图 1.45）。

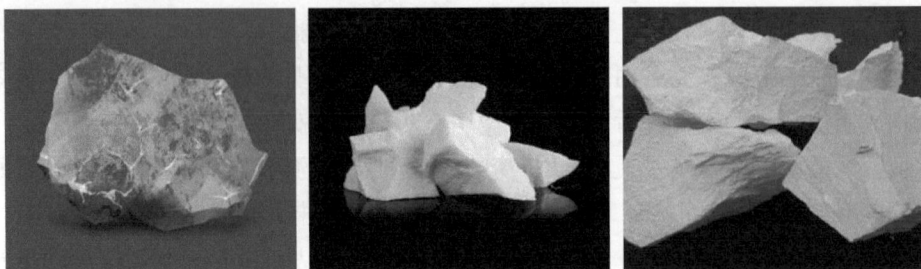

图 1.45　石灰石、白云石、白垩

使用石灰岩烧制石灰的文献，最早见于西晋《博物志》："烧白石作白灰，既讫，积著地，经日都冷，遇雨及水浇即更燃，烟焰起。"指明白灰（石灰，如图 1.46 所示）是由白石烧制而成，并且遇雨水即消解，放出大量热气。

图 1.46　石灰

自先秦时期起，沿海地区即有以牡蛎壳烧制石灰的传统。宋应星记载："凡温、台、闽、广海滨，石不堪灰者，则天生蛎蚝以代之。"

石灰在空气中凝结硬化过程是由结晶作用和碳化作用同时进行完成的，过程如下。

（1）以石灰石为原料，经高温煅烧后得到氧化钙，即为生石灰：

$$CaCO_3 \longrightarrow CaO + CO_2 \uparrow$$

（2）生石灰十分活泼，吸湿性强，与水消化生成氢氧化钙，即为熟石灰：

$$CaO + H_2O \longrightarrow Ca(OH)_2$$

（3）熟石灰通过吸收空气中的二氧化碳进行硬化，成为碳酸钙：

$$Ca(OH)_2 + CO_2 \longrightarrow CaCO_3 \downarrow + H_2O$$

这一反应即为石灰的硬化机理，这使得石灰不但可以作为砖石间的砌筑材料，而且可以用作外墙的粉刷材料，在古代广泛应用于土木工程，使得三合土和夯土技术逐步发展。表 1.4 是古代石灰工艺与现代工艺成分化学分析。

表 1.4　石灰工艺成分化学分析[10]

样品名称	外观	岩相分析	X 射线分析
天然姜石 （北京）	形状似姜，黄白色，质地坚硬	主要为原生碳酸钙，有较高干涉色、球粒状消光，呈单个晶体分布；其次为石英、斜长石	碳酸钙
南殿村遗址 "白灰面" （西安）	松散，黄白色，手捻有颗粒感	主要为原生碳酸钙，有较高干涉色、球粒状消光，呈单个晶体分布；其次为石英、斜长石、云母、高岭土等	碳酸钙、石英
大汶口遗址"柱础" （山东）	黄白色坚硬土块	碳酸钙、石英、黏土	碳酸钙、石英
顺义汉荔砖缝"白灰" （北京）	洁白，细腻犹如膏状，杂有黄土，具有黏性	主要为碳酸钙，没有明显晶体轮廓，为细小晶体集合体；其次为少量石英	碳酸钙
现代房屋墙壁白灰(北京)	洁白、细腻	主要为碳酸钙，有较高干涉色、球状消光、细小晶体的集合体	碳酸钙

　　一般而言，烧钙质石灰石的温度需要在 900~1000℃，生石灰具有水硬性，原材料含有泥质、硅质，煅烧的理想温度在 950~1150℃。过低或过高的温度、过短的时间均不能烧制出高质量的石灰。图 1.47 为石灰生产的化学工艺流程。

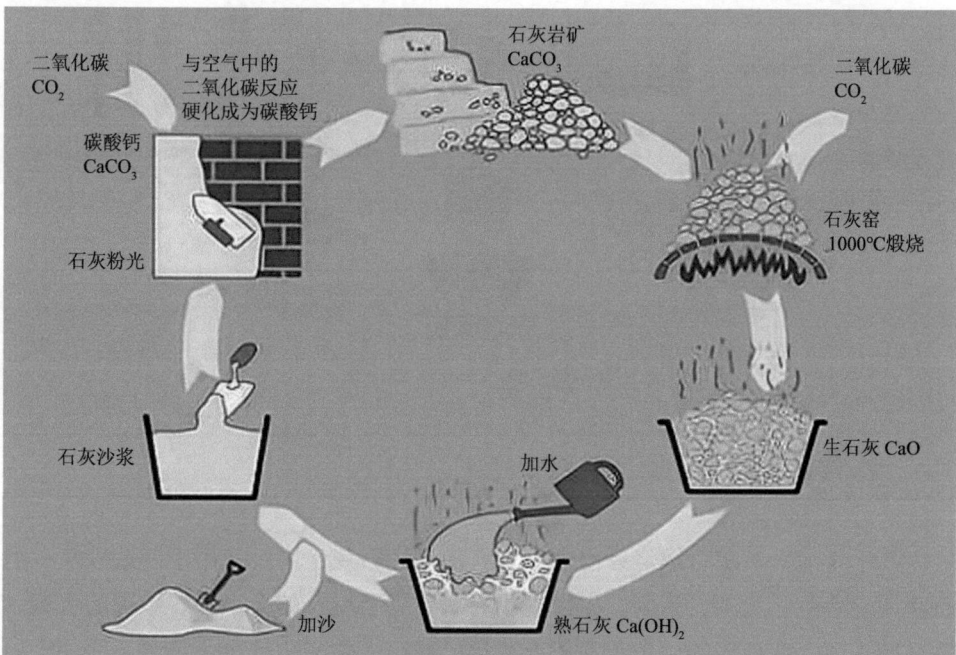

图 1.47　石灰生产的化学工艺

我国长期以柴草作为烧制石灰的主要燃料。明清因人口增加，导致华北地区的柴草供应缺口加大，促使煤炭逐渐成为主要燃料。但在草木丰盛的南方地区，柴草作为烧制石灰的主要燃料一直延续到 20 世纪 70 年代。

从陶弘景的记述可知，"水沃"消解是南北朝时期常见的石灰消解方式。氧化钙与水反应生成氢氧化钙并释放大量的热。到唐代，石灰增加了"风化"的消解方式，即烧成后的石灰在空气中静置一段时间后再使用。

宋《本草图经》总结了石灰作为中药材因不同消解方式导致的药性差异："石灰，生中山川谷，今所在近山处皆有之。此烧青石为灰也，又名石锻。有两种：风化、水化。风化者，取煅了石，置风中自解，此为有力；水化者，以水沃之，则热蒸而解，力差劣。"

清代以后，随着制备抹墙用石灰膏，人们发现用水陈化能极大增强石灰浆的流动性和细腻程度，且石灰膏的保存和使用也极为方便，以水陈化逐渐成为石灰消解的主流工艺，风吹成粉工艺接近失传。

图 1.48 便是现代石灰生产的工艺流程。中国是石灰生产大国，精细化、智能化、机械化的生产可以得到符合人类需求的各种产品。人们利用它制造出高楼耸立的城市、四通八达的公路等。

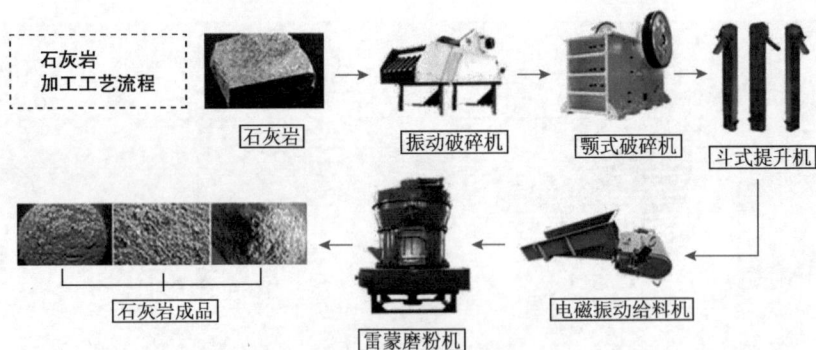

石灰岩加工工艺流程

石灰岩　　振动破碎机　　颚式破碎机　　斗式提升机

石灰岩成品　　雷蒙磨粉机　　电磁振动给料机

图 1.48　石灰生产工艺流程

二、教育思想

几千年前，石灰石煅烧后出现了生石灰和消石灰，生石灰用于制造砂浆，消石灰用于着色、绘画、粉刷。先民们用石灰建立了埃及的金字塔、中国的长城、罗马的水道，在璀璨的历史长河里石灰早已遍布人类文明的每个角落。明朝杰出的政治家和军事家于谦写过一首《石灰吟》："千锤万凿出深山，烈火焚烧若等闲。粉骨碎身浑不怕，要留清白在人间。"揭示了石灰如何制造，更抒发了一种坚强不屈、洁身自好的高尚人格品质。

明末杰出的大旅行家和地理学家徐霞客，在其巨著《徐霞客游记》中，最早揭示了我国西南地区的石灰岩地貌，比欧洲人发现石灰岩早一百多年。1865年，德国人在柏林首先建立了"德国黏土砖、黏土制品、石灰和水泥协会"。19世纪中叶，欧洲的石灰工业发展起来，第二次世界大战以后石灰工业改进技术、提高生产效率，改善服务，更加规范化、专业化和系统化，历次工业革命使资本主义国家社会生产力快速发展。1977年美国销售的石灰，按用途比重依次为：冶金和化工、建筑、农业、煅烧白云石等。到1980年，苏联的石灰年产量就已达到3000万吨。如今最大的石灰消费企业集中在黑色冶金和化工联合企业。人类对石灰的开发还没有到极限，无数新兴产品必将诞生。

人类将石头烧制化为石灰，并用于改造社会。这是人类先祖的智慧传承，更是无数代人坚持科研探索的宝贵财富。纵观世界悠久的科学历史，总会有一些新理论、新发明一次次推动人类文明的进步。中华民族的伟大精神中就凝聚了高尚的、实干的科研探索精神，这种精神激励鼓舞着一代又一代中华儿女，创造了如今璀璨的现代化盛世。国家的每个领域都需要宝贵的科研探索精神和踏实的科研探索行为，因此作为新青年的我们必须坚持培养科研探索的能力，树立科研探索的高尚情操，用所学的知识去改造社会，去回报社会。

参 考 文 献

[1] 任小燕, 王国道, 蔡林海. 青海民和县喇家遗址 2000 年发掘简报[J]. 考古, 2002(12): 12-25, 99-100, 104.

[2] 胡继高. "白灰面"究竟是用什么做成的[J]. 文物参考资料, 1955(07): 120-121.

[3] 赵全嘏. 新石器时代及商代人类住地的白灰面[J]. 考古通讯, 1956(05): 55-58.

[4] 杨富巍, 张秉坚, 潘昌初, 等. 以糯米灰浆为代表的传统灰浆——中国古代的重大发明之一[J]. 中国科学(E辑: 技术科学), 2009(01): 1-7.

[5] 顾纯光, 顾寒梅. 古代人工烧制石灰的判别方法研究[J]. 建筑技术, 2016, 47(01): 68-70.

[6] 容志毅. 中国古代石灰的燔烧及应用论略[J]. 自然科学史研究, 2011, 30(01): 45-54.

[7] 李佳佳. 中国传统复合灰浆的认识研究[D]. 杭州: 浙江大学, 2019.

[8] 顾纯光, 顾寒梅. 古代人工烧制石灰的判别方法研究[J]. 建筑技术, 2016, 47(01): 68-70.

[9] 缪纪生, 李秀英, 程荣遂. 中国古代胶凝材料初探[J]. 硅酸盐学报, 1981(02): 234-240.

[10] 李乃胜, 何努, 汪丽华. 新石器时期人造石灰的判别方法研究[J]. 光谱学与光谱分析, 2011, 31(03): 635-639.

第七例：炉火照天地，红星乱紫烟

一、案例内容

（一）中国古代冶铁技术

在人类文明史上，炼铁技术的发明是划时代的重大事件。铁是推动人类文明进步发展最重要的原材料，铁产量也是一个国家综合国力的体现。

1972 年在河北出土的一件商代中期铁刃铜钺，专家考证是用含镍量较高的陨铁制作的[1]。且已出土的商代铁器，也以陨铁为主，具有良好的韧性和强度。1976 年，在一座商代墓出土了一件含铁铜钺，是铜铁混合体，而铁中含镍量很低，并非陨铁，它是经过冶炼技术注入的，推测中国炼铁技术很可能是商代发明的。

根据出土文物和大量文献记载，证明我国在西周时期已初步进入了铁器时代。在春秋战国时期，人工冶炼的铁主要有块炼铁和生铁[2]。最初的块炼铁技术就是将铁矿石和木炭一层夹着一层放在炼炉中焙烧，其化学原理是利用炭的不完全燃烧产生的一氧化碳还原氧化铁。但是当时的炭火达不到需要的温度，仅有 $650\sim1000\,^\circ\!C$，铁只能沉到炉底，而不是呈熔融状态流出。块炼法需要毁炉取铁，铁块表面夹杂渣滓，含碳量很低，性能柔软，但结构疏松，不够耐用，因此被称为"海绵铁"，亦称"熟铁"。

我国发明生铁冶炼技术，比欧洲早一千九百年，是世界上最早使用生铁冶铸成铁的国家。它是我国封建社会前期经济繁荣的原因之一，也是我国对世界冶金史的重大贡献[3]。在春秋中后期，发明了生铁冶铸技术，即用高温液体还原法冶炼生铁，这种方法与块炼铁的区别在于冶炼温度不同。生铁冶炼时，由于炉温较高，被还原的固态铁就会吸收碳，吸收的碳越多，熔点就会越低。当碳的含量达到 4.3% 时，熔点仅有 $1146\,^\circ\!C$。当炉温达到 $1200\,^\circ\!C$，铁就会充分融化，得到了液态的生铁。这种方法得到的铁，含有较多的碳，质地脆硬，称为"生铁"[4]。生铁熔点低，铸造性能好，但强度不够，不能制造坚韧的兵器，于是我国又出现了铸铁柔化处理技术。战国中期以后，铁器已经取代了铜器，并且成为社会方方面面必不可少的主要工具。例如铁制农具，在农业生产中占据了主导地位。

生铁冶炼工艺和块炼法相比，有很多的好处。块炼法要等炉子冷却后，才能从炉底取出铁块；冶炼生铁直接放出铁水，省去了停炉熄火的时间，能进行连续性的生产。块炼法矿石的利用率在50%左右；冶炼生铁，炉温提高，矿石还原充分，原料的利用率大幅度提高。熟铁杂质较多，反复锤锻才能制成铁器；冶炼生铁用铁水直接浇注成型，省工省时。

燃料的改进，带来我国古代冶铁业巨大进步。古代的冶铁燃料经历了木炭、煤和焦炭三个阶段[5]。炭是古代的高级燃料，冶铜炼铁所必需。古人称烧炭之山为"黑山"，出铁之山为"红山"（赤铁矿呈红色）。红山附近必须有黑山方可开采。直到清朝，广东的铁厂还发生过因老林采尽而倒闭的现象。

煤比炭耐烧，大大减少了因缺乏燃料而造成铁厂倒闭的现象。中国是世界上最早用煤炼铁的国家[6]。早在宋代，炼铁作坊用煤就已很普遍。苏轼在徐州做官，为了冶铁曾派人到附近寻找煤矿，这被他记在《石炭行》中。但用煤炼铁古代一直局限于北方，南方仍以木炭为主，诗人陆游在四川还见到一种可用于冶铸的竹炭。煤作燃料优点是提高炉温，加快冶炼速度，缺点是含硫量过高，影响铁的质量。这种缺点，直到明代创造用烧煤制焦炭之后才得以克服，焦炭炼铁一直沿用到今天[7]。明清时，广东福建用木炭炼铁质量上乘，军事家尤其提倡用闽铁制作火器。十六世纪，欧洲才用煤来炼铁。

我国古代炼铁有高炉、平炉两种。平炉呈方形，三面建砖端，俯视像一个池子。矿石加工成颗粒预先放入圆筒形的坩埚，再把坩埚整齐排列在炉中，经一昼夜矿石就熔成了铁水，既可取出直接浇铸，也可待冷却后打破坩埚取用凝成圆柱形的生铁块。平炉炼铁虽然方便，但不适宜大规模生产，所以使用更多的还是高炉。高炉从上面装料，下面鼓风，炉料下降，煤气上升，燃料能得到充分的利用，是一种比较合理的冶炼方法。西汉时期，炼铁的竖炉高达三四米，直径约两米，配有鼓风大皮囊和风管，用以提高炉内的温度[8]。东汉以后高炉内径作了适当减小。宋元时期，炉形进一步改革，出现了炉口向上缩小，炉壁上部向内倾斜的圆锥形高炉。这种结构，气体分布更加均匀，炉料下降顺利，加速了熔化的过程，也减少了事故的发生，明清高炉就是在这个基础上发展的。

东汉时把炼铁炉上的一组皮囊鼓风机简称为排[9]。推动鼓风机的动力不同，就有了人排（图1.49）、马排和水排的区别。马排源于三国时期，水排的发明权被记在东汉南阳太守杜诗的名下，水排的构造直到元代王祯编写《农书》时才有记录。

杜诗水排的构造已无从查考，但不管哪一种水排，都由发动机（水轮）、传动机（转轴、拐木等）和工作机（风箱）三部分组成。这种结构符合马克思在《资本论》中给"发达机器"所下的定义。因此，水排和类似水力机器的出现，在手工业史和科技史上有重要意义，对我国古代冶炼事业有着极大的促进意义。

王祯记录的水排有立轮、卧轮两种。立轮式安有竖直的水轮，轮心有一根卧轴与水面平行，卧轴上有一组拐木，水激竖轮，拐木随之转动。有一种立轮水排用拐木直接打动风皮囊，另一种通过一组机械装置间接带动木制风箱。卧轮式结构较复杂，但更加灵巧。垂直水面的转轴上下各装一个卧轮，下轮是承受水流的水轮，将水力转变成机械力；上轮是绳轮，通过绳索带动前侧另一只鼓式小轮，再由小轮牵动风箱。

图 1.49　人力风箱冶铁

风箱是鼓风机的通称，是进行冶铁的重要生产设备。风箱这个词最先见于宋应星《天工开物》，仅指爆米花时用的木制活塞风箱，鼓风皮囊呈腰鼓形横置，鼓面为两块圆板，中间布有三个木环，四周敷以皮革[10]。"腰鼓"以四根吊杆悬于屋梁。圆板一头有进气风门，另一头有排气风门。陶质风管将排气门与炼铁炉入风管相联，将风不断送入高炉。为了加大风量，冶铁炉用几个皮囊同时鼓动炉上相应有几个入风管。东汉称这种皮囊组为排囊，或排。后人不知"排"的含意，误把它当作一般鼓风皮囊的别称。

唐朝冶铁还用皮囊排风。王祯编《农书》时，皮囊已被木扇取代。这是一种矩形木箱，通过箱盖启闭鼓风。后来又出现过一种活门风箱，装有拉杆和一对活门。至今已有三百年历史的木制活塞风箱是木制风箱中最灵巧的，它的原理和近代鼓风设备差不多。木风箱较皮囊风量大，风压高，所以宋元以来，高炉冶铁产量、质量都有提高。

为了解决高炉内温度较低的问题，欧洲人是在中世纪通过水力鼓风机的发明来解决。而我国在东汉发明了"水排"，但在这之前，工匠们早已通过改进人力鼓风设备，就取得了冶炼生铁所需要的炉温[11]。我国早期冶铁炉安置着多个入风管，使用多只皮囊同时鼓风，所以能在水力鼓风设备出现前，就取得了冶炼生铁的成功。独特的创造思维，是我国在这项技术上成为世界领先的奥秘。

中国古代炼钢技术兴于春秋末年，战国时期已经普遍。钢是含碳量在块炼铁和生铁之间的铁碳合金，含碳量为 0.02%～2.11%。炼钢主要有固体渗碳钢、铸铁脱碳钢、炒钢、百炼钢、铸钢等技术工艺[12]。

固体渗碳钢的炼钢技术分为两种，在春秋战国时期比较流行，一种是将块炼铁放在炽热的木炭上长期加热，反复锻打，称为渗碳钢。这是我国记载最早的炼钢法[13]。另一种是将块炼铁配合渗碳剂和催化剂密封加热，俗称"焖钢"。这种炼钢方法在我国流传很久。

铸铁脱碳钢的炼钢技术是依托生铁为原料的固体脱碳制钢技术[14]。它是在战国时期铸铁柔化处理技术的基础上发展起来的，自战国至六朝时期一直被广泛使用。对生铁进行脱碳退火，控制好时间与温度，在固体状态下进行充分适当的氧化脱碳，让白口组织消失，不析出或少析出石墨，便得到了铸铁脱碳钢。这种制钢技术，不易控制钢中的含碳量，不能制作较大和较厚的钢铁，其厚度一般不会超过 1 厘米。

炒钢工艺技术在西汉时期就被发明了出来，分为两种工艺。第一种是将生铁锤成碎片，和木炭一起放入预热的炉膛，利用鼓风设备提高温度，当生铁加热到熔融状态时开始搅拌，使铁中的碳氧化，含碳量降低，铁的熔点增高，逐渐固化。如果在半固化状态下继续搅拌，借助空气里的氧将铁中的碳再氧化掉，制成低碳熟铁[15]。也可以在不完全脱碳时，控制所需的含碳量，终止炒炼过程，就可以制作中碳钢或高碳钢。第二种控制含碳量的工艺需要丰富的经验和熟练的技巧，所以大多数情况下是将生铁炒成低碳熟铁，再用渗碳钢技术重新增碳炼制成钢。

百炼钢工艺是在块炼渗碳钢工艺的基础上发展起来的。人们发现在块炼铁渗碳制钢时，反复加热锻打，可使钢铁变得坚韧，于是将反复加热锻打操作定为正式工序。这项工序使钢成分均匀组织致密，夹杂物减少或细化，能够显著提高钢的质量。西汉后期，炒钢技术发明后，开始以熟铁或炒钢为原料，并增加了锻打的次数，至此百炼钢技术发展到成熟阶段。

铸钢是以铁矿石为原料，以木炭或煤粉作为还原剂，在坩埚中直接冶炼而成的钢铁。灌钢是将熟铁和生铁按一定比例混合，共同加热至生铁熔化后灌入熟铁中的炼钢[16]。由于生铁的加入，熟铁增加了含碳量。再经过反复的锻打，钢材就会质地均匀，夹杂物较少。只要控制住生铁和熟铁的比例，就能准确地控制钢中的含碳量，所以这种方法比较容易掌握，在南北朝后成为主要的炼钢方法之一。

战国至西汉时期冶铁业的发展状况及其在冶炼技术方面所取得的巨大成就，同时也是影响世界的伟大成就[17]，主要有以下几个方面：

一是采用鼓风竖炉冶铁。考古材料表明，战国初期就已经有了生铁铸件，战国中期以后，在新郑"郑韩故城"等地发现了炼炉、鼓风管等设施，这种炼炉是炼铜鼓风炉的演变和发展，它不仅能炼出液态生铁，而且可以达到顺利浇铸的标准。

二是新的铸造工艺。战国中期以后，熔炉和铸铁作坊都有发现，陶范采用"一范多器"薄壳铸造法，而且出现了金属型范来铸造铁器，例如河北兴隆发现了一批战国晚期的铁范。经考察，这些铁范是在高温下用铁水浇铸出来的，它本身是个铸件，同时又是制造铁器的模具。这些铁范散热均匀，热稳定性好，可避免受热变形，用这种铁范铸造铁器，可使铸件形状稳定，铁范亦能连续使用，因而提高了生产率，标志着战国晚期的铸造工艺达到了很高的水平。

三是创造了复合铸铁器件。根据大冶铜绿山和易县燕下都出土的两件六角锄的金相考察，发现当时是采用控制退火的办法，创造了表面为低碳纯铁，中心为硬度高的珠光体和莱氏体的复合铸铁器件。这种器件在使用中，表面层磨耗露出中间层作为刃口，解决了某些农具中要求有坚硬锋利耐磨的刃口而又具有韧性的矛盾，提高了农具的性能。这种工艺方法，战国晚期，在北起燕赵，南达荆楚的范围内广泛应用，它是西汉以后"铸铁脱碳钢"的前身[18]。

四是广泛应用展性铸铁。所谓展性铸铁，是将白口铁经过退火处理，使其中的碳转变为团絮状石墨，而基体转变为钢的组织。它消除了白口铁的脆性，而且又比灰口铁的强度高，且易于铸造，所以在生产上应用较广。如长沙出土的战国铁铲、大冶铜绿山出土的战国中期的六角锄，易县出土的战国晚期的铁镢、六角锄等，都具有展性铸铁组织。它的广泛应用，说明这一极重要的热处理工艺，对战国时期生产力发展起了重要作用。

五是出现了麻口铁。汉代的炼铁技术已经成熟，可以生产白口生铁、麻口生铁、灰口生铁以及白心、黑心可锻铸铁，甚至还在汉代遗址中发现了球状石墨铸铁，竟与现代球墨铸铁金相组织极为相似。大冶铜绿山出土的战国中晚期的铁锤，经金相鉴定为麻口铁。到了西汉中期，我国已有铸造低硅灰口生铁的技术。

六是掌握了渗碳制钢技术。就是将纯铁置于木炭中，在 900℃以上长期加热或锻造时在木炭中反复加热，使碳渗入铁内成为钢。

七是发明了淬火工艺。淬火的主要作用是提高金属工件的硬度和耐磨度，西汉以来，淬火工艺得到较普遍的应用。

战国和西汉两时期的冶铁业，在我国和世界的冶金史上都占有极其重要的地位，它极大地促进了当时生产力的发展，加速了封建制的巩固和发展[19]。

（二）冶铁化学

冶铁发展至今，冶炼方法主要有高炉法、直接还原法、熔融还原法、等离子法等[20]。从冶金学角度而言，炼铁即是铁生锈、逐步矿化的逆过程，简单地说就是从含铁的化合物里把纯铁还原出来。实际生产中，纯粹的铁不存在，得到的是铁碳合金。冶铁首先是选取富含铁元素的原料矿石，如赤铁矿（Fe_2O_3）以及磁铁矿（Fe_3O_4）等，主要原料是铁矿石、焦炭、石灰石、空气。铁矿石中的含铁量是决定能否作为冶炼材料的唯一标准，在冶炼前要经过选矿，去除杂质等过程以提高铁矿石的品位，然后经破碎、磨粉、烧结，才可以送入高炉冶炼。焦炭的作用是提供热量并产生还原剂一氧化碳。石灰石是用于造渣除脉石，使冶炼生成的铁与杂质分开。炼铁的主要设备是高炉。冶炼时，铁矿石、焦炭和石灰石从炉顶进料口由上而下加入，同时将热空气从进风口由下而上鼓入炉内，在高温下，反应物充分接触反应生成铁。化学反应式为：

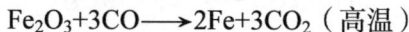

$$Fe_2O_3 + 3CO \longrightarrow 2Fe + 3CO_2 \text{（高温）}$$

$$Fe_3O_4 + 4CO \longrightarrow 3Fe + 4CO_2 \text{（高温）}$$

炉渣的形成：

$$CaCO_3 \longrightarrow CaO + CO_2 \uparrow \text{（高温）}$$

$$CaO + SiO_2 \longrightarrow CaSiO_3 \text{（高温）}$$

还原法制取铁的技术我国早在三千多年前的商代便已经掌握，我国古代冶铁

工艺技术在世界上一直是最先进的。古人虽没有理论性地总结提炼铁的原理，却制造出了用于农耕的锄头、铁镐，用于烹制熟食的锅碗瓢盆等多种多样的炊具，用于军事的刀、枪、剑、戟，这些都是古人最坚实的智慧结晶。

中华先辈不但善于造铁，更善于在后期进行工艺加工处理。大约在战国初期，我国古代劳动人民为了解决生铁、白口铁过脆，尤其是经不起强力冲击的缺点，先后发明了对生铁的柔化处理和可锻化处理。生铁的柔化处理是使它在脱碳气氛的炉内加热，长时间保温进行表面脱碳，使器物的表面含碳量降到钢的含量范围，得到心部是白口铁而表面是钢的组织。可锻化处理是使白口铁中的渗碳体在高温下发生分解，使基体形成钢的组织。我们知道，铁在空气或氧气中灼烧到900℃以上时，正是热处理的低温退火、高温回火、淬火冷却处理及古代柔化处理与可锻化处理的温度范围。这时钢铁表面的铁原子与活泼的氧原子作用生成磁性氧化铁的黑色膜层。反应式表示如下：

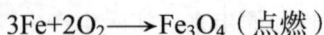

$$Fe+[O] \longrightarrow FeO$$

$$6FeO+O_2 \longrightarrow 2Fe_3O_4（加热）$$

$$3Fe+2O_2 \longrightarrow Fe_3O_4（点燃）$$

战国时期，随着生产的发展和战争的需要，对钢铁制品例如农具和刀矛之类的兵器，要求锋利度不断提高。正是这一需要，间接地改善了钢的机械性能，促进了强化钢的淬火、热处理的发展。《史记·天官书》中有"水与火合为淬"的记载。说明古代工匠们把烧红的钢件浸入水中来强化处理。其原理是，钢件烧红后迅即浸入水质淬火冷却剂，瞬间由水分解出的原子态的氧，随即与钢件表面的铁原子作用生成致密的四氧化三铁膜层，提高了钢铁器物的抗锈蚀能力。其反应式为：

$$3Fe+4H_2O \longrightarrow Fe_3O_4+4H_2\uparrow$$

在古代，人们虽然对高温氧化的机理不能做出科学的解释，但在长期的生产实践中体会到采用加热处理的方法不仅能够得到紧密的氧化膜保护层，而且认识到经热锻加工的钢铁表面也同样可以生成美观的氧化膜层。所以，北宋科学家沈括在《梦溪笔谈》卷十九中这样记载"青堂羌善锻甲，铁色青黑，莹彻可鉴毛发。"古代所称"青"即是"蓝"。这里所称铁色青黑，表明经锤锻加工的"锻甲"表面生成"青蓝黑"色氧化膜层，表面的光洁度竟达到"莹彻可鉴毛发"的镜面程度。图1.50为"千年不朽"的宝剑。

图 1.50 "千年不朽"的宝剑

沈括的记载说明当时技术条件下工匠们具有相当高的锤锻技能，也表明工匠们掌握了钢制品高温氧化灼烧技术，能把"锻甲"加工成紧密细致的氧化膜，表面呈现颜色均匀，光泽一致而达到"莹彻可鉴毛发"的水平。在古代，还有一种火焰氧化法，其实也是由火焰淬火法孕育而来的一种钢件氧化法。工匠们用类似喷灯的方式，加热钢件表面，致使表面生成具有一定厚度的黑色氧化膜。经火焰处理过的钢件不仅表面增强了抗锈蚀性能，而且也改善了钢件的表面机械性能。这种方法延续至今仍有实用价值，通常把这种方法称为烤蓝。到南北朝晚期，北齐的一位道士綦母怀文对钢铁加工和热处理很有研究。他将钢铁制品"浴以五牲之溺，淬以五牲之脂"。用牲畜的尿和油脂进行淬火，使化学热处理工艺进一步提高。尿中含有尿素和盐，经过尿浴处理的钢铁件，由于尿浴中分解出来的氧化剂作用，能够生成紧密的氧化膜保护层。而用油脂作为淬火剂，经高温处理而生成氧化膜的钢铁件，浸入油脂中能够达到高温冷却快而低温冷却慢的效果，可以提高氧化膜的抗腐蚀性能。与水质淬火剂比较，可以减少变形和脆裂。

至今，我们进行黑色氧化的钢铁零件，仍采用肥皂水使其表面生成薄层硬脂膜层或采用油脂封闭处理。

氧化处理工艺在我国已有悠久的历史。《长兴集》中记载冶铁作坊工匠的锻造经验时写道："技巧器械，大小尺寸，黑黄苍赤，岂能尽出于圣人。"这里所说的"黑黄苍赤"表明当时生产的各种器械，无论形状大小如何，均经过包括氧化、涂漆或涂镀金属等表面处理，才呈现"黑黄苍赤"的外观。我们知道氧化处理的膜层很薄，特别是钢铁氧化膜更薄，其抗腐蚀性能较差，所挖掘出来的古代铁器难以保存有人工氧化膜的特征。况且对古物的鉴定，尚难判断是人工氧化膜还是天然氧化物。

化学镀铜，无论是古代的鋈锡还是现代的化学镀锡，其共同的特点都是将被镀制品浸入相应的金属熔融浴或水溶液中获得需要的金属镀层，工艺简单且操作方便。而近几十年来，人们对化学镀的研究和应用越来越广泛。化学镀的起源，国内外普遍认为是美国于 1961 年首先使用次磷酸盐作为还原剂试验成功了化学镀镍，但无法投入工业生产。美国的布伦耐（A. Brenner）和里得尔（G. Riddell）成功研究得到具有实用性的化学镀镍溶液，而后又有许多其他金属的化学镀专利发表。其实，早在两千年前的中国西汉时期，就有了化学镀铜的记载，著名的炼丹家刘安在他的《淮南子·万毕术》著作中写道，"白青得铁即化为铜"。著名的汉代《本草经》也有"石胆……能化铁为铜"的记述。

在古代，白青又称为空青、石胆、胆矾、蓝矾、立制石等，实质都是天然风化后的含水硫酸铜（$CuSO_4 \cdot 5H_2O$）。它是由黄铜矿（$FeCuS_2$）或辉铜矿（CuS_2）经过长久风化，并与潮湿空气或水的接触而生成的。晋代炼丹家葛洪，在实验中也观察到"曾青涂铁，铁赤如铜，……外变而内不化也。"葛洪的实验结果，说明了《淮南子·万毕术》的记载铁器表面接触铜盐溶液后镀覆一层赤色的铜层是符合科学的论断，更证实了汉代已发明了化学镀铜的史实。这一结论在后世的许多古典文献和科学家的实验论著中也有引证。北宋《太平御览》药部五中还以小字体注释《淮南子·万毕术》，写道："取矾石、白青分等炼冶合铁，即成铜矣。"《梦溪笔谈》中就有这样的记述，"烹胆矾则成铜，熬胆矾铁釜，久之亦化为铜"。明代科学家宋应星在《天工开物》中也记载"烧铁器淬于胆矾水中，即成铜色"。《本草纲目》金石部也有引证。这些都证实了中国早在两千年前就发明了化学镀铜。南北朝时代的炼丹家陶弘景更发展了化学镀铜的技术。他不局限于采用硫酸铜，用碱式铜盐溶液镀铜也取得了成功。他讲"鸡屎矾[碱式碳酸铜 $Cu_2(OH)_2CO_3$]，唯堪镀作，以合（制备）熟铜（含锌、锡、铅的比例小的铜材），投苦酒（醋酸）中涂铁，皆作铜色，外虽铜色，内质不变。"碱式碳酸铜是难溶于水的，加入醋酸后，溶液呈酸性，可以促其溶解。所以，铁器表面浸（或涂）入该溶液后同样可以获得铜层，而铁器内质的性质不变。说明陶弘景与葛洪的实验一样，对铁器表面镀覆铜层现象比前人观察得更仔细，对化学镀的认识也更加深刻，以金属置换的化学镀铜工艺比较成熟。

古人采用金属置换的镀铜法，按现代电化学的金属标准电动势的顺序排列来看，是符合科学逻辑的。众所周知，将铁器浸入或涂上铜盐溶液后，二价铁离子很容易把二价铜离子置换出来而沉积在铁器表面上。这种置换沉积铜的方法，在有合适资源条件的地方是一种既经济又方便的工艺方法。只要在铜矿山流出的泉水中投放废铁块，即可沉积出纯铜来，这种方法大约到了唐朝末年，人们就应用于冶铜行业，称之为水法炼铜的"胆铜法"，到宋代成为大量生产铜的重要技术之一。以硫酸铜为主盐的化学镀铜工艺到了清朝发展得更加完善。上海江南制造局编译室的傅兰雅（英国人）和徐华封于 1886 年整理的《富强斋丛书正集》第五十四册卷四中记载"铁器镀铜可使厚而耐摩擦。用盐强水（HCl）一分剂和以水三分剂，再涂铜养硫养三水少许，铁面擦净而浸入，取出洗净，再用铜养硫养三水擦之，再浸入铜养硫养三水，如是至镀厚而止，……即浸镀之法，其流质内（溶液）不必多含铜养硫养三。"可见，化学镀铜早已应用在中国生产中。

二、教育思想

商代和西周的青铜器发展至鼎盛时，冶铁技艺顺应时代被孵化出来。我国古代匠人熟练掌握相关的冶炼技能，从最初的"块炼铁"制造出第一把铁刃，锻造生铁并批量生产用于军事的刀枪剑戟和甲胄，造就熊罴之师的大秦铁骑和横扫匈奴所向披靡的汉朝军队。春秋时期我国已经掌握完整的锻钢技术，到宋代甚至发明了固体渗碳钢、铸铁脱碳钢、炒钢、百炼钢、铸钢、灌钢等多种工艺。从中可见我国古代劳动人民高超的智慧结晶和迷人的科研探索精神。《天工开物》里记载了完整的冶铁工艺技术，《永乐大典》里更是记载了数百种铁器制造工艺，这些都是我国灿烂文化的瑰宝。

参 考 文 献

[1] 程祺，曾健. 中国古代冶炼技术及其与道家思想的关系[C]. 云南省第 1～3 届科学技术哲学与科学技术史研究生论坛优秀论文集. 2014: 11-14.

[2] 庚晋，白杉. 中国古代灌钢法冶炼技术[J]. 铸造技术，2003(04)：349-350.

[3] 陆达. 中国古代的冶铁技术[J]. 金属学报，1966(01)：1-3.

[4] 华觉明. 中国古代钢铁冶炼技术[J]. 金属学报，1976(02)：222-231，267-274.

[5] 陆达. 中国古代的冶铁技术[J]. 钢铁，1966(02)：12-15.

[6] 张明，孙宝言. 我国冶铁术和冲天炉的来源[J]. 铸造设备与工艺，2021(03)：1-5，9.

[7] 王志豪，王前进. 浅析中国古代冶铁技术[J]. 中国铸造装备与技术，2018，53(05)：11-14.

[8] 华觉明. 中国古代钢铁技术的独创性成就[J]. 钢铁，1978(02)：59-65，99-101.

[9] 吴世明，张泽，罗上银. 发展我国钢铁工业的几点看法[J]. 山西机械，1995(04)：1-3.

[10] 黄庆学. 我国钢铁工业的新发展[J]. 重型机械，1995(02)：3-5.

[11] 韩汝玢，陈建立. 中国古代冶铁替代冶铜制品的探讨[J]. 广西民族大学学报（自然科学版），2013，19(03)：9-16.

[12] 黄展岳. 关于中国开始冶铁和使用铁器的问题[J]. 文物, 1976(08): 62-70.

[13] 岩青. 也谈我国开始冶铁的年代[J]. 文史哲, 1982(04): 82-84.

[14] 张文彬, 孟凡人. 试以考古材料简论战国、西汉时期冶铁业的发展[J]. 郑州大学学报(社会科学版), 1980(01): 33-41, 97-100.

[15] 张光明, 张晓. 中国冶铁发源地淄博铁山概论[J]. 管子学刊, 2012(02): 27-30.

[16] 陈明远, 林川. 木-铁体系冶铁术的发明和流传[J]. 社会科学论坛, 2016(09): 21-44.

[17] 李广进. 汉代冶铁技术[J]. 军事文摘, 2020(22): 52-55.

[18] 杨升南. 探索中国冶铁起源的重要著作——《中国冶铁发源地研究文集》评介[J]. 管子学刊, 2012(04): 123-124.

[19] 孙玉溱. 中国冶铁始于周边夷族考[J]. 科学中国人, 2001(09): 50-51.

[20] 梁瑞香. 中国表面处理技术史的探讨(四)——古代铁器的氧化与化学镀铜[J]. 电镀与精饰, 1985(01): 25-27.

第二章

源远流长之水

　　"一方水土养一方人，一方山水有一方情"表达了人类文明与水有着密不可分的联系。非洲的尼罗河孕育了古埃及文明，西亚的幼发拉底河与底格里斯河孕育了古巴比伦文明，印度的恒河孕育了古印度文明，黄河流域是华夏民族的发祥地，孕育了灿烂的中华文明。人类文明的起源、进步与发展都得益于水的哺育滋养。人们总是逐水而迁、择水而居。水对于人类的农业生产、城市建设、经济发展和文明进步有着深远的影响。世界上几乎所有的国家和民族都把自己国土上流淌的河流比作自己的母亲，正是这些河流孕育了生命、城市和文化，成为不同文化的发祥之地，繁衍出灿烂的人类文明。

第一例：三千水顺势入海，万里浪乘风赶潮

一、案例内容

（一）陶瓷的起源发展

陶瓷是陶器、炻器和瓷器的总称。古人称陶瓷为瓯。凡是用陶土和瓷土这两种不同性质的黏土为原料，经过配料、成型、干燥、焙烧等工艺流程制成的器物都可以叫陶瓷。用陶土烧制的器皿叫陶器，用瓷土烧制的器皿叫瓷器。陶瓷的发展史是中华文明史的一个重要的组成部分，中国作为四大文明古国之一，为人类社会的进步和发展做出了卓越的贡献，其中陶瓷的发明和发展更具有独特的意义，各朝各代有着不同艺术风格和不同技术特点。中国的英文为"China"，即有瓷器的意思，清楚地表明了中国就是"陶瓷的故乡"。早在欧洲人掌握瓷器制造技术一千多年前，我国就已经制造出很精美的瓷器。中国是世界上最早应用陶器的国家，并且中国瓷器因其极高的实用性和艺术性而备受世人的推崇。

瓷器是中国人民发明的，这是举世公认的。瓷器的发明是在陶器技术不断发展和提高的基础上产生的。商代的白陶以瓷土（高岭土）作为原料，烧结温度达1000℃以上，它是原始瓷器出现的基础。白陶的烧制成功对由陶器过渡到瓷器起了十分重要的作用。在商代和西周遗址中发现的"青釉器"已较接近瓷器，但它还不属于瓷器，它们质地较陶器细腻坚硬，外敷青灰色或青黄色或青绿色的釉，胎色以灰白居多，烧结温度高达 1100～1200℃，胎质基本烧结，吸水性较弱，器表面施有一层以 CaO 为助熔层的釉层，但是它们与瓷器还不完全相同，被人称为"原始瓷"或"原始青瓷"。

据目前掌握的考古资料，可以断定中国陶器的制作至少已有 20000 年的历史。仙人洞遗址出土陶器的年代可以早到距今 20000 年，玉蟾岩遗址陶器出现的时间距今约为 18000 年，河北徐水县（今保定市徐水区）南庄头遗址发现的陶器碎片经鉴定距今为 10800～9700 年。此外，在江西万年县、广西桂林甑皮岩、广东英德县（今英德市）青塘等地也发现了距今 10000～7000 年的陶器碎片[1]。

原始瓷出现在商代后期，经过西周、春秋战国到东汉，历经了 1600～1700

年间的变化发展，由稚嫩逐步到成熟。东汉以来至魏晋时制作的瓷器，从出土的文物来看多为青瓷。这些青瓷加工精细，胎质坚硬，不吸水，表面施有一层青色玻璃质釉。这种高水平的制瓷技术，标志着中国瓷器生产已进入一个新时代。

从陶器到瓷器，中国古代社会经历了新石器时代的原始社会、奴隶社会和封建社会。在这漫长的时期，制陶工艺和技术缓慢发展，人们对泥土和岩石等硅酸盐材料开始了初步的探索和认识，这一认识对人类的生活和需求乃至文化产生了重要的意义。

距今 7900 年以上的磁山文化（图 2.1）与裴李岗文化是黄河中游地区新石器时代文化的代表。此时的陶器主要有鼎、罐、盘、豆、三足壶、三足钵、双耳壶等，器物以素面无文者居多，部分夹砂陶器饰有花纹。距今 7000 年左右的河姆渡文化的代表性陶器为黑陶，造型简单，早期盛行刻画花纹。在河南渑池县仰韶村的新石器时代遗址、陕西省西安市郊的半坡遗址都发现了大量做工精美、设计精巧的彩陶。这两个新石器时代遗址都属于母系社会遗址，有 6000 年以上的历史[2]。

图 2.1　磁山文化出土的陶器

古代陶器主要有红陶、彩陶、灰陶、黑陶、白陶。虽然陶器在器型品种上千变万化，但有个共同点，即所采用的原料大多是含钙量较低的铁质易熔黏土。在这类黏土中铁的氧化物是主要的呈色成分。此外，各种陶器的制作除了与原料有关，更多的是倚重于烧陶技术。

新石器时代陶器的产生和发展，其实是同人们的生活和生产实践紧密相连的。在大约 70 万年以前的原始时代，人们将泥巴晾干以后用火烧烤成坚硬的盛器，用于盛水、存放食物等，这便是陶器产生的初始。最新的考古资料表明，我国目前发现最早的陶器遗址位于江西万年县内的仙人洞遗址、广东英德青塘、灵山滑岩石洞、广西桂林甑皮岩。主要品种有灰陶、彩陶、黑陶和几何印纹陶等，手法粗糙，构图新颖流畅，代表着当时制陶的技术水平[3]。

出土的秦兵马俑说明秦代的制陶技艺业已成熟（图 2.2）。1974 年在陕西临潼秦始皇陵东侧发现规模宏大的兵马俑坑，坑内有 8000 多件兵马俑，威武雄壮，为人们再现了 2000 年前的秦军"奋击百万"、气吞山河的磅礴气势。兵俑有头挽发髻，身穿战袍，足蹬短靴，手持弓弩，冲锋陷阵的锐士；有外披铠甲，免盔束发，背负铜镞，机智善射的弓箭手；有身穿胡服，头戴软帽，跨马提弓的骑士；还有头戴鹖冠，身着彩色鱼鳞甲，双手扶剑，气度非凡的将军……出土的陶马，体长 2 米、高达 1.5 米，膘肥体壮，蹄跌较高，筋骨劲健，突显了秦国战马的剽悍雄健。

图 2.2　兵马俑

秦兵马俑多用塑模结合，以塑为主的方法制成，先用泥塑成俑的大型（粗胎或初胎）；第二步是在俑大型的基础上，进行第二次复泥并加以修饰和细部刻画；第三步是将单独制作的头、手和躯干组合在一起，完成陶俑的大型。制成的陶俑大型一般是在阴干后放进窑内焙烧的，出窑后，再一件件绘彩，最终完成陶俑的制作。制作原料是经过挑选和仔细粉碎的，属于绢云母、伊利石为主的易熔黏土。这种黏土具有良好的可塑性，干燥收缩和烧成收缩都较小，不易开裂变形，烧成的温度低、范围广。秦俑的烧成温度大约为 1000℃，前期使用氧化焰，后期使用还原焰，并且使用游离炭烟来熏烧，故而陶俑的胎色为灰色。

在汉武帝时期出现了一种表面挂铅釉的陶器，是汉代陶艺的一种创新，有黄、褐、绿等色。铅釉陶在汉宣帝时期逐渐增多，在陕西、河南等中原地区出土较多（图 2.3）。到了东汉时期，东至山东，西至甘肃，北达长城，南抵湖南、江西等地，均有铅釉陶出土。此时，铅釉陶的技术已经普遍成熟了，铅釉陶已有较广范围的使用。不过，所发现的汉代铅釉陶器都是冥器，无一实用器，这可能是烧成温度低，器体不坚固及铅釉对人体有害不宜做实用器的缘故。

图 2.3　铅釉陶

铅釉陶以黏土作胎，铅釉是以铅的化合物作为基本助熔剂，大约在 700℃即开始熔融，温度较低，属于低温釉陶。它的主要呈色剂是铜和铁，在氧化气氛中烧成。铜呈现出美丽的翠绿色，铁呈现出黄褐色和棕红色。釉层清澈透明，釉面光泽平滑。

唐代时，工匠在铅釉中增加了含钴和锰的矿物，使唐三彩以生动形象、艳丽多彩的艺术特色闻名于世。宋代以后的釉上彩就是以此为基础发展起来的。

考古资料证明，东汉后期已出现成熟的青瓷（图 2.4）。据专家对浙江上虞出土的东汉后期的窑址的瓷片分析，瓷片的材料出自附近的瓷土矿，具有光泽的釉面，透光率较好，吸水率低，在 1260～1310℃烧成。它们通体施釉，釉层较原始瓷器显著增厚，上釉方法由刷釉恢复到浸釉，釉层均匀，釉胎之间结合紧密牢固。仪器分析结果表明，这些瓷片已达到了近代瓷器的标准。

图 2.4　青瓷莲花碗

成熟青瓷出现在东汉并不让人奇怪。首先，成熟青瓷出现的地区浙江正是原始瓷器的主要产地，附近瓷土资源丰富，瓷矿石易于开采。其次，经过 1000 多年对原始瓷的煅烧，窑工们积累了丰富的经验。他们对原料的选择、加工，釉料的配制，坯泥的澄练，器物的成型，上釉的方法，烧窑等技艺明显提高[4]。

到了三国两晋南北朝时期，人们已经意识到铁含量对呈色效果的影响，窑工们既可以选择含铁量较高的白瓷土做青瓷，也可以采用含铁量高的瓷土和紫金土做青瓷和黑瓷，新兴瓷业迅速发展。这时釉料主要还是石灰釉，其中越窑的青釉中氧化钙含量约为 18%。从江苏、浙江、四川等长江流域大部分地区发现的瓷窑中，出土了当时的瓷质茶具、酒具、餐具和大量艺术品。浙江代表性的瓷窑有上虞、余姚的越窑，温州一带的瓯窑，金华一带的婺州窑及位于杭嘉湖平原西部的德清窑。

在上虞发现的三国时期窑址有 30 多个，是东汉时期的 5 倍之多。此时的瓷器胎质坚硬细腻，呈现灰色，釉层均匀，黄釉很少出现，表明当时对还原焰的烧成技术已相对提高。到了西晋时期，窑址已增至 60 多个，表明瓷器正在迅速发展，此时的越窑瓷器，胎骨增厚，釉层厚而均匀，颜色呈青灰色，釉面光滑明亮，使用方便，结实耐用，在贵族中普遍流行。到了东晋时期，随着瓷器的生产成本降低，越窑的青窑开始走进寻常百姓家。

温州一带的瓯窑（图 2.5）瓷器胎色较白，釉色淡青，透明度较高。金华的婺州窑具有地方特色。瓷器使用一种红色黏土做坯料，这种黏土比一般的瓷土含有更高的氧化铁和氧化钛，使瓷器更加坚硬，胎色呈深紫色，因此影响了青釉的呈色，于是窑工在胎外挂一层白色化妆土，用来掩盖胎色。德清窑以烧造黑瓷为主，制瓷原料中同样含有较高的氧化铁和氧化钛，烧成后胎色很深，窑工则在坯料原料中加入了紫金土，紫金土由长石、石英、含铁云母及其他铁矿石组成，含铁量一般为 3%～5%。瓷器烧成后胎色为砖红色或紫色，釉料中氧化铁的含量为8%，瓷器色黑如漆，釉光发亮[5]。

图 2.5　瓯窑瓷器

　　由于地域限制，南北方瓷器发展的历程不一样。南方的青瓷和烧造技术大约在北朝时传到北方，当时北方生产的瓷器在质量上、制瓷工艺上都不如南方。从原料上看，南方使用的原生高岭土和瓷石所含的有机质较少，黏土吸附性较小，并多杂有水云母系矿，这类矿石含铁量高，需要在还原性强的气氛中烧成；而北方多是次生高岭土和耐火黏土，黏性较大，吸附性强，含铁量低，氧化铝和氧化钛含量较高，需要烧成温度高时间长，既可以在还原性弱的气氛中烧成，也能在氧化焰中烧成。南方从升焰方窑发展为龙窑，北方从升焰圆窑发展为馒头窑（图 2.6）。

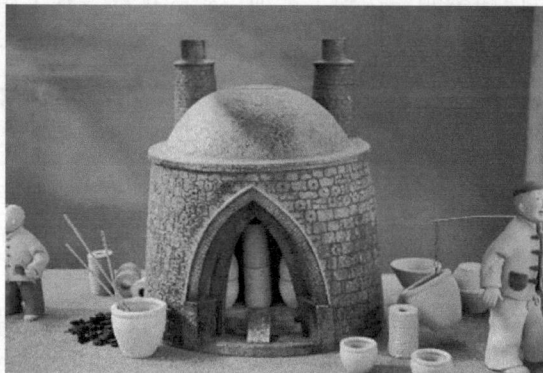

图 2.6　馒头窑

到了唐代，瓷器行业出现了"南青北白"的局面。越窑青瓷和邢窑白瓷（图 2.7）代表了南方和北方瓷业生产的最高水平。同时，南方除青瓷外还有少量黑瓷和花瓷生产。南方的唐代墓葬中还发现数量较多的白瓷。北方诸窑中，烧制青瓷、黑瓷、花瓷、黄瓷的瓷窑相当多，可能是由于北方瓷窑历史较短，没有成规可以墨守，这反映了一种进取风格和兼容并蓄的态度。

图 2.7　越窑青瓷器、邢窑白瓷、唐三彩

五代时期，部分越窑为吴、越国宫廷所垄断，是中国最早的官窑。越窑的典型产品成为贡品，就是官绅商贾也难得享用，有"秘色瓷"之称。出土的秘色瓷质地细腻，瓷胎呈浅灰或灰色，胎壁较薄，表面光滑，器型规整，口沿细薄，轻巧灵便。胎外通体施釉薄而均匀，釉色纯青或青中带黄，滋润而有光泽。但到了宋朝时期，北方诸窑系迅速崛起，北宋在汴京建立官窑，越窑瓷器开始走向民间，大批熟练工匠流失，越窑开始没落了。

1959 年，考古专家在河南安阳隋代墓葬中发现了一批白瓷。这种白瓷较早期白瓷已有较大进步，胎釉中已看不到白中泛青或泛黄的现象。其中有些白瓷片胎白致密，釉色白净莹润，达到了精细白瓷的标准。到了唐代，白瓷的烧造技术已较成熟，北方的白瓷窑址迅速增加。1980 年在河北临城县发现的唐代白瓷窑的遗址，有碗、盘、壶、盆等日用器皿，精工制作，瓷胎致密，瓷釉光滑，洁白如雪，有润滑如玉的触感。对唐代邢窑瓷片的仪器分析发现，白瓷胎中 SiO_2 的含量为 60%左右，Al_2O_3 含量在 30%左右，Fe_2O_3、TiO_2 含量很低，总和仅为 1%左右，所以邢窑白瓷的白度较高，已达 70%以上，与清初景德镇瓷器的白度相当。

唐代邢窑白瓷在工艺上能够取得突出成就，不仅因为制瓷原料含铁量低，质地纯净，以及先进的窑具和窑炉，还由于工匠的精工细作和熟练技巧。这些为宋代定窑白瓷的崛起奠定了技术基础。

　　宋代有六大窑系：北方的定窑系、耀州窑系、钧窑系、磁州窑系和南方的龙泉青瓷窑系、景德镇青白瓷窑系。此六大窑系均为民窑，产品主要满足社会各阶层人民的需要，除此之外，还有专门为宫廷生产的官窑。虽然宋代还没有完全改变唐代"南青北白"的局面，但是各地瓷窑都在造型、釉色及装饰上各具特色。宋代有五大名窑：汝、哥、官、定、钧。

　　定窑是宋代著名瓷窑之一，窑址在今河北曲阳县，宋时属定州，因地得名。定窑烧制了别具风格的刻花、印花、划花白瓷，开创了我国日用白瓷装饰的先河（图 2.8）。北宋时定窑白瓷釉色略带牙黄，主要因为采用氧化焰烧制[6]。而在五代以前，定窑采用还原焰烧制，所以釉色白里泛青。定窑白瓷胎中 Al_2O_3 含量高达 27%～31%，瓷胎属高铝质。据《曲阳县志》记载，定窑采用的原料灵山土，是非常纯净的高岭土，另外加入适量紫木节土、长石、石英以及方解石或白云石，可改善其操作性能并促进烧结和致密。宋代定瓷釉中 SiO_2 含量较高，为68%～73%，Al_2O_3 为 17%～20%，Fe_2O_3 为 1%，MgO 较高，为 2%，表明釉中可能掺加了白云石做助熔剂。定窑在烧制工艺上采用覆烧的方法，即将盘、碟、碗等器皿反扣，装入支圈式匣钵内烧成。据测试，从唐代到北宋白瓷烧成温度约为 1300℃，气孔率为 1%以下，抗弯强度为（5.88～7.35）×10^7 Pa，质量已接近现代白瓷。

图 2.8　定窑瓷器

到了明清时期，除景德镇以外的名窑先后衰落。大批工匠云集景德镇，形成"工匠来八方，器成天下走"的繁华场面。嘉靖时，景德镇从事瓷业的达到十余万人。有人描述景德镇的景象："万杵之声殷地，火光烛天，夜令人不能寝。戏目之曰四时雷电镇。"景德镇生产的釉下彩青花瓷器，釉上彩五彩瓷器、斗彩瓷器、珐琅彩瓷器、粉彩瓷器以及高低温色釉瓷器，代表中国制瓷工艺的最高水平。景德镇生产的瓷器不仅用于国内与海外贸易，还用于宫廷的贡品及赠送友邦的礼品，是名副其实的瓷都。

明朝，青花瓷器一跃成为主流，开始进入黄金时代。胎质细腻洁白，釉层晶莹透亮，青色浓艳、纹饰优美、造型多样。永乐、宣德、嘉靖三个年代出现了各具特色的青花瓷，这与瓷器中采用的色料有直接关系。永乐和宣德采用的是郑和下西洋带回来的"苏麻离青"，这是一种含氧化钴的青料，含锰低、含铁高，虽然青花浓艳，但时有黑斑出现。宣德后期采用进口青料和国产青料的混合料，黑斑开始少见，青花色彩变成淡雅柔和的蓝色。嘉靖年间恢复进口青料，国产青料和进口青料适当配比混合，青花浓重鲜艳，蓝中微泛红紫。后来，景德镇主要采用浙江的青料，青花瓷色彩达到纯蓝色，不再泛紫色，瓷工能够熟练用小毛笔将浓淡不同的青料调染出深浅分明的蓝色色阶，浓淡一致，层次分明，取得了更高的工艺水平，如图 2.9 所示。

图 2.9　景德镇青花瓷

数千年的制瓷经验，加上景德镇的天然原料，宫廷督陶官的管理，皇帝的爱好和提倡，使得清代前中期瓷器制作技术高超，装饰精细华美（图2.10），成就卓著，是中国悠久陶瓷史上最光辉灿烂的时期[7]。

图2.10　清代珐琅彩瓷器

从上述陶瓷在各个时期的发展历程看，它是辉煌的、璀璨的。美来自于生活，从业者是从表现生活的角度，有寓意地间接表现了人的思想和感情，或直接描绘了现实生活的风俗和风貌。中华民族在长期的历史过程中所形成的民族特性，反映到陶艺上并产生独特的民族风格，这种民族风格以其特有的工艺技术和艺术形式，显示它自己的风貌，它是中华民族智慧的结晶，东方文化的典范。

（二）陶瓷制作工艺（图2.11）及其化学分析

图2.11　陶瓷制作工艺流程

早期的陶器，所用的原料都是就地取土[8-9]。由于人们都是傍山近水而居，所采集的原料一般是含有各种砂粒的泥土，故而早期陶器多为砂质陶。严格说，这种泥土是不适合于烧制陶器的。经过相当长的时间，先民们从烧制陶器的经验中逐渐认识到某些泥土可能更适合烧制陶器。更确切地说，这是就地选土。因此，就出现了泥质陶。在他们发现单独使用某些泥土还不能满足成型、干燥、烧成时的要求时，他们又会有意识地在所选的泥土中加入各种不同的砂粒、草木谷壳灰和贝壳灰等而烧成夹砂陶、夹炭陶和夹蚌陶等。河姆渡夹炭黑陶就是其中一个典型例子[10]。

因为各地所产的原料只适合于烧制某类陶瓷[11]，原料的变化必然反映在陶瓷化学组成的变化上。南方陶瓷胎的化学组成变化规律十分明显，由陶器经印纹硬陶和原始瓷而发展成为瓷器，胎中 SiO_2 含量逐渐增多，作为助熔剂的 CaO、Fe_2O_3、MgO 则逐渐减少，主要是 Fe_2O_3 的减少；Al_2O_3 的含量则变化不大，只是到了宋代以后由于掺用高岭土才有所增加。南方陶瓷胎化学组成分布的区域都有部分相互重叠，说明了它们之间密切的渊源关系；但北方陶瓷胎的化学组成则不存在这种规律。陶器的区域处在高助熔剂和低 SiO_2 区域，而瓷器则处在高 Al_2O_3 和低助熔剂区域。这是因为前者使用的原料是易熔黏土，后者使用的原料则是部分高岭质黏土。两个区域相互分离，不存在重叠部分，说明它们之间无渊源关系。北方出土为数不多的印纹硬陶和原始瓷的化学组成也未能在陶器和瓷器所处的区域之间形成过渡中间区域，看不出它们之间在化学组成上有任何关系。因此可以说我国南北方从陶发展到瓷的途径是不同的。但有一点是完全可以肯定的，不管是南方还是北方，它们能从陶器发展到瓷器，而且在质量上不断有所改进，首先应归功于原料的选择和精制，这是烧制陶瓷的物质基础。

特别是那些距今万年左右的陶器，共同的特点都是粗砂陶，质地粗糙疏松，出土时都碎成不大的碎片，只有个别能复原成整器。它们的烧成温度也就 700℃左右。像徐水南庄头陶器中就含有大颗粒的角闪石和蛭石，而万年仙人洞陶器中则含有大颗粒的石英、迪凯石和白云母。这就形成前者在化学组成上含有较高的 CaO 和 MgO，后者含有较高的 SiO_2 和 K_2O，因而 CaO 和 SiO_2 含量的多少，也就成为判别北方和南方陶器的特征氧化物。原始瓷内、外表面都施有一层厚薄不匀的玻璃釉，其颜色从青中带灰或黄色到黄中带青或褐色。一般胎釉结合不好，易剥落。釉中 CaO 含量较高，一般称为钙釉。它是我国独创的一种高温釉，也是世界上最早的高温釉。

根据对大量古代陶瓷碎片烧成温度的测定数据，可以认为在我国陶瓷烧成温度的整个工艺发展过程中曾有过两次突破。第一次突破是在商周时期的印纹硬陶烧制工艺上实现的，从最高烧成温度 1000℃、平均烧成温度 920℃提高到印纹硬陶的最高烧成温度 1200℃、平均烧成温度 1080℃，实现了我国陶瓷工艺史上的第一次高温技术的突破。第二次突破是在隋唐时期北方白釉瓷烧制工艺上实现的，它从原始瓷的最高烧成温度 1280℃、平均烧成温度 1120℃提高到白釉瓷的最高烧成温度 1380℃、平均烧成温度 1240℃，最高烧成温度又提高了约 100℃，达到了我国历史上瓷器的最高烧成温度[12]。

根据窑炉发掘资料，新石器时代早期陶器无窑烧成，至贾湖文化和裴李岗文化才出现陶窑。南方有窑烧成时间可能更晚。经过长时间发展和改进，商代浙江和江西才出现龙窑和室形窑，这是窑炉结构的第一次突破，有利于温度提高。隋唐时期河北出现大燃烧室、小窑室和多烟囱小型窑，这是第二次突破，使窑炉达到最高烧成温度。烧成温度提高和窑炉改进密切相关，共同推动陶瓷技术的发展和进步。

我国陶瓷科学技术的内容十分丰富，艺术表现形式丰富多彩，形成了百花争艳、流传千古并独步天下的局面[13]。三大技术突破也和五个里程碑一样，不断创造、不断发展，取得一个又一个的进步和成就。作为现代新材料发展的标志，单晶硅、光导纤维、超导材料等对微电子、通信、能源、交通（航空航天）和国防建设起了巨大推动作用，具有划时代意义。而新型功能陶瓷，在这些领域，也会有越来越广阔的未来。

二、教育思想

陶瓷是陶器和瓷器的总称，是一种工艺美术，也是民俗文化，对人类社会的发展与进步作出了许多重大贡献。我国先民在陶瓷技术与艺术上所取得的成就，具有重要的意义[14]。

中华民族发展史中的一个重要组成部分是陶瓷发展史，中国人在科学技术上的成果以及对美的追求与塑造，在许多方面都是通过陶瓷制作来体现的，并形成各时代非常典型的技术与艺术特征。

中国传统陶瓷装饰形式，大体上有刻镂、堆贴、模印、釉色、化妆土、彩绘六大类型。图案纹样装饰于陶器早在新石器时代仰韶文化的彩陶上就已出现。先民们通过感受生活的自然现象创造出波折纹、圆形纹、编织纹等图案，以二方连续装饰形式呈现在陶瓷器物上。陶器上的纹饰体现了先民们对于自然和人自身观察的结果，陶工们对于点、线、面的熟练融合，对花纹繁密的组合，以及对于旋纹与弧线的审美感，不但表明他们对于自然和人类自身有了一定的认识，而且还表明自然界已经脱离了它的原貌，增加了人的思想和想象力，以及人对自然的美化和崇拜[15]。

随着经济文化的不断发展，陶瓷文化也在不断进步。陶瓷浓缩了当时社会经济文化的结晶，体现了当时的社会发展状况、人们的文化追求。陶瓷文化是我国传统文化的一大宝藏，表现了我国古代劳动人民的智慧结晶，也体现了先民们的创造精神。中国的陶瓷文化，需要我们去不断地传承与发扬，让古往今来的人们认识中国陶瓷文化的多姿多彩。

参 考 文 献

[1] 吴隽, 罗宏杰, 李家治, 等. 中国古陶瓷的断源断代[J]. 硅酸盐学报, 2007(S1): 39-43.

[2] 李辉柄. 略谈瓷器的起源及陶与瓷的关系[J]. 文物, 1978(03): 75-79.

[3] 蔡懔萱. 中国瓷器的起源[J]. 才智, 2013(06): 224.

[4] 吴慧. 中国古陶瓷的研究历程(1900—1982)[D]. 长春: 吉林大学, 2022.

[5] 龙霄飞. 中国古陶瓷的鉴与赏[J]. 中国艺术, 2019(06): 68-77.

[6] 章宏伟. 中国古陶瓷研究的成就与特色[J]. 中国史研究动态, 2010(06): 12-17.

[7] 子仁. 中国古陶瓷饰纹发展史导论(上)[J]. 美术观察, 2009(03): 97-103.

[8] 冯先铭. 三十年来我国陶瓷考古的收获[J]. 故宫博物院院刊, 1980(01): 6-30, 53.

[9] 艾理. 中外专家学者有关中国青白瓷历史发展和文化价值的概述[J]. 祖国, 2019(04): 104-106.

[10] 冯先铭. 我国陶瓷发展中的几个问题: 从中国出土文物展览陶瓷展品谈起[J]. 文物, 1973(07): 20-27, 14.

[11] 智雁. 隋代瓷器的发展[J]. 文物, 1977(02): 57-62.

[12] 李正中. 试论中国古陶瓷研究[J]. 天津社会科学, 1995(05): 80-84, 109.

[13] 李家治, 王昌燧. 中国古陶瓷科技鉴定向何处去[J]. 科学新闻, 2002(21): 41.

[14] 王星. 近代以来我国古陶瓷研究历程述略[J]. 陶瓷, 2014(02): 20-25.

[15] 肖燕翼. 古陶瓷研究科学化、国际化的必由之路[J]. 紫禁城, 2006(01): 93-95.

第二例：新安江水清见底，水边作纸明于水

一、案例内容

（一）造纸术的起源发展

造纸术是中国古代的四大发明之一。在纸被发明之前，记事材料主要有甲骨、简牍、缣帛，其中甲是乌龟壳，骨是动物的肩胛骨。在商朝，商人就用甲骨文来记载卜辞，故推测甲骨是现存最早的记事材料。早期人们曾在青铜器内铸上铭文，但中国古代记事材料使用最多的却是简牍。简牍笨重、不便，但因制作简单、原料丰富，是历史记载中最常见的书写材料。简牍的类型存在南北差异，在北方常使用柳树、杨树制作，而南方多使用竹子制作。同时绢帛也是书写材料，不过价格昂贵，只有王公贵族才能使用。在 1974 年湖南长沙马王堆汉墓中出土900 余枚竹简（图 2.12），并发现大批帛书印证这一猜想。在此基础上，价格便宜且便于书写和携带的纸出现并迅速流行[1]。

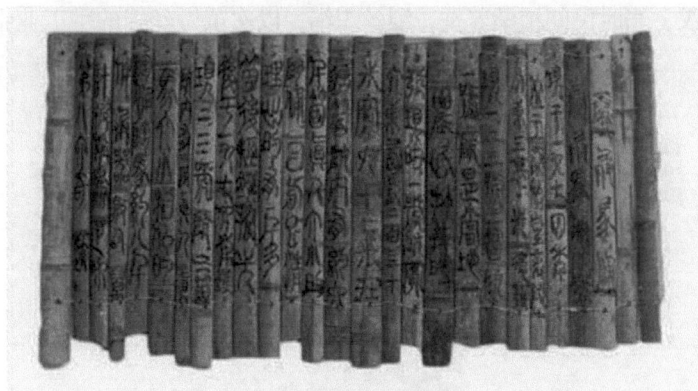

图 2.12　竹简

根据 1957 年在陕西省西安市东郊灞桥的西汉墓发现的古纸残片与 1973 年在甘肃省居延西汉遗址中出土的两片纸（图 2.13）判断，在西汉时期中国已有造纸法。

图 2.13　甘肃居延西汉遗址出土纸片

　　在西安市郊灞桥出土的西汉古纸为浅褐色，没有字迹。其原料主要为大麻纤维，含少量苎麻，纤维短细均匀，有压溃和帚化现象。经过光谱分析，该纸曾经过化学和机械处理，侧面印证了中国早在 2000 多年前的西汉就发明了造纸术。

　　在形成系统的造纸方法之前，先民们也有类似的造纸方法，即在生产实践中总结经验并发明了漂絮法，此法开始用来制作丝绵（图 2.14）。东汉人许慎的《说文解字》认为"纸"从系旁，即"丝"旁，是一种类似于丝絮在水中经击打而留在床席上的薄片，这是现存最早对纸的解释，与丝密切联系。东汉服虔《通俗文》中"方絮曰纸"也证明造纸术发明与古代蚕丝的漂絮法有关。蚕丝漂絮法最早出现于秦汉，当时民间植桑养蚕，缫丝织绢，以次茧做丝绵的手工业十分普及，

图 2.14　秦代丝绵

漂絮法就是先把次茧用水煮沸，脱除胶质，然后将茧剥开，加以清洗，再浸没在水中的篾席上，反复捶打，捣碎蚕衣，然后散开连成一片，丝绵制作完成。《说文解字》中解释："纸，絮一苫也"。清代段玉裁在《说文解字注》中进一步说明："按造纸昉于漂絮，其初丝絮为之，以篰荐而成之"。"昉"意为起源，而"篰荐"指使用篾席等工具把丝絮从水中捞起来。由此可以推断，造纸方法最初是由漂絮法演化而来，丝织业的发展为造纸方法的产生奠定了基础。

古代早期造纸工艺流程如下：（1）将大麻、苎麻等原料切碎；（2）将原料在石灰碱性水溶液中浸沤，除去胶类等杂质；（3）将纤维原料在石臼中捣成浆；（4）反复清洗再制成棉絮状，用竹席抄出一层纤维薄片，晾干。由此可见，早期的造纸技术并不成熟，纸的质量并不稳定，且产量有限，这也从侧面印证了简牍和缣帛仍是书写的主流载体[2]。

造纸术发明以后，经过漫长的发展过程，造纸方法、流程逐步改进。比如从中国古代缫丝法[3]的首个工序把蚕茧放在开水中煮泡，使蚕茧松散，然后用手工抽丝成线，而蚕茧的外围微毛自然无法抽丝成线——得到启发从而改进形成系统的造纸技术。

"抄纸"是用草帘抄漂在水面的蚕茧丝絮。丝絮在水面相联，并且水具有整形丝絮（使紊乱松散的丝絮见水收缩成一个薄层）而使之平坦的作用。也就是说，把草帘放在漂有丝絮的水中，平稳提起，待草帘沥干水并晒干（或晾干）后，揭下附着在草帘上面的一层蚕茧丝絮，这就是"纸"。因而《说文》强调"一苫絮"才是"纸"。也只有晒干（或晾干）后，才能使丝絮从水面的可分离式相联变成干后的不可分离式的相联。由此得出印证，中国古代最早的系统造纸法是从缫丝漂絮中得到启发而产生的。当然，这一结论不仅是从一系列文字的本义与中国古代漂丝时丝絮相联而得出的，还可以继续多方面加以印证。首先，中国自古农桑并重，桑蚕业及与之直接相关的丝绸业由来已久，早在商代的卜辞和考古材料中已有发现。由已有大量记载的西周《诗经》开始计算到战国，500多年漫长的缫丝史，侧面证明了造纸法是从缫丝漂絮中产生的。其次，如上文所述段玉裁在《说文解字注》中对此已有明确考证。

早期的纸为丝絮帛品，却不同于帛书。因为帛是纺织品，它有明显的纵横组织线，如著名的长沙马王堆汉墓中的帛书均有这一特点，而纸是漂絮造成的，因此它没有纵横交错的规则丝线组织却具有"联微"的特点[4]。因此不能由帛是早期的书写材料而推断它就是早期的纸，且两者在《汉书》中的名称也不一致，如《汉书·苏武传》中就有帛书传信之说，而在《汉书·孝成赵皇后传》中又有一段关于纸的记载："有裹药二枚，赫蹄书。"应劭注："赫蹄，薄小纸也。"由此推断，"赫蹄"就是早期漂茧絮造成的纸（图2.15）。

据文字及文字史的考证，漂絮造纸法至晚诞生在战国时期，即公元前3世纪前即已产生。在此需特别解释，桑蚕业及其相关的丝绸业，至少说在两汉及以前是中国人独有的行业。与蚕茧缫丝业相一致，漂絮造纸法也只有可能诞生在古代中国。考古方面也发现有西汉麻质纸（图2.16）。

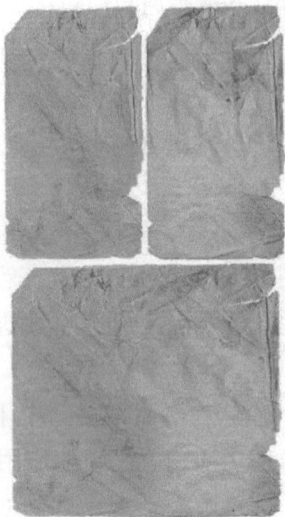

图2.15　赫蹄纸

图2.16　麻质纸

据黄文弼《罗布淖尔考古记》，1933年在新疆罗布淖尔西汉烽燧遗址中就曾发现了一片麻纸残片。近几年在居延西汉遗址也出土了一片粗麻纸[5]。用麻作为原料，从原料的丰富程度和成本讲，麻纸的出现解决了之前造纸造价高及原材料短缺的问题，但仍属于贵重物品。麻的衍生品很多，但破旧麻织品成絮的状态并不理想，要从破旧麻制品得到一片完整的麻纸，所需成本绝不亚于一片帛，故只能用专属麻来造纸。正因为它特别贵重，才作为随葬品保存在贵族墓中。由此判断，西汉的麻絮造纸法也未进入批量性的社会化生产阶段[6]。

在新疆的罗布淖尔和甘肃的居延等地发掘出了汉代纸的残片，它们大约比东汉宦官蔡伦所造的纸要早150年至200年。至献帝时，东莱人左伯又对造纸方法做了改进，进一步提高了纸张质量，世称"左伯纸"，尤以五色花笺纸、高级书信纸为上。故推测战国到西汉为漂絮造纸时期，不过无论是茧絮、麻絮，直到东汉蔡伦开创了捣浆造纸，才真正开始了中国古代造纸术的大飞跃时期。图 2.17 为汉代纸张对比。

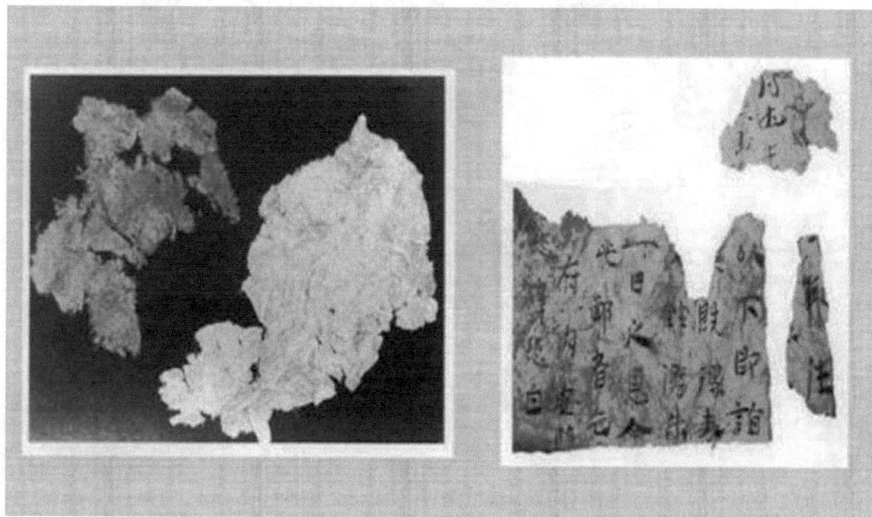

图 2.17　西汉纸（左）与东汉纸（右）

蔡伦在任尚方令时，总结了零散的民间造纸术，加以革新，利用职务条件，造出一批质量很好的纸。《后汉书·蔡伦传》记载："自古书契多编以竹简，其用缣帛者谓之为纸，缣贵而简重，并不便于人。伦乃造意，用树肤、麻头及敝布、渔网以为纸。元兴元年（105 年）奏上之。帝善其能，自是莫不从用焉。"汉安帝元初元年（114 年）蔡伦被封"龙亭侯"，人们将尚方造出的纸称为"蔡侯纸"[7]。

蔡伦对原始的造纸术改革包括：①扩充了造纸的原料，除了以前使用的大麻、苎麻之外，还利用了废旧的麻头、麻布、渔网和树皮。②改进并发展了造纸术，蔡伦在脱胶制浆时做了重大改进，去除了树皮中木素、果胶，改进了制浆工艺，推广了纸的运用和造纸技术。主要工艺如图 2.18 所示。

《湘州记》曰："耒阳县北有汉黄门蔡伦宅，宅西有一石臼，云是伦舂纸臼也。"从上述记载可以得出两点结论：第一，蔡伦已彻底解决了造纸原料问题。"敝布"和"渔网"均为麻质的，因为东汉时还没有棉花。第二，也是最重要的一点，就是蔡伦发明了石臼舂捣法。这些树皮、麻头之类放进石臼捣制均可变成细小的絮状纤维，然后就可以把絮状纤维放进水中，用和漂絮造纸同样的方法造纸。当然，捣时加水最为便利，这样就捣成浆液，故可称为捣浆造纸法。这一点

图 2.18　蔡伦造纸主要工艺流程

实质上是个人工造絮过程。西汉铁器冶炼技术成熟，圆形生铁制捣头是当时的主流器械之一，蔡伦解决了造纸中工艺造价的问题。根据调查，西汉居延遗址中出土的一片麻纸很粗糙，含麻筋、线头和碎麻布块，较稀松，这片粗麻纸显然是碎麻布之类未经捣浆直接放在水中提取的，由此可证西汉时期或许还未发明捣浆造纸法。任何一种科学发明只有进入社会化程度的时候，才可以最终体现它的价值。捣浆造纸法的诞生，改变了书写材料制作的单一性。

　　从书写材料角度看，战国至西汉处在简牍帛书时期，正因为蔡侯纸诞生并进入批量性的社会化生产，才由东汉进入纸书和简牍帛书并行时期且持续 200 余年，至晋时纸全面取代简牍帛书而成为流行的书写材料。因而说蔡伦的捣浆造纸法在中国古代造纸史上具有划时代的意义[8]。值得一提的是，蔡伦的捣浆造纸法一直流传了下来，至今在陕西省西安市长安区沣惠一带仍盛行，工人先用捣子在石臼内把构树皮捣成浆液，然后把浆液倒入水池内搅拌均匀，再用很精细的竹帘网在池内平稳地提起而造成纸。由于构树皮内瓤非常洁白，因而可造成理想的书写材料，称白构纸；而构树皮的外层较黑且粗糙，可造成用于包装材料的黑构纸。也就是说，蔡伦的捣浆造纸法在中国历史上持续了 1800 多年。虽然蔡伦对造纸术进行了改进，但直到东晋末年（404 年），官府才下令以纸代简，纸才成为官方文书的载体。受到蔡伦改进的造纸术启发，在东晋时期，人们采用稻草、麦秸等草类植物造纸，以藤皮为原料的藤纸开始流行。

　　就造纸方法来说，古代造纸方法的第一流程是从备料开始的。东汉时主要是麻类原料，加上树皮、破布、渔网等。晋代以后，逐渐大量利用藤皮、楮皮、桑皮、竹子、稻草、麦秸等。然后是制浆，首先对麻类进行沤制，去除麻中果胶而成为缕状纤维。后来，为了得到柔软效果的浆料，又加进了石灰，强化了纤维的离解。再后来，又对浆料加热蒸煮，同时又加入了草木灰（碱性），再进行多次蒸煮，并堆积发酵，使浆料质量获得了较大提高。打浆的方法，最初是对经沤制的原料在石臼中进行捶打，至宋代造纸业已利用水碓来进行打浆了，这应该是现代打浆机械的雏形。关于水碓打浆，在元代费著的《笺纸谱》中已有记载："江旁凿白为碓，上下相接，凡造纸之物必杵之使烂……"

　　从生产过程讲，古代纸张的生产都是一张一张捞制的，用篾席从浆槽中捞起，滤水成型后，揭下晒干。到晋代，始用竹帘捞纸，制纸的效率也大大提高。关于造纸方法、工艺流程等技术方面的内容，在史书中系统完整的记载很少，特别是明代以前[9]。

　　明代《徽州府志》中记述过元代生产徽州贡纸的工艺流程（图 2.19）："……造纸之一法，荒黑楮皮率十分，割粗得六分，净溪沤灰腌暴之，沃之，以白为度。煮灰大锅中，煮至糜烂，复入浅水沤一日，拣去乌丁、黄根，又从腌之，捣极细熟，盛以布囊，又于深溪用辘轳推荡，洁净入槽。乃取羊桃藤捣细，用帘抄成张，榨经宿，干于焙壁，张张摊刷，然后截沓解官。"简单实用，这也是当时各地生产纸基本方法、流程的写照。而在明代嘉靖年间（1522～1566 年），《江西省大志》中较为详细地介绍了生产纸的全过程，此书由王宗沐编辑，对生产楮纸的原料、辅料、使用工具、工艺顺序、制浆过程、捞纸过程都表述得很具体。

图 2.19　元代造纸工艺流程

　　《江西省大志》记载了造纸全过程："将前物料浸放清流急水，经数昼夜。足端去壳，打把捞起。甑火蒸烂，剥去其骨，扯碎成丝，用刀铧断，搅以石灰，存性月余。仍入甑蒸，盛以布囊，放于急水浸数昼夜，踹去灰水，见清，摊放洲上，日晒水淋，毋论月日，以白为度。木杵春细，成片摘开。复用桐子壳灰和匀，滚水淋泡。阴干半月，涧水洒透，仍用甑蒸，水漂暴晒，不计遍数。多手择去小疵，绝无瑕玷。刀斫如炙，揉碎为末，布袱包裹，又放急流，洗去浊水。然后安放青石板合槽内，决长流水入槽，任其自来自去，药和溶化，澄清如水。依照纸式大小高阔，置买绝细竹丝，以黄丝线织成帘床，四面用筐绷紧。大纸六人，小纸二人，扛帘入槽。水中搅转，浪动捞起。帘上成纸一张，揭下，叠榨去水，逐张掀上砖造火焙，两面粉饰光匀，内中阴阳火烧，熏干收下，方始成纸。"

到明代崇祯年间，不朽的科学技术专著《天工开物》（宋应星著）横空出世[10]。他总结了我国古代多种生产技术，专门记述了生产竹纸、生产楮皮纸的全过程和相关经验，完全可以指导生产，同时还附有插图，直观形象地展现了竹料的砍伐与选料、蒸煮制浆、捞纸、压榨脱水、烘干成纸等主要工序内容。这是目前已知对中国古代造纸术进行图文并茂介绍的最早记载。概括起来，他记述的造纸工艺流程是：备料（砍取嫩竹、漂浸、槌洗）→蒸煮（第一次煮料，加石灰）→洗浆→蒸煮（第二次煮料，加草木灰水）→沤制（淋草木灰水）→打浆（用石臼和水碓舂打）→配浆（入纸槽加纸药搅匀）→捞纸→压榨脱水→焙干成纸。

到了清代，黄兴三也写了一篇关于造纸的文章，全面介绍了清代造纸法。总结归纳了造纸工艺流程：一折梢（备竹料）、二练丝（沤料）、三蒸云（蒸煮）、四浣水（洗涤）、五渍灰（加药）、六曝日（漂白）、七碓雪（打浆）、八囊涑（除渣）、九样槽（调成）、十织帘（捞纸）、十一蓟水（压榨）、十二炙槽（烘干）。文章中还详细地列举了造纸的所有工序，共七十二道。"片纸不易得，操作七十二"是当时造纸业界流传的一句口头禅。现代制浆造纸技术已十分发达，科技进步日新月异，但制浆造纸的基本原理还是从蔡伦的造纸术中提炼而来，所有这些改进和提高都与中国古代造纸术密不可分，传承与发展的关系脉络无比清楚。这正是：蔡侯纸术越千年，惠及寰宇众国间。科技速展新日月，万变不离正根源。

从纸的多样性角度讲，纸的种类与制作原材料在不同时期有不同的变化。蔡伦造纸的原料广泛，以烂渔网造的纸叫网纸，破布造的纸叫布纸，因当时把渔网破布划为麻类纤维，所以统称麻纸。为了延长纸的寿命，晋时已发明染纸新技术，浸染黄蘗的纸叫染黄纸，呈天然黄色，所以又叫黄麻纸。黄麻纸有防蛀的功能。魏晋南北朝时期，造纸技术进一步提高，原料也多样化，纸的名目繁多。如竹帘纸，纸面有明显的纹路，纸紧薄而匀细；剡溪有以藤皮为原料的藤纸；东阳有鱼卵纸，又称鱼笺，柔软，光滑。

隋唐时期，著名的宣纸诞生了。唐代写经的硬黄纸、五代和北宋时的澄心堂纸等，都属于熟宣纸一类。嗣后宣纸一直是书写、绘画不可缺少的珍品。到明清以后，中国书画几乎全用宣纸。唐代在前代染黄纸的基础上，又在纸上均匀涂蜡，经过砑光，使纸具有光泽莹润、艳美的优点，人称硬黄纸。还有一种硬白纸，把蜡涂在原纸的正反两面，再用卵石或弧形的石块碾压摩擦，使纸光亮、润滑、密实，纤维均匀细致，比硬黄纸稍厚。另外添加矿物质粉和加蜡而成的粉蜡纸，在粉蜡纸和色纸基础上经加工出现金、银箔片或粉的光彩的纸品，称作金花纸、银花纸或金银花纸，又称冷金纸或洒金银纸。还有色和花纹极为考究的砑花纸，又称花帘纸或纹纸。当时四川产的砑花水纹纸鱼子笺，备受文人雅士的欢迎。

五代制纸业仍继续向前发展，歙州制造的澄心堂纸，直到北宋，一直被公认为是最好的。宋代出现了很多质地不同的纸张，纸质一般轻软、薄韧，上等纸全是江南制造，也称江东纸。纸的再利用始于南宋，以废纸为原料再造新纸，人称还魂纸或熟还魂纸。元代造纸业凋零，只在江南还勉强保持昔日的景象。到了明代，造纸业才又兴旺发达起来，主要名品是宣纸、竹纸、宣德纸、松江潭笺。

清代宣纸制造工艺进一步改进，成为家喻户晓的名纸。笺纸的制作在清代已达到精美绝伦的程度。另外，我国从晋代开始朝廷就从邻国接受贡纸，如南越进贡的侧理纸（或称苔纸），是以海苔为原料，加上味甘、大温、无毒的侧理制成的。朝鲜进贡的高丽纸、鸡林纸为历代统治者所喜爱。到清代则有朝鲜的丽金笺、金龄笺、镜花笺、竹青纸，越南的苔笺，日本的雪纸、奉书纸，西方的金边纸、云母纸、漏花纸等[11]。

造纸术在工业革命的大机器生产后已发展至顶峰，流水线生产的量产化纸张能保持性能的优质与稳定。与其他书写材料相比，纸的表面平滑，洁白受墨，还可染色；幅面宽大，容字较多，又便于裁剪，做成各种形制；柔软耐折，可任意舒卷，便于携带与存放；寿命长，易于保存；造纸原料易寻，价格低廉；用途广泛，既可作书写、印刷之用，又可用作包装材料等。这些无可比拟的优点，使得纸一经发明，便经久不衰，且传播世界各地，为世人所钟爱，让璀璨辉煌的人类文明在薄薄的纸上活灵活现，传承一代又一代人类的智慧结晶。

（二）造纸术中的化学

造纸术是我国古代四大发明之一。人类从有文字之日始，哪怕它在当时只是象形的，甚至是一竖一圈，总要在一个什么东西上面，涂涂抹抹、刻刻画画，以便留下痕迹好在日后引起回忆。起初就在石壁上刻画，继而用石片、甲骨、竹片、木片、树皮、树叶等等，有了一定条件后，讲究的就用丝织品的帛或棉麻织品的布。这些材料，有的笨重、有的零散、有的昂贵，不能满足人们文化和政经活动的要求。在这一情况下，后来才出现了纸。

考古工作者和科学家根据出土的文物和已知的造纸方法，用相同的原料来模拟制作过程，摸索出古人造纸所用的方法。大致是将麻头经过浸湿、切碎、清洗、碱煮、去碱、打浆、沥纸、晒干、砑光等诸多加工过程后，才能成为可供书写的纸张。

碱煮的目的是去除粗纤维中的木质素、色素、胶质和油脂等杂质，所用的碱可能是熟石灰浆，也可能是草木灰的浸取液，这些浆液中氢氧化钙或碳酸钾等碱性的物质，加热蒸煮，可使纤维尽快熟化，然后水洗晾置，就可以去碱。

树皮中木质素、果胶等杂质含量远比大麻、苎麻高[12]。所以在脱胶制浆中，对技艺的要求较高，据分析当时可能采用草木灰水或草木灰水与石灰水混合液来制浆。石灰水中含有氢氧化钙，而草木灰水中含有较多碳酸钾。

使用草木灰水或草木灰水与石灰水的混合液，碱性适中，既可成浆，又不破坏纤维素。蔡伦能够利用麻布、渔网和树皮制造出质量较好的纸张，必定是在制浆工艺上做了重大改进，很可能是首先采用了碱液蒸煮制浆。

而其他的步骤，都是手工的物理操作。在造纸的过程中，如果有了适当的原料，加上精细、讲究的物理操作和化学操作，就能做出品质优良的好纸。蔡伦以及继续改良造纸术的后人，都是本着这一原则去做的。

在 2 世纪造纸术得到推广后，到 3~4 世纪时，纸张就基本上取代了竹简、丝帛成为主流的书写材料了。纸的广泛使用，促进了造纸业的发展，相继出现了更多的纸的品种，知名的有桑皮纸、檀皮纸，名贵的纸，如唐代的"硬黄纸"、五代的"澄心堂纸"、宋代的"金粟山藏经纸"，都有世代相传的藏品留世，可供后人观摩[13]。明代开始流行的"宣纸"，如今仍为书画家所钟爱，成为他们施展才华的必需品。

文人用纸、爱纸，必然也会歌颂纸，会写文章说纸。6 世纪时我国的科学家贾思勰在他所著的《齐民要术》中，明代学者宋应星在他所著的《天工开物》

中，都系统地介绍了当时的造纸方法。另外，宋代的《纸谱》、元代的《笺纸谱》、明代的《楮书》等著作中，都介绍了当时纸的品种和制作原料、制作方法，为我们了解纸和造纸技术，提供了宝贵的文献资料。

二、教育思想

公元 105 年，蔡伦在东汉京师洛阳总结前人经验，改进了造纸术，以树皮、麻头、破布、旧渔网等为原料造纸，大大提高了纸张的质量和生产效率，扩大了纸的原料来源，降低了纸的成本[14]。纸张的批量生产，取代了竹帛等坚硬、笨重、价格昂贵且书写不便的材料，使文字的载体成本得到了大幅度下降，知识在平民中的普及得以实现，也使得大量重要信息得以承载并且保留下来。

造纸术于公元 7 世纪初期（隋末唐初）开始东传至朝鲜、日本，后来传到阿拉伯半岛，以及欧美、大洋洲的各个国家，从而极大地推动了世界科技、经济的发展，促进了文化的交流和繁荣，极大地促进知识和教育的普及，深刻地影响了世界文明的发展进程，对人类的文明的传承发展和教育事业作出了巨大贡献。造纸术的发明是中华民族对世界文明的伟大贡献之一。

纸是人类最为倚重的传统知识载体，人类通过纸上记录的文字来探索历史和传承文明，纸的发明为人类精神领域的延伸提供媒介。所以有人评价说：“造纸一事，尤为重要，即谓欧洲文艺复兴之得力于此，亦不为过也。”

人类史的时间轴上，纸出现得比较晚，但并不影响其特殊地位。正如小麦种植影响人类文明进程一样，纸则彻底颠覆了人类知识的传播和延续方式。以采集和种植为主，生产力低下的时代，知识的传播和延续成本几乎达到了难以想象的程度。欧洲人抄写一部《圣经》就需要 300 张羊皮；西汉东方朔用 3000 根竹简写奏章，汉武帝花两个月时间才看完；“学富五车”的故事也源自古人用车装竹简的事实。

毫无疑问，人类文明的高速演进得益于以纸为介质的文化知识的广泛传播。法国“年鉴学派”代表人物布罗代尔认为，纸张彻底铺开了人类文明，更是决定不同民族发展轨迹的重要因素。由于纸对文化传播的贡献，让每一个民族充分、稳固地发展出了自身精神特质，并在不同地域相对封闭的独立社会中，迅速凸显出文化知识的社会竞争地位，乃至进一步分开阶层，从而造就了成熟的封建社会形态。

造纸的主要原料还是树木，大量的砍伐使森林覆盖面积逐年减少，生态系统遭到破坏，而且造纸工业易产生废水、废气、废渣，如不经处理任意排放，流入江河，会引起鱼类和其他水生动植物死亡，产生的臭气，污染环境，影响农作物生长，形成恶性循环；如进入人体，会引起炎症，导致消化道疾病，甚至死亡；造纸产生的二氧化硫废气还易形成酸雨、硫酸雾和硫酸盐雾，对环境危害很大。所以我们一定要充分认识到"科学用纸，节约资源"的重要性，学会"节能减排""低碳生活"，养成节约的良好习惯，为创建节约型社会贡献力量。

计算机普及后，人类文明终于掌握了便捷、成本低廉，不依靠纸的传播和存储信息的方法，其诸多优势也使社会上存在着要不要取代纸质知识的争议。但"一个人可以不会使用电脑，但决不能不会写字"，即便在信息革命的巨大冲击下，现今知识文化的传播仍然主要依靠纸。无法预计将来的哪一天，人类文明会找到彻底放弃纸的传承方式，但起码在现有条件下，纸是独立的、无可取代的。

参 考 文 献

[1] 刘光裕. 纸简并用考[J]. 编辑之友, 1998(02): 60-63.

[2] 刘光裕. 纸简并用考(续二)[J]. 编辑之友, 1998(05): 61-63.

[3] 石谷风. 谈宋代以前的造纸术[J]. 文物, 1959(01): 33-35.

[4] 造纸术: 开启人类书写新纪元[J]. 万象, 2021(34): 27-34.

[5] 潘吉星. 世界上最早的植物纤维纸[J]. 文物, 1964(11): 48-49.

[6] 郑也夫. 造纸术的起源[J]. 北京社会科学, 2015(07): 4-15.

[7] 魏哲铭. 试论造纸术的发明[J]. 西北大学学报(哲学社会科学版), 1999(02): 163-167.

[8] 刘光裕. 论蔡伦发明"蔡侯纸"[J]. 出版发行研究, 2000(01): 56-58.

[9] 王明. 蔡伦与中国造纸术的发明[J]. 考古学报, 1954(02): 213-221.

[10] 王慧杰. 评《中华造纸两千年》[J]. 邢台师范高专学报, 1997(04): 35-36.

[11] 潘吉星. 关于造纸术的起源——中国古代造纸技术史专题研究之一[J]. 文物, 1973(09): 45-51.

[12] 杨惠福, 王元林. 也谈两汉古纸的发现与研究[J]. 考古与文物, 2007(05): 71-76.

[13] 强文. 纸到底何时在中国广泛使用的[J]. 祖国, 2019(05): 284-285.

[14] 刘仁庆. 造纸术与纸文化[J]. 湖北造纸, 2009(03): 44-46.

第三例：千里莺啼绿映红，水村山郭酒旗风

一、案例内容

（一）酿酒的起源发展

我国是一个生产和消费酒的大国，酿酒历史源远流长（图 2.20）。有关资料证明，酿酒起源于龙山文化时期，至今已有 5000 多年的历史。我国古代劳动人民在生产实践中，从"有饭不尽，委以空桑，郁积成味，久蓄气芳"的原始阶段，一直到酿酒技术的成熟、提高和普及，积累了丰富的经验，有些独特的工艺流程，至今仍在应用[1]。

图 2.20　酒

在农业尚未兴起的远古时代，森林中野果所含的发酵性糖分与空气中的霉菌和酵母菌相遇，在适当的水分和温度等条件下就会发酵成酒，这便是酒的自然酿造。人类自从发现自然酒后便开始有了人工酿酒的意识。在从旧石器时代向新石器时代跨越的过程中，远古先民有了能够维持基本生活的食物，便开始尝试一些

简单的大自然自酿过程，将含有糖分且容易获取的野果、兽乳放置在容器中，令其自然发酵，就可以得到含有乙醇的果酒和乳酒了[2]。

在原始时代，人类以采摘野果为生。夏秋季，被丢弃的蔬果在岩洞石隙间自然发酵成酒，被称为"猿酒"。到了新石器仰韶文化时期，人类开始从事农业生产。谷物在储存过程中，发霉发芽的现象不断发生。人类开始用蘖（生芽的米）制酒。传说黄帝时期造的酒叫"醴"，醴以蘖为糖化剂，由谷类酿造而成，是一种甜酒。如今看来，谷物发芽后谷芽中的糖化酶将淀粉转化为糖，再由果皮中含有的野生酵母将糖发酵后得到甜酒。

用蘖制酒的技术沿用了很长时间，经过人们的不断改良，发明了"曲"，酿酒技术进入"曲"时代。商周时期，国家对酿酒技术的重视达到了相当的高度，专门设置了掌管酒的官职，制定了有关酒的法令。酿酒技术的发展主要体现在制"曲"技术的不断提高，汉朝以前以散曲为主，到汉朝时，饼曲被大量使用。公元 4 世纪时，制曲技术已经发展为大曲和小曲。魏晋时期，人们在制取曲的原料中加入一些植物原料，这就是制药酒的开始。北魏时期，贾思勰所著的《齐民要术》中记载了大量的酿酒技术和制取"曲"的技术。唐代徐坚的《初学记》是最早记载红曲的文献，红曲的出现标志着制曲技术的飞跃。

许多学者认为，酿酒是在农耕之后才发展起来的，这种观点早在汉代就有人提出了。刘安在《淮南子·说林训》中有这样的记述："清醠之美，始于耒耜"。宋朝人朱肱《酒经》一书中也有类似的看法："古语有之：空桑秽饭，酝以稷麦，以成醇醪，酒之始也[3]。"可以说，谷物酿酒的两个先决条件便是酿酒原料和酿酒容器的具备，当农业发展到一定程度，人们有了剩余粮食和陶制器皿之后，才使得谷物酿酒生产成为可能。

中国酿酒习俗的起源与发生，一般认为是在出现确凿的饮酒器的新石器时代晚期。这时开始出现的陶甒、甒等与夏商周时期的专用酒器类似，则表明此时的酿酒习俗相当盛行，酿酒逐渐迈进专业化阶段，酿酒的技术也获得空前的发展和提高。

夏王朝，中国的原始酿酒业显然已进入一个新的发展阶段[4]。考古发掘已发现数百座墓葬，盉、瓠、爵等酒器已占较大的比重，饮酒器不仅有大量的陶制品，而且也出现了精致美观的青铜制品，如图 2.21 所示。

《尚书·商书·说命》里提到"若作酒醴，尔惟曲蘖"，表明商代的人已经认识到曲蘖在酿酒中的决定作用。从谷物受潮受热而发霉、发芽形成天然曲蘖到

图 2.21　酒器

人们模仿这一自然过程，便是制造曲蘖的开始。在商代的手工业制作中，酒礼器的制作最重要，酒礼器不仅大量应用于日常生活中，而且还大量应用到丧葬活动上。商代的酿酒业已呈现专业化的倾向，并出现明确的使用酵母曲来酿酒的实证。而随着农业生产的发展，用谷物酿酒就更为普遍，且酿酒的原料也逐渐增多，粟、樱、黍等都可用来制酒。酿酒技术也有较大进步，饮酒之风也愈来愈盛。《史记·殷本纪》引《六韬》云："纣为酒池，回船糟丘而牛饮者，三千余人为辈。"

　　西周王室曾鉴于商代酗酒成风以致人亡国败的教训，设有专门管理酿酒的官吏。《周礼》和《礼记》中已有"酒正""浆人""大酋"等一批掌管有关酒的政令及直接组织、监督酿酒的专职官员，用严刑峻法试图禁酒。但事实却是有禁无止，饮酒和酿酒不仅没有禁绝，而且官方也出现大力发展酿酒业，以保障祭祀燕飨之需的举措。酿酒已发展成独立的且具相当规模的手工业，同时酒的品种也不断增加。"酒正"要"辨三酒之物"，即"事酒""昔酒""清酒"。"事酒"是指为喜庆活动而酿造的饮用酒，有的是连糟一起吃的，称"合醅饮之"；"昔酒"是指储藏了一定时间后才饮用的酒，久藏能引起酯化而增加香味，这说明当时已有陈酒，这种酒的浓度较高，质量较好；"清酒"是指不混浊的酒，即把糟粕除掉后的酒浆[5]。《礼记》中还详细记载："仲冬之月……乃命大酋，秫稻必齐，曲蘖必时，湛炽必洁，水泉必香，陶器必良，火齐必得。兼用六物，大酋监之，毋有差贷。"系统地总结了酿酒技术的六个关键问题，对我国酿酒技术发展有着深远的影响。后世所传的酿酒"古遗六法"，即源于此。

1974 年在河北省平山县中山王墓中发现两种古酒，一种青翠透明似竹叶青酒，另一种呈黛绿色，出土时两壶都锈封，保存很好，启盖时在场的人员都感到酒香扑鼻。根据分析：两者都是曲酿酒，均含有乙醇、糖、脂肪烃等十多种成分。酒是一种极易挥发的东西，但这两壶酒竟能储存 2000 多年不坏，除密封较好外，浓度也高，这充分证明我国在战国时期酿酒技术已发展到了很高水平。

商周时期，酒曲主要以散曲形式生产，散曲即是将谷物经煮、蒸、炒等手段加工至成熟或半成熟阶段，引入霉菌让其繁殖，制得松散和颗粒状的散曲。在西汉时期，我国酒工已经区分曲和蘖的不同功效，蘖指谷芽，曲指酒曲。这时由蘖酿造的醴，因酒味淡薄而被人们淘汰，专门用来制作饴糖。酿酒主要采用酒曲。从散曲发展到饼曲、块曲。东汉末年发明了一种九酝春酒法，提高了酒的纯度。北魏贾思勰撰写的《齐民要术》记叙了两汉至南北朝时的酿酒技艺。这本书着重介绍了 9 种酒曲——8 种小麦曲，1 种粟（小米）曲。它还介绍了 40 种酿酒法，酿酒时进一步强调了季节和水质。以春秋时期酿酒最佳，利于温度控制；水质以河水第一好，其次极甘井水，小咸则不佳。

为了提高酒的度数，我国古代劳动人民利用酒精与水的沸点不同制造出了蒸馏酒。蒸馏酒是一种酒精（乙醇）浓度较高的饮用酒，今称"白酒"或"烧酒"（酒液透明无色，引火能烧燃），它的制作是酿酒技术史上一个划时代的进步。最早北魏河东（今山西省西南地区）人刘白堕所酿酒的风味，似与白酒相仿，"饮之香美而醉，经月不醒"，以致杨衒之在他的《洛阳伽蓝记》中胆战心惊地写道，"不畏张弓拔刀，唯畏白堕春醪"。虽描写有些夸大，但酒性之烈可以想象，从此"白堕"也成了酒的别称。有人说白酒是元代传入中国的，也有人说金世宗大定年间（1161—1189）我国就有专造白酒的铜制蒸馏锅，还有人说宋代有蒸馏酒已肯定无疑；另外，也有不少人认为早在唐代，人们就已开始酿造白酒了，这些都有待进一步考证。白酒出现相对较迟，但它那醇香郁烈的独特风味最为世人钟爱，发展很快，且在我国名酒中白酒类最为驰名，贵州茅台酒、四川五粮液酒、山西汾酒、安徽古井贡酒等更是酒中珍品[6-8]。

葡萄酒在中国古代也一度盛行，秦汉时期，酿酒技术比前代有了很大提高，特别是用葡萄酿酒，是我国酿酒技术上的一大发展。最早在汉代就从大宛（今乌兹别克斯坦塔什干）引进葡萄酒酿造技术。司马迁《史记·大宛列传》中记载：
"宛左右以蒲陶（葡萄）为酒，富人藏酒至万余石，久者数十岁不败。俗嗜酒，
马嗜苜蓿。汉使取其实来，于是天子始种苜蓿、蒲陶肥饶地。及天马多，外国使
来众，则离宫别观旁尽种蒲陶，苜蓿极望。"可见，早在西汉中期，我国中原地
区已知葡萄可以酿酒，且开始种葡萄[6]。《后汉书·张让传》注引《三辅决
录》：东汉扶风人孟佗以"蒲桃酒一斛遗让"。这里提到葡萄酒，究竟是中原自
造还是西域运来的很难断定，但起码证明汉代人已开始饮用葡萄酒。三国时葡萄
酒已成了酒中佳品，曹丕也盛赞它"甘于曲蘖，善醉而易醒。道之固以流涎咽
唾，况亲食之邪！"唐代魏征把自己酿制的葡萄酒称为"醽醁"和"翠涛"。
唐太宗还专门写诗赞美："醽醁胜兰生，翠涛过玉薤。千日醉不醒，十年味不
败。""兰生""玉薤"是西汉和隋朝两大名酒，此时竟开始落在葡萄酒的后
面[7]。除了这些，中国先民也曾酿造过果酒、露酒及蜜酒。果酒有枣酒、甘蔗
酒、荔枝酒、椰子酒、梨酒和石榴酒等。

从晚清至今，由于引入西方的科技知识，尤其是微生物学、生物化学和生物
工程知识后，传统酿酒技术发生了巨大的变化，人们懂得了酿酒微观世界的奥秘，
机械化水平提高，酒的质量更有保障，酒的产量大幅增加，品种更是层出不穷。

不少论述酒的专著和文章，如曹操的《上九酝酒法奏》、北宋朱肱的《北山
酒经》、李保的《续北山酒经》、林洪的《新丰酒法》和苏轼《东坡酒经》等，
都为研究酿酒技术提供了历史依据。《北山酒经》将酿酒的技术、工序，甚至每
个操作的要点都讲解清晰（图2.22），表明黄酒的酿造技术在宋代已经成熟，酿
造程序也基本定型。

图 2.22 成熟的酿酒工艺流程

（二）酿酒与化学

酒是果类、谷物通过酵母菌产生的酒化酶起酒精发酵作用而成的。酵母菌在自然界中普遍存在，水果里含有发酵的糖类，果皮上有少量酵母细胞，一旦酵母菌进入果子里，泛化起来就成酒。猿酒就是这样酿造的，《篷栊夜话》记载："黄山多猿猱，春夏采杂花果于石洼中，酝酵成酒，香气溢发，闻数百步。"果实内含的糖分，经酵母菌作用，能直接发酵生成酒精。含有大量淀粉的谷物，如玉米、稻米、大麦之类，它们不能直接被酵母菌利用，必须通过发芽霉变使淀粉糖化，即把淀粉分解为麦芽糖或葡萄糖，才能经酵母菌作用转化为酒精。人类很早就懂得把成熟的谷物收藏起来，备作食用。但是，由于当时收藏条件简陋，谷物经常受潮发芽、变霉，这种发芽发霉的谷物遇水后，淀粉受谷芽和微生物的作用引起糖化和酒化，这就出现了自然的谷物酒。人们在对这种自然现象观察的基础上，经过反复模仿，在不断实践的基础上，终于掌握了用粮食发霉发芽来制酒的技术。农业生产为酿酒提供了原料——粮食，而天然酒则为酿酒孕育了技术条件，二者的结合就是我国酿酒的起源。所以，《淮南子》所载"清醠之美，始于耒耜"不无一定的道理，说明酿酒的起源与农业生产有密切的关系，相传我国在夏禹之时已有甘美浓烈的"旨酒"了。

酿酒是利用微生物在一定的工艺下，将淀粉或糖类转化为乙醇的生物化学过程。关于酿酒的起源，流传最广的说法是夏禹时代的仪狄发明了酒醪，杜康创造了秫酒的技术。但也有人认为早在黄帝时代，人们就掌握了酿酒技术。第三种观点是晋代的江统提出的"自然发酵成酒"。

东汉时期孔融在《与曹操论禁酒书》中提出："酒之为德也。"凡是富含糖的物质受到酵母菌的作用会自然地生成乙醇。这是一种常见的自然现象，这种自然发酿的酒是最原始的酒。周密《癸辛杂识》记载了山梨久储成酒的事实。最早的酒是水果酒，水果的汁液所含的糖分常常渗透于皮外，会滋生酵母菌，然后自然发酿成酒。第二种酒是奶酒，当人们将畜奶贮存在容器中，这时会滋生以乳糖为营养的酵母菌，自然产生了奶酒。人们发现这种现象时，有意识地储存野果和畜奶，将它们酿成酒。

据《淮南子》记载，酿酒与农业的兴起是同时开始的，这里的酒是用谷物粮食酿造的。用谷物酿酒必须经过两个阶段，一是将淀粉分解为麦芽糖的糖化阶段，二是将麦芽糖转化为乙醇的酒化阶段。利用酒曲直接将谷物酿制成酒是中国先民的一项伟大发明，因为酒曲既含有具有糖化作用的霉菌，又有具有酒化作用的酵母菌。

位于河南省漯河市的贾湖遗址是淮河流域迄今所知年代最早的新石器时代文化遗存，经考古专家对贾湖陶器壁上的附着物进行化验分析，结果证明，附着物内发现有酒石酸的成分，表明 9000 年前，中国先民已会酿酒。

酿酒基本原理和工艺流程主要包括：酒精发酵、淀粉糖化、制曲、原料处理、蒸馏取酒、老熟陈酿、勾兑调味等。

酿酒原料在复杂的微生物作用下，经过复杂的生物化学反应，产生乙醇和白酒中的香味物质。白酒酿造过程中的生物化学反应主要包括：大分子物质的降解，如淀粉的降解和蛋白质的降解；小分子物质的变化，如葡萄糖的酵解（EMP途径）和丙酮酸的再转化；香味物质的生成，如高级有机醇生成、美拉德反应和芳香族化合物的形成[9]。

化学酿酒常用富含淀粉的植物果实，如大米、玉米、高粱等。将其蒸熟，再将酒曲（含有糖化酶、酒化酶）加入少量冷开水调成混浊液，然后和蒸熟的食物混合均匀，放在 30～40℃环境下，此时发生反应如下：

$$(C_6H_{10}O_5)_n(淀粉)+nH_2O \longrightarrow nC_6H_{12}O_6(葡萄糖)$$

此时为验证是否有葡萄糖生成，可取出少量生成物和新制氢氧化铜混合加热，若有红色沉淀生成，则证明得到了葡萄糖。若还要知道淀粉是否完全转化为葡萄糖，可取少量碘酒，加入后不变蓝则第一步反应完全。生成葡萄糖后，在酒化酶作用下，葡萄糖被氧化成乙醇，反应如下：

$$C_6H_{12}O_6 \longrightarrow 2CO_2\uparrow+2CH_3CH_2OH$$

要验证是否有乙醇（酒精）生成，可取出一些溶液，插入一根加热后红热的铜丝，若有刺激性气味，可说明有乙醇生成。反应如下：

$$2CH_3CH_2OH+O_2 \longrightarrow 2CH_3CHO+2H_2O$$

（1）酒精发酵（图 2.23）：酒精发酵是酿酒的主要阶段，糖质原料如水果、糖蜜等，含有丰富的葡萄糖、果糖、蔗糖、麦芽糖等成分，经酵母或细菌等微生物的作用可直接转变为酒精。酒精发酵过程是一个非常复杂的生化过程，有一系列连续反应并随之产生许多中间产物。酒精是发酵过程的主要产物，除酒精之外，被酵母菌等微生物合成的其他物质及糖质原料中的固有成分如芳香化合物、有机酸、单宁、维生素、矿物质、盐、酯类等往往决定了酒的品质和风格。酒精发酵过程中产生的二氧化碳会增加发酵温度，因此必须合理控制发酵的温度，当发酵温度高于 30～34℃，酵母菌就会被杀死而停止发酵。除糖质原料本身含有的酵母之外，还可以使用人工培养的酵母发酵，因此酒的品质因使用酵母等微生物的不同而各具风味和特色。

图 2.23 农作物发酵

（2）淀粉糖化（图 2.24）：糖质原料只需使用含酵母等微生物的发酵剂便可进行发酵；而含淀粉质的谷物原料等，由于酵母本身不含糖化酶，淀粉是由许多葡萄糖分子组成，所以采用含淀粉质的谷物酿酒时，还需将淀粉糊化，使之变为糊精、低聚糖和可发酵性糖的糖化剂。糖化剂中不仅含有能分解淀粉的酶类，而且含有一些能分解原料中脂肪、蛋白质、果胶等的其他酶类。曲和麦芽是酿酒常用的糖化剂，麦芽是大麦浸泡后发芽而成的制品，西方酿酒糖化剂惯用麦芽；曲是由谷类、麸皮等培养霉菌、乳酸菌等组成的制品。一些不是利用人工分离选育的微生物而是自然培养的大曲和小曲等，往往具有糖化剂和发酵剂的双重功能。将糖化和酒化这两个步骤合并起来同时进行，称之为复式发酵法。

图 2.24 淀粉糖化

（3）制曲（图2.25）：酒曲亦称酒母，多以含淀粉的谷类（大麦、小麦、麸皮）、豆类、薯类和含葡萄糖的果类为原料和培养基，经粉碎加水成块或饼状，在一定温度下培育而成。酒曲中含有丰富的微生物和培养基成分，如霉菌、酵母菌、乳酸菌等，霉菌中有曲霉菌、根霉菌、毛霉菌等有益的菌种。"曲为酒之母，曲为酒之骨，曲为酒之魂。"曲是酿酒用各种酶的载体。中国是曲蘖的故乡，远在3000多年前，中国人不仅发明了曲蘖，而且运用曲蘖进行酿酒。酿酒质量的高低取决于制曲的工艺水平，历史久远的中国制曲工艺给世界酿酒业带来了极其深远的影响。

中国制曲的工艺各具传统和特色，即使在酿酒科技高度发展的今天，传统作坊式的制曲工艺仍保持着本色，尤其是对于名酒，传统的制曲工艺奠定了酒的卓越品质。

图2.25 制曲

（4）原料处理（图2.26）：无论是酿造酒，还是蒸馏酒，或者两者的派生酒品，制酒用的主要原料均为糖质原料或淀粉质原料。为了充分利用原料，提高糖化能力和出酒率，并形成特有的酒品风格，酿酒的原料都必须经过一系列特定工艺的处理，主要包括原料的选择配比及其状态的改变等。环境因素的控制也是关键的环节。

糖质原料以水果为主，原料处理主要包括根据成酒的特点选择品种、采摘分类、除去腐烂果品和杂质、破碎果实、榨汁去梗、澄清抗氧化、杀菌等。

淀粉质原料以麦芽、米类、薯类、杂粮等为主，采用复式发酵法，先糖化、后发酵或糖化发酵同时进行。原料品种及发酵方式不同，原料处理的过程和工艺也有差异性。中国广泛使用酒曲酿酒，其原料处理的基本工艺和程序是精碾或粉碎、润料（浸米）、蒸煮（蒸饭）、摊凉（淋水冷却）、翻料、入缸或入窖发酵等。

图 2.26　原料处理

（5）蒸馏取酒：所谓蒸馏取酒就是通过加热，利用沸点的差异使酒精从原有的酒液中浓缩分离，冷却后获得高酒精含量酒品的工艺。在标准大气压下，水的沸点是 100℃，酒精的沸点是 78.3℃，将酒液加热至两种温度之间时，就会产生大量的含酒精的蒸汽，将这种蒸汽收入管道并进行冷凝，就会与原来的料液分开，从而形成高酒精含量的酒品。在蒸馏的过程中，原汁酒液中的酒精被蒸馏出来予以收集，并控制酒精的浓度。原汁酒中的味素也将一起被蒸馏，从而使蒸馏的酒品带有独特的芳香和口味。

（6）酒的老熟和陈酿：酒是具有生命力的，糖化、发酵、蒸馏等一系列工艺的完成并不能说明酿酒全过程就已终结，新酿制成的酒品并没有完成体现酒品风味的物质转化，酒质粗劣淡寡，酒体欠缺丰满，故而新酒必须经过特定环境的窖藏。经过一段时间的贮存后，醇香和美的酒质才最终形成并得以升华。通常将这一新酿制成的酒品窖香贮存的过程称为老熟和陈酿。

（7）勾兑调味：勾兑调味工艺，是将不同种类、陈年和产地的原酒液半成品或选取不同档次的原酒液半成品（中国白酒、黄酒等）按照一定的比例，参照成品酒的酒质标准进行混合、调整和校对的工艺。勾兑调校能获得均衡协调、质量稳定、风味地道的酒品。

酒品的勾兑调味被视为酿酒的最高工艺。从工艺的角度来看，酿酒原料的种类、质量和配比存在着差异性，酿酒过程中包含着诸多工序，中间发生许多复杂的物理变化和化学变化，转化产生几十种甚至几百种有机成分，其中有些机理至今还未研究清楚，而勾兑师的工作便是富有技巧地将不同酒质的酒品按照一定的比例进行混合调校，在确保酒品总体风味的前提下，得到整体均匀一致的市场品种标准[10]。

正是一代又一代酿酒师的不断传承，才能让酒这种文化一直存在于每一个中国人的记忆和生活中。从自然酒到人造酒的发展历程不仅验证了中国古代人民强大的创造能力，还展现了中国文化强大的生命活力和中国人民对品质生活的追求。

二、教育思想

中国是卓立世界的文明古国，酿酒历史源远流长，品种繁多，名酒荟萃，享誉中外。黄酒是世界上最古老的酒类之一，约在 3000 多年前的商周时代，中国人就开始了大量酿制黄酒，随后又发明了蒸馏技术，从此，白酒成为中国人饮用的主要酒类。

酒是一种特殊的食品，是属于物质的，但又同时融于人们的精神生活之中，更是一种文化象征。酒文化具有鲜明的民族性与时代性，同时还对社会生活产生很大的影响，是绚烂文化中浓墨重彩的一笔。

酒对中国历史、文学艺术、绘画艺术、宗教文化、民风民俗、科学技术、社会心理、军事研究等多个领域产生了巨大的影响，起到一定的积极作用。中国酒文化以其悠久的历史、博大精深的蕴涵而在世界酒文化之林中独领风骚，人们逐步认识到中国酒文化的精神文化价值：中国酒文化是一种社会文化，也是一种政治文化，更是一种艺术文化。

酒在发挥其强大效应的同时也带来了许多危害，如酒后滋事、酒后驾车造成的交通事故等社会问题以及酒依赖、酒精肝、酒精性胰腺炎、胎儿酒精综合征等医学问题。因此，面对它时，我们也应保持清醒的头脑。它可以成为我们生活中的好助手，但是如果你不能适度地控制，它的作用也可能会适得其反。

我们对待酒的态度应该是客观的。酒之所以能在中国乃至世界传承这么久，足以证明它的价值和意义，但是凡事要有度，这是我们接受酒并将之传承所应有的态度。

参 考 文 献

[1] 范文来. 《齐民要术》中的中国古代酿酒技术[J]. 酿酒, 2020, 47 (06): 111-113.

[2] 王赛时. 论中国酿酒的始源问题[J]. 衡水学院学报, 2020, 22 (01): 13-21.

[3] 李霖, 叶依能. 我国古代酿酒技术的发展[J]. 中国农史, 1989 (04): 38-44.

[4] 黄亦锡. 酒、酒器与传统文化[D]. 厦门: 厦门大学, 2008.

[5] 罗志腾. 我国古代的酿酒发酵[J]. 化学通报, 1978 (05): 51-54.

[6] 罗志腾. 略论我国古代的酿酒发酵技术[J]. 西北大学学报 (自然科学版), 1977 (02): 89-93.

[7] 李亚东. 中国古代酿酒专家贾思勰与酿酒技术[J]. 酿酒科技, 1984 (02): 22-26.

[8] 罗志腾. 古代中国对酿酒发酵化学的贡献[J]. 西北大学学报 (自然科学版), 1979 (02): 101-106.

[9] 于湛瑶. 中国古代曲蘖酿酒[J]. 农村·农业·农民 (A 版), 2014 (01): 59-60.

[10] 王元太. 白酒酿造的经典理念与现代酿酒技术[J]. 酿酒科技, 2009 (12): 106-108.

第四例：古来行医济世穷，仁者悬壶沐春风

一、案例内容

中医的起源发展

我国劳动人民几千年来在与疾病作斗争的过程中，通过实践，不断认识，逐渐积累了丰富的医药知识。中医是指中华民族创造的传统医学，是研究人体生理、病理以及疾病的诊断和防治等的一门学科。中医发展至今早已形成完整的体系和病理理论，诞生了许多中医著作，最具有里程碑意义的是中医四大名著（图 2.27）。

图 2.27 中医四大名著

夏商及之前的医疗，以巫祝为主，虽有药石，尚不被重视。到了周代，医事已有了较完备的制度。《周礼·天官》记载"医师掌医之政令，聚毒药以供医事。"医师之下分食医、疾医、疡医、兽医，还有考绩办法，到了岁末，检查工作成绩，决定报酬增损。虽然有这样的医事制度，直到春秋人们仍然信巫不信医，主要原因是医者还没有丰富的经验以控制药石。为了防止服药时发生意外，要让未生病的人先尝。春秋之后这种情况才逐渐改变，医逐渐脱离

巫祝独立并为诸侯所重视[1]。

春秋战国时期诞生了中国现存的最古老的医籍《内经》，它的理论和经验绝大部分是在此时建立的，药物治疗和收集也开始勃兴起来。历代统治者都以自身的健康长寿和推行怀柔政策对中医药给予了一定政策上的扶持。

公元前213年，秦始皇下令焚书坑儒，珍贵的先秦典籍被付之一炬，湮灭殆尽，严重地钳制了思想，摧残了文化。然而，秦始皇暴虐中也还保持了几分理智，下令秦史、巫祝、医药和种树不在焚毁之列，使包括《黄帝内经》在内的中医药著作幸存下来[2]。

秦汉时期，中医已有三大医典——《内经》《神农本草经》《伤寒论》。《内经》相传为黄帝所著，历史学家、医家都认为是秦汉时期医学综合著作，记录了阴阳、五行、六气、脏腑经络、针灸、脉法。阴阳是医学用来解释人体各部生理机能相互依存的关系，由此产生阳虚生外寒，阴虚生内热的理论。五行是解释人体脏腑间相互依存、相互调节的关系，如肺属金，脾属土，心属火，肝属木，肾属水。六气解释气候变迁和疾病发生的关系。针灸是我国特有的学术，图2.28为中医五行关系和针灸术。

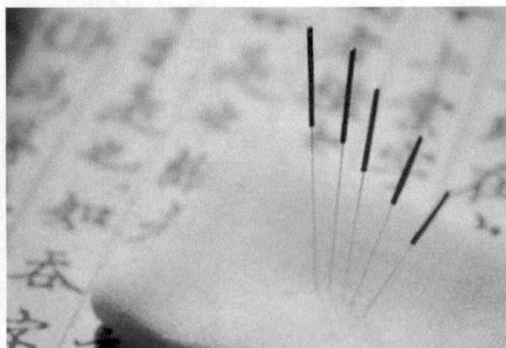

图2.28　中医五行和针灸术

《神农本草经》（图 2.29）记录的是集上古时期以来药物的实践经验，如：大黄通便，车前利尿，雷丸驱虫，黄连治痢，当归调经等，相传为神农作品。张仲景编著的《伤寒论》，是中国第一部从理论到实践、确立辨证论治法则的医学专著，是中国医学史上影响最大的著作之一，是后世学者研习中医必备的经典著作，广泛受到医学生和临床大夫的重视，主要治疗内科疾患。华佗发明麻沸散，在全身麻醉下施行外科手术。他还发明五禽戏，提倡体疗和健身运动[3]。

图 2.29 《神农本草经》

东晋著名医药学家，葛洪著有《肘后备急方》，为中国第一部急救方书。陶弘景将当时所有的本草著作分别整理成《神农本草经》及《名医别录》，并进而合二为一著成《本草经集注》，共收药物 730 种。他还整理了葛洪的《肘后备急方》为《补阙肘后百一方》，并著有《效验方》。

唐代的孙思邈著有《千金方》，是中国第一部临床各科诊疗全书，搜罗宏富，有羊肝、兔肝治疗夜盲，表明七世纪中国已盛行脏器疗法。孙思邈的医德医术并重思想主要体现在"大医习业"和"大医精诚"这两个方面。他认为作为救死扶伤的医生，仅仅有精湛的医术是不够的，还要有救治病人的愿望和高尚品质。

孙思邈在其医著《备急千金要方》（图 2.30）中明确提出："夫为医者，当须先洞晓病源，知其所犯，以食治之；食疗不愈，然后命药。"当食物调治无效时，再考虑用药治疗，这是中医的治则之一。

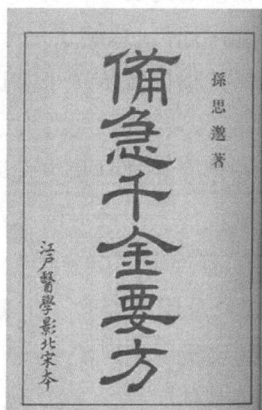

图 2.30 《备急千金要方》

　　唐朝医药教育制度相当健全。公元 624 年，唐继隋制设立太医署（图 2.31），下辖医学、药学两部分，其中医学教育分医科、针科、按摩科和咒禁科招收学生，置博士和助教进行教授。医科除学习《素问》《神农本草经》《甲乙经》《脉经》等中医基础理论知识外，还要学习临床各科。学生每月、季、年都进行考试，最后还有毕业考试，根据成绩优劣而分别录用。如果毕业考试连续两年不及格的，即令退学。太医署药学部在京城设有药园，招收一定数量的学生作药园生。还设制药童、主药等人，学习药物栽培、采集、炮制、使用等方面的药学技术[5]。

图 2.31　太医署

　　唐宫廷还通令全国征集收藏医药书籍和编撰医药著作。最著名的是唐高宗时组织长孙无忌、苏敬等人集体编修的药物学巨著——《新修本草》。唐政府普颁天下，营求药物，并令绘出实物图谱，总结了一千多年来的药物学知识。公元659 年《新修本草》颁行全国，并很快流传开来。这是我国也是世界上最早由国家编修颁布的药典[6]。唐玄宗时又先后组织人力编成《本草百一集验方》和《广济方》，并颁行天下。公元 746 年又令郡县长吏选取《广济方》中精要的方剂，抄录在大木板上，向公众作普及宣传。在政府的示范和带动下，民间医家也纷纷编修医药书籍流传于世，著名的有孙思邈撰《千金方》60 卷、王焘著《外台秘要》40 卷，总结了很多医学理论及用药经验，记载了大量的民间单方、验方、秘方，这些都成为中医药史上的宝贵财富[7]。

　　宋政府对医学的注意超过了其他时代，多次下诏全国征集和整理图籍，尤其鼓励和发展医学事业，专设校正医书局收集医书，订正舛讹。宋代曾三次官方重修本草，集药 1500 余种[4]。宋仁宗时任命掌禹锡、高保衡、林亿、孙兆等 4 人为校正医书官，组织一批知医书的儒臣和太医一起对历朝重要医书进行了系统的搜集、整理、考证、校勘，于熙宁年间陆续刊行问世，其中有《黄帝内经》《伤寒论》《金匮要略》《脉经》《针灸甲乙经》《千金方》等很多医药和方剂书籍，使得宋以前的主要医著得以流传至今。公元 1027 年，宋仁宗还敕令王惟一考订针灸经络，著《铜人腧穴针灸图经》3 卷，统一了各家对腧穴的不同说法，并先后铸针灸铜人两具，使针灸图像具有了立体感和真实感，在针灸学的教学和医师考核中发挥了很大作用。例如，在测试考生时，先将铜人外面涂蜡，再穿上衣服，体内注水银，考生针入穴位则水银出，否则针不能刺入[8]。在医学建制上，宋政府在中央设翰林医官院为医政医疗机构，设太医局掌医药教育，又设御药院、尚药局掌管皇家药物。为了方便民间购买药物，宋神宗熙宁九年在京师设太医局卖药所，制成熟药出售，各地也仿此制设熟药卖药所，后来经过演化成为太平惠民和剂局。宋政府的医学政策，为以后各代所承袭，有力促进了中医药的全面发展[9]。

到了明朝，李时珍著《本草纲目》，总结明以前的经验，在国际也享有盛名。16 世纪后期，中国就发明了人痘接种，预防天花，揭开世界预防医学的序幕，树立免疫学的实践基础。

二、教育思想

中医药是中华民族原创的医学科学，是中华文明的杰出代表，数千年来为中华民族的繁衍昌盛作出了重要贡献，同时也对世界文明进步产生了积极影响。近年来，国家把中医药事业发展放在全面深化改革、进一步扩大对外开放的战略高度，融入实现"两个一百年"奋斗目标、实现中华民族伟大复兴中国梦的伟大实践。国家领导人关于中医药的一系列重要论述，"中医药学是我国各族人民在长期生产生活和同疾病做斗争中逐步形成并不断丰富发展的医学科学，是我国具有独特理论和技术方法的体系"，"凝聚着深邃的哲学智慧和中华民族几千年的健康养生理念及其实践经验"，"中医药学是中国古代科学的瑰宝，也是打开中华文明宝库的钥匙"，是新时代坚定中医药自信、发展中医药事业的行动指南和根本遵循[10]。

从哲学角度深入探究中医药自信的理论源泉。"中医药学凝聚着深邃的哲学智慧及中华民族几千年的健康养生理念和经验，深入研究中医药学对发展世界医学事业和生命科学研究具有重要意义。"中医药学吸收了中华传统文化中的许多哲学思想，这些哲学思想借由中医药的消化吸收和发展创新而变得更加生动具体。例如，中医药学吸纳了中国古代哲学中"天人合一"的思想，也在医学实践中发展了"天人合一"的哲学思想。中医药学树立了顺应自然的疾病预防和治疗原则，并将"天人合一"观具体到中医的诊断、治疗、药理、药方等方面。比如，治疗同一种疾病，要根据不同的地域、不同的气候、不同的饮食习惯，调整相应的处方，使药的属性和"有病的人"的属性与自然的属性实现"天人合一"，并具体细化到治疗、起居、饮食等方面。

中医药学在理论上强调"阴阳五行""天人合一"，是中华传统文化和合致中、道法自然的哲学智慧的具体体现；中医药学在临床实践上强调"辨证施治""三因制宜"，是我们中华民族立象尽意、因时而变的特有的思维方式的具体体现；中医药学在医德上倡导"仁心仁术""大医精诚"，是我们中华民族厚德载物、生命至重的人文关怀精神的具体体现。中医药学将中国古代哲学的基本原理和方法与中医的具体实践相结合，在某种程度上实现了"中国传统哲学的中医化"。中医药学为中华优秀传统文化的发展作出了杰出贡献，也成为中华民族文化的一个重要标识。

从科学角度深入探究中医药自信的实践源泉。中医药学是"中国古代科学的瑰宝"的论述，为中医药学作了科学准确的定位。从自然科学的研究对象与研究特点考察，中医药学从理论上和实践上展现了自然科学最基本的特点——客观认识自然现象。

从理论上看，中医药学作为中华民族原创的古代科学，是在中国古代哲学智慧的指导下，在自身经验积累的基础上，逐渐总结形成的独特医学理论，充分体现了中华民族的价值观。中医药学重视整体认知、时间演进，强调从系统、宏观的角度揭示人类的疾病与健康的规律，成为人们治疗疾病、健体强身、养生延年的重要手段。中医药学的理论体系涵盖理、法、方和药，非常完备，发现和总结很多人体与自然的规律。正是有着行之有效、丰富完整的理论体系，中医药学才得以自立于世界医学之林，才不是无源之水、无本之木。同时，中医药学的思维方式、论证方法和理论模型是从中国古代发展演变而来的，与现代的科学范式有很大不同，我们必须客观地认识到这一点，这也是坚定中医药自信的一个认识前提。

从实践上看，中医药学源于治病防病的实践，并且在实践的基础上逐渐升华概括成理论，又用理论指导新的医疗实践，其自然科学的属性毋庸置疑。中医药学在几千年的实践检验中不断继承创新，在面对现代西方医学巨大冲击和竞争时仍能屹立不倒，仍能展现其独有的市场优势和"独门功夫"，凭的就是疗效，尤其是"副作用小、能根治、成本低"的临床优势。中医药学在临床上的有效性是对"历史虚无主义""不科学"的有力反击，通过在临床上提高中医药疗效的实践感知，是坚定中医药自信的不二法宝[11]。

如何正确对待中医和西医？中医和西医均属于医学领域的不同体系，两者既有区别又有联系。区别是，中医和西医认识疾病的角度不同；联系是，两者都是人类同疾病作斗争中所积累的知识和技能。

由于中医和西医看问题的角度不同，两者在防治疾病时所用的方法就不同。不同的观点，就会出现不同的方法，也就是所谓世界观决定方法论。在生活中，我们都会有这样的体会，站在不同的角度看待同一问题，所观察到和认识到的就不同，有一些问题这样看无法看清，换个角度就会看得非常清楚。因此，医生不妨从多个角度多看几个点，这样对疾病的认识就会更全面一些，不要像盲人摸象那样。

另外，不同的疾病也应该用不同的方法去处理，也就是说，要具体问题具体分析。打个比方，十步以内我们如果坐飞机去，那就成了笑话，尺有所短寸有所长正是对这些问题的形象描述。中医和西医，各有各的观点，各有各的方法，各有各的长处，各有各的短处，两者互补，暂时区别很大，但应互相包容。随着人们对疾病认识的不断深入，认识论和方法论的不断研究，科学知识和技术方法的不断进步，总有一天中医和西医会殊途同归的。

中国可以"通过了解西方世界所做的错事，避免现代化带来的破坏性影响"，实际上走上"后现代化"的发展之路，必然以史为鉴，方可以知兴替。坚持历史研究的唯物史观，坚持实践高于理论，改正并找回中医久已失落的自尊与自信，在中外比较中纠正民族虚无主义的悲观与错误心态，把中医与疫病斗争壮烈史实与真相奉告世人，使中医药的本来面目和固有优势大白于天下，完成历史赋予现代中医和史学研究工作者的光荣使命，为造福全人类拨开云雾。中医应当是世界传统医学的一面旗帜，光照医学史坛！

传统中医之所以能够历久弥新，是因为一代代中医药人在传承中不断创新。"师带徒"是中医传承的有效途径。师承教育作为千百年来中医药人才培养的主要模式，在传承中医药学术思想、临床经验和技术专长方面一直发挥着不可替代的重要作用。

应做好五方面的传承：一是传承中华文化。传统医药是优秀传统文化的重要载体，在促进文明互鉴，维护人民健康等方面发挥重要作用。要用中医药学这把钥匙打开中华文明的宝库，让它闪耀更加灿烂的光芒。二是传承经典精华。中医经典是中医创新发展的源头活水，是历代医家长期医疗实践经验的总结，是智慧结晶。传承班的弟子要精研熟记经典，坚持中医原则思维，遵循中医药发展的规律。三是传承临床所长。中医学是一门应用科学，临床是其学术赖以生存和发展的土壤。传承班弟子应重视临床、勤于临床、反复临床，在跟师过程中，要注意总结导师的学术思想，及其辨证论治的规律和心得。四是传承创新精神。创新是中医药发展的生命力，是中医现代化的关键所在，是中医药走向世界的必然途径。创新发展中医药要与现代科学技术有机结合。五是传承大医精诚。传承大医精诚就是要传承中医名师名家精湛的医术和高尚的医德。在临证中要始终"以病人为中心"，对患者一视同仁、全力救治，秉承大医精诚之魂，争当德才兼备的岐黄传人。

中医药振兴，关乎亿万人民健康福祉，关乎中华文明传承发展。切实把中医药这一祖先留给我们的宝贵财富继承好、发展好、利用好。历久弥新的中医药，一定能书写建设健康中国的新篇章。

参 考 文 献

[1] 杨奕望, 吴鸿洲, 陈丽云. 中医口述史略[J]. 中国中医基础医学杂志, 2012, 18(11)：1193-1194.

[2] 黄辉. 中医四大经典[J]. 中医药临床杂志, 2013, 25(02)：122.

[3] 郁苹.《论原始中医学》出版[J]. 中华医史杂志, 2003(04)：45.

[4] 方传明, 李怡. 御医概说[J]. 北京中医药, 2013, 32(01)：38-40.

[5] 刘润兰. 秦汉时期中医实践医学的发展[J]. 山西中医学院学报, 2004(02)：5-6.

[6] 符友丰. 光照世界史坛的中医起源之谜[J]. 中国工程科学, 2006(09)：1-12.

[7] 余群. 从中医发展史浅谈中西医结合的重要性[C]. 中国中西医结合学会成立 20 周年纪念大会论文集. 2001：171-172.

[8] 贾谦, 陈永杰, 陈光曼. 确立中医药战略地位的重要意义[J]. 中国工程科学, 2004(07)：4-13.

[9] 谭家祥. 中医学发展与中医学方法论的关系[J]. 广西中医药, 1990(05)：30-32.

[10] 肖圣鹏, 崔友平. 坚定中医药自信 发展中医药事业[J]. 红旗文稿, 2019(16)：34-35.

[11] 李涵, 邱瑞瑾, 李京, 等. 和而不同, 存异求同——中医学对叙事医学发展的启示[J]. 叙事医学, 2022, 5(01)：8-12.

第五例：丹砂漆盘盛井水，冷浸半坼山樱花

一、案例内容

（一）漆的发展历史

我国发现和使用天然大漆的历史，可追溯到 7000 多年前。史籍记载："漆之为用也，始于书竹简。而舜作食器，黑漆之；禹作祭器，黑漆其外，朱画其内。"《庄子·人间世》就有"桂可食，故伐之；漆可用，故割之"的记载。天然大漆还是一味中药。李时珍在《本草纲目》中写道："漆性毒而杀虫，降而行血。所主诸证虽繁，其功只在二者而已[1]。"漆的技术与漆器，同我国古代的瓷器一样，是劳动人民在化学工业和美术工艺方面的重要发明。

在新石器时代的墓葬遗址中，发现有髹漆的器物主要有木碗（图 2.32）、陶罐、陶壶及高足杯等，多是生活器皿。

图 2.32　漆碗（浙江河姆渡新石器时期）

商代漆器的制作开始讲究，器物胎骨多用厚木胎[2]。除了用色漆髹涂外，还创制将青铜器上常用的纹饰用浅浮雕或镶嵌蚌壳、玉石的技法。尤其令人惊讶的是商朝出现了金薄片镶嵌，这是我国漆工艺史上镶嵌金箔工艺的开始。漆工艺发展到西周，彩绘与镶嵌成为两种主要的装饰技法，彩绘经常与镶嵌结合使用。

春秋漆器除木质胎骨外，出现了竹编胎（篮胎）。战国时期，漆树分布十分广阔，出现大面积人工种植。漆的应用越来越广泛，漆工艺的内涵越来越丰富，

手工条件的提高，使漆工艺的精细程度也越来越高[3]。漆器胎骨仍以木胎为主，但在工艺上有重要发展，尤其是到了战国中晚期，薄木胎漆器明显增多，并出现了夹纻胎（图2.33、图2.34）。

图2.33　战国漆画残片

图2.34　战国曾侯乙墓鸳鸯形盒

从出土的汉代漆器来看，数量之多、品种之全、工艺之精、生产地域之广，都达到了前所未有的水平，漆器制作规模日趋增大。西汉时期的漆器已经没有战国时期的地域风格，各地风格趋于一致，数量增多，尤其到了晚期，漆器已遍布了全国各地（图2.35、图2.36）。东汉，随着中央集权势力的削弱，官营手工业相应减少，漆器制造业出现了衰落的趋势。戗金漆和一色漆器在三国时期仍然被沿袭使用，一色漆器较以前更为讲究，具有光润质朴的特点[4]。

图2.35　西汉识纹描漆外棺挡板（一）

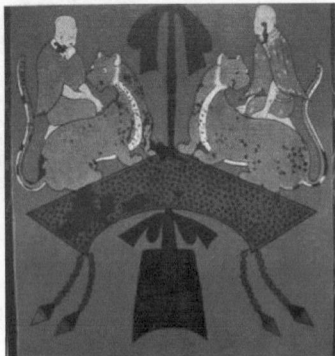

图2.36　西汉识纹描漆外棺挡板（二）

魏晋南北朝漆器与绘画相结合（图2.37），突破了平涂的局限，出现了晕色新技法，增强了画面的立体感。隋代各行各业发展兴盛，但令人费解的是，唯独漆器是个"空白"[5]。

图2.37　北魏彩绘人物故事图漆屏风

　　从文献记载及保存和发掘的实物来看，唐代漆器的工艺品特征十分明显。因为随着瓷器的发展，漆器在日常生活中的地位，日渐被价格低廉的瓷器所代替，漆器便朝着工艺品方向发展，制作要求更加精益求精[6]。唐代髹饰品种和技法都有创新，漆器最为突出的成就是工艺技术上的进步，主要是金银"平脱"的盛行、螺钿镶嵌的发展和雕漆的出现（图2.38、图2.39）。唐代最为盛行的金银平脱技法是从汉代嵌金银箔花纹的技法发展而来。"平脱"，就是指一种嵌体镶在器物上，而表面依旧十分平整的髹饰方法。金银平脱，是指剪刻成人物、花鸟纹样的金片或银片嵌贴到漆胎上之后全面髹涂，经过研磨后显露出金银花纹，再加以推光则成为精美的平脱漆器。

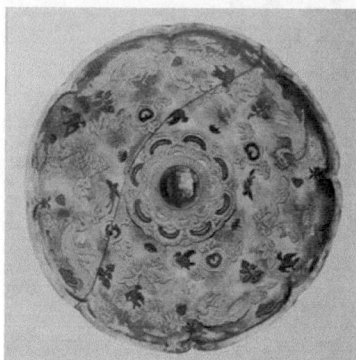

图2.38　唐羽人飞凤花鸟纹金银平脱镜

图2.39　唐嵌螺人物花鸟镜背

　　宋代社会经济繁荣发展，漆工艺也得到相应的普及与发展，不仅官府设立了专门机构管理，制造御用漆器，而且民用漆器工业也发展起来，产品走入了市场。元代工艺有实物保存下来而且表现出较高水平的有螺钿、雕漆几种漆器（图2.40、图2.41）[7]。

图 2.40　南宋人物花卉纹朱漆戗金花瓣式螺　　图 2.41　南宋人物花卉纹朱漆戗金花瓣式螺

明朝的漆工艺也有进一步发展，并形成了新的高潮一直延续到清代。髹饰品种更加多样化，工艺技术上取得了更高成就，漆器生产场所遍布全国（图2.42）[8]。

图 2.42　明罩金髹雪山大士像

清代雕漆工艺经过明末清初的短暂萎缩以后，到乾隆时期又出现了一个鼎盛时期，与其他工艺结合，在剔红、剔黑、剔彩器上镶嵌其他嵌件是这一时期的工艺特点[9]。花卉草虫题材作品的表现手法也发生了新的变化，花卉所占面积缩小，锦面面积越来越大（图2.43）。

图 2.43　清乾隆金漆画小屏风

（二）漆工艺及漆化学

漆是一种能牢固覆盖在物体表面，起保护、装饰、标志和其他特殊用途的涂料（图 2.44）。

图 2.44　漆

中国古代对"漆"字定义很早。东汉时期，许慎撰写的中国第一部字典《说文解字》中，就对"桼"字释曰："桼，木汁也，可以鬃物，从木，象形，桼如水滴而下。"清段玉裁注曰："木汁名桼，因名其木曰桼。今字作漆而桼废矣。漆，水名也。非木汁也。"原来"漆"字本意在古代谓之漆水，为水名，在陕西省。至于漆的本字，则应写作桼。"桼"字段注："谓左右各三皆像汁自出之形也。""左右各三像水滴下。"史树青先生认为"桼字，上部从木，左右各一撇，像用刀切破树皮，以竹管外导，下部从水，像木汁流出状。"甲骨文或金文的七字，写十……它很像取漆时，在树干上所作的切口"，所以汉时多假桼为七字。史先生认为七字就是桼、漆、漆字的初文。从漆字可以看出，漆就是从漆树身上割取出的一种汁液，呈灰乳色，人们一般称之为"生漆"或"天然漆"，俗语也叫它"大漆""土漆""国漆"。

我国的大漆产量占全世界总产量的 70%～80%，主产区有山西、四川、陕西、河南、甘肃、湖北、贵州、云南等省。天然大漆采自原始森林或自然漆树种类中，漆液主要由高分子漆酚、漆酶、树胶质以及水等构成。大漆含氮物质中的酵素，能促进漆酚的氧化，使大漆散发出略带酸味的独特香气，这也是鉴别是否为优质纯天然大漆的一个方法。

漆树属落叶乔木，叶系羽状复叶，呈椭圆形。漆树主要生长在亚洲温暖湿润的亚热带地区，中国丰富的漆树资源为漆器制作提供了得天独厚的物质基础。人们从漆树上取回天然生漆，必须经过加工提炼才能应用，精制漆品种有生漆、黑推光漆、红推光漆和透明漆等。天然生漆的精制工序分选漆、过滤、晾制、晒制、细滤等步骤。生漆有底胎生漆和揩清生漆。红推光漆，漆色呈红褐色，主要用来调制各种不透明色漆。相对而言，透明漆比红推光漆色浅、透明，可调进透明性颜料制成透明色漆，以做罩漆。黑推光漆也称黑漆，黑漆在搅拌至深棕色时加入氢氧化亚铁再制而成。以上漆精制过程大同小异。红推光漆、透明漆和黑漆统称为熟漆。所以人们也称由生漆经过滤清杂质，后经搅拌通入空气氧化、日晒或经低温烘烤而得的天然漆称为熟漆。古代人们则常将生漆倒于木桶内放至阳光下搅动蒸发水分，漆色由乳白色变成棕黑色便成熟漆。熟漆漆膜较生漆光亮，所以常用以配制其他天然漆涂施于物体表面，因为它干燥后能结成坚韧而美观的保护薄膜。

漆工艺主要包括以下几个步骤[10]：①制胎。漆器工艺的胎身常用木胎和脱胎两种形式。制作木胎漆器要精选纹理细不变形的优质木材制作榫卯无缝式木胎；而脱胎则是以泥土、石膏等塑成坯胎，以大漆为黏合剂，用苎麻布或者丝绸布在坯胎上逐层裱，待阴干后脱去原胎留下漆布雏形，再经过上灰底、打磨等多道工序制成坚实轻盈的胎体；②采漆（图 2.45）。大漆采自漆树，每年三伏天，漆农用河蚌壳破开树皮，在树木上划开如柳叶刀的刀口，树体就会渗出乳白色液体，顺着柳叶口缓缓流入竹筒，然后让有经验的工匠制成大漆；③髹漆。每一件漆器剔犀工艺品都是用黑红两种颜色的大漆髹漆，至少要有 5 个红色层和 5 个黑色层组成，每个色层要经过数十遍上漆来覆盖下方色层，而且每遍上漆厚度要一致，每一遍上漆都要在恒温恒湿的地窖中用 24 小时氧化，历经百余天，历经百遍涂漆，才能达到剔犀漆器工艺品需要的厚度，这就是传统手工艺的功力和艰辛所在；④描绘。纹饰是描绘剔犀工艺的外在美丽纹饰，再用刀加以剔刻，因刀口断面清晰，层层漆纹大都以回旋生动，流转自如的云纹回钩组成；⑤剔刻。剔刻是漆器剔犀工艺重要步骤之一，通过掀、挠等工艺步骤，使其红黑相间的纹饰呈现在我们眼前；⑥推光。推光是漆器剔犀工艺的最后一个步骤，用老旧房子上的灰砖粉末细细打磨漆器剔犀工艺品的每一个角落，用适当的力度，上百次的打磨，才能抛光出灿烂的漆器剔犀工艺品。

图 2.45　漆树及采漆

　　漆器的制造，是我国古代劳动人民在化学工艺方面的重要发明[11]。我国古代在制造漆器的时候，常常在漆里掺入桐油和亚麻油等植物油；在制造彩色漆器时，也用桐油和各种颜料或染料配成油彩加绘各种花纹图案，而形成我国具有独特民族风格的漆器工艺。从技术上来判断，战国时期一些漆器，显然是用桐油加各种颜料配成的油彩来绘饰各种纤细花纹图案的。油彩漆膜的光亮度比单纯漆膜的亮度大，但抗老化性不及漆[12]。生漆的产量比桐油低，成本比桐油高。把桐油作为稀释剂混入生漆中，既可改善性能，又可降低成本。把桐油和生漆混合使用，还可取长补短，使物尽其用。

　　战国漆器彩绘中包括红、黄、蓝、白、黑五色和复色，所用颜料大概是朱砂、石黄、雄黄、雌黄、红土等矿物性染料和蓝靛等植物性染料[13]。桐油是我国特产的应用最早的干性植物油，它是从油桐种子榨取的，主要成分为 α-桐油酸（十八碳三烯-9,11,13 一酸），结构式为：$CH_3(CH_2)_3CH{=\!=}CHCH{=\!=}CHCH{=\!=}CH(CH_2)_7COOH$。

由于油酸是含有共轭双键的三烯，在油类中干燥性最佳，所得皮膜光亮，抗水等性能优良。漆酚（图 2.46）以及虫漆酚（图 2.47）是生漆中的主要成分，它是邻苯二酚衍生物的混合物，分子中具有不同不饱和度的 15 个碳原子或 17 个碳原子的长侧链，国产生漆中三烯漆酚的含量一般占漆酚总量的 60%～70%，如图 2.48 所示。

图 2.46　漆酚

图 2.47　虫漆酚

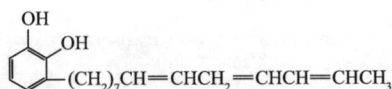

图 2.48　三烯漆酚

生漆之所以用作天然涂料，主要由于生漆中的三烯漆酚具有与干性油相似的化学结构的缘故。尽管漆器制造所依据的化学原理只是在 20 世纪才最终弄清，然而我国古代劳动人民早就认识了生漆和桐油成膜的性能和成膜的条件，并把二者混合使用，这在化学技术史上也是一个卓越的贡献[14]。

二、教育思想

漆器艺术的产生，是勤劳而智慧的中华民族的一个非凡创造，也是中国人一项非常伟大的发明。

远古时代，制作石器、玉器、陶器的原材料比较容易在野外发现，这些材料通过机械的加工、物理的改造，就变成了具有实用功能或者装饰的器具。但漆器不一样，漆器是用漆涂在各种器物的表面上所制成的日常器具及工艺品。要制作漆器，首先要从漆树上割取天然液汁，用它作涂料。漆是中华先民用天然树脂制成的一种化学材料，漆器的发明使中华文明走进一个新高度。

目前发现的古代漆器可以追溯到 8000 年以前。那时中国还没有瓷器，也没有青铜器，只有玉器、石器和陶器，所以漆器也是一个非常古老的艺术品种。直到今天，大漆工艺仍在应用，这是非常了不起的。

20 世纪 90 年代后期，在位于浙江萧山的跨湖桥遗址发现了中国最早的独木舟。同时，遗址中还出土了一把残弓，弦未存，但弓上的漆看上去非常精美。经科学考证，跨湖桥遗址出土的"漆弓"被专家称为中国的"漆之源"，距今有 8000 多年历史。

有一句话叫"皮之不存，毛将焉附"，而漆器恰恰相反。古人一般把大漆涂在一些器物上，远古时往往是在木器上、龟甲上。漆是非常耐老化的，所以漆的遗存我们现在偶尔还能找到，但是它原来依附其上的木胎、骨头胎或者皮胎等都因为年代久远而完全消失了。

漆器的艺术，从本质上来讲是一种髹饰的艺术。髹饰是古代在艺术品上采用的一种传统工艺。用漆漆物，谓"髹"，"饰"则寓纹饰之意。所以说，漆艺是一种装饰的艺术，说明古人对生活有了更高的追求，他们把这种美好的追求通过漆艺表现出来。和玉器、陶器、青铜器相比，漆器的造型更加多样，在平面图案的表现上也更为丰富。最早的漆器往往是用木胎来制作的，因为木胎造型简便，形式多样。早在战国时代，漆器中已经出现了非常精美的透雕、浮雕，而且纹样越来越繁复，有具象的图案，也有龙、凤以及几何的抽象图案。后来，漆器又和骨牙、珍珠等其他材质结合起来，形成更为精美的艺术品。

参 考 文 献

[1] 张飞龙. 中国漆文化历史渊源研究[J]. 中国生漆, 2006(01): 6-20.

[2] 何豪亮. 中国漆始用于何时[J]. 中国生漆, 2000(01): 18-21.

[3] 熊琦. 中国漆艺的时代碰撞[J]. 艺术家, 2019, 249(09): 83.

[4] 张飞龙. 中国漆文化的外传和影响[J]. 中国生漆, 2005(02): 1-8, 20.

[5] 王琥. 中国传统漆工艺的五个发展阶段[J]. 东南文化, 1995(02): 44-46.

[6] 唐敏. 盛容. 中国漆艺的发展及前景[J]. 美术教育研究, 2014, 85(18): 33.

[7] 尹呈忠. 漆艺：从传统到现代[J]. 上海工艺美术, 2003(03): 60-62, 59.

[8] 林涓. 漆、漆工艺与漆艺创作[J]. 美术观察, 2005(12): 60-61.

[9] 赵桂芳. 漆器和漆器保护概说[J]. 中国文物科学研究, 2007, 7(03): 53-60.

[10] 周明明, 宋方华. 天然大漆的前世今生[J]. 科学之友（上半月）, 2014, 556(06): 20-21.

[11] 周光龙. 中国古代漆化学探源[J]. 中国漆业, 2002(02): 23-27.

[12] 王振升. 谈我国生漆化学的研究[J]. 中国生漆, 1987(01): 4-10, 48.

[13] 王性炎. 中国古代的漆化学[J]. 经济林研究, 1985(01): 27-30.

[14] 张立. 漆化学研究最新进展[J]. 中国生漆, 1984(01): 38-44.

第六例：一清盏与金溪水，同味谁争盐海潮

一、案例内容

图 2.49　盐

　　盐是对人类生存具有重要意义的物质之一，有"百味之王"的美称（图 2.49）。古代中国人称自然盐为"卤"，卤水经人力加工后变成的固体结晶，才称之为"盐"。中国古代最早发现和利用自然盐，是在石器时代，与动物对岩盐、盐水的舐饮一样，是出自生理本能。中国古代流传下的"白鹿饮泉""羝羊舐土"的记载都说明中国古人通过观察动物行为而发现了盐的存在。

　　文献记载的"煮海为盐"的时代，是在神农时代。《说文》："夙沙氏煮海为盐。"意思就是夙沙氏以海水煮卤，煎成盐，颜色有青、黄、白、黑、紫五样。所以后人就把夙沙氏作为是海水制盐用火煎煮之鼻祖，尊崇为"盐宗"。伏羲时代，中国人口重心所在地也就是现在的鲁西豫东地区已经没有足够的禽类和兽类为人们提供肉食来源了，由于动物的血和肉里面含有足够人体所需的盐分，所以人类如果采取肉食为主、蔬果和谷食为辅的生活方式，是不需要吃盐的[1]。因此，伏羲时代成为鲁西、豫东地区从肉食为主向谷物为主的转变时代。因为谷物没有像肉类那样含有较多盐分，所以就产生了吃盐的独特需求，这样就出现了夙沙氏这样的专业煮盐的部族。文献记载夙沙氏部落的子民自己推翻了头领而归化于神农氏。这与神农教人种五谷的记载是一致的，也就是说谷食和吃盐是同时发生的。

盐的历史要追溯到史前时代。很可能一次偶然的机会，生活在海边和盐湖边的先民，在被晒干的土地上首先发现了这种白花花的晶体。

早在 8000 年前，已经有古人使用食盐的记录了。那时，位于罗马尼亚的库库泰尼-特里波耶文化已经出现了把泉水蒸发可以制得食盐的记载。很多人不知道，在中国也有一个同样古老的地方：山西运城。当地人把盐湖里的水晒干制盐，且在春秋时期就已经产业化了，如图 2.50 所示。

图 2.50　晒盐

中国最早发现并利用的自然盐有池盐。产地在晋、陕、甘等广大西北地区，最著名的是山西运城的盐池（即解池、河东盐池）。现在史学界就有观点认为是"盐之争夺"导致炎黄合并。史学家张其昀在 1981 年出版的《中华五千年史》中称："黄帝克炎帝于阪泉，擒蚩尤于涿鹿，两者实为一事"，而"炎、黄血战，实为食盐而起"。战争起因和争夺的目标，就是现在位于山西省运城市的"盐湖"。《中国文化史导论》中，学术大家钱穆进一步提出，解县盐池是当时古代中国中原各部族共同争夺的一个目标。

尧、舜、禹不约而同地选择在盐池附近的平阳（今山西临汾）、蒲坂（今山西永济）、安邑（今山西运城北）筑城，史谓尧都、舜都、禹都。尧、舜、禹为何要在这些地方筑城？正是出于保卫盐池的考虑。

我们虽然不能从考古学上证明涿鹿之战实质上是食盐争夺战，但蚩尤与山西解县盐池的关系传说与神农和夙沙氏的关系传说是完全一致的，即神农、黄帝、蚩尤的时代，就是鲁西、豫东地区从肉食为主转向谷食为主的时代。

《尚书·禹贡》中记载：青州"厥贡盐绨"，表明在渤海沿岸的青州已是盛产海盐的地区。在周朝人们把盐作为五味（酸、苦、辛、咸、甘）之一，并用于医治疾病。《周礼·天官冢宰》中记载"以咸养脉"。《吕氏春秋》记载"调和之事，必以甘酸苦辛咸，先后多少，其齐甚微，皆有自起""咸而不减"具体谈论了咸味的调理。

春秋时期，当年引发原始部落征战、促成华夏民族形成的盐，在中华文明进步和国家版图的整合中继续发挥作用。此时的解县盐池为晋国所有，被晋称为"国之宝也"[2]。晋国因为池盐而国富民强，晋文公为"春秋五霸"之一。

除了西部的晋国因盐税暴富而强大外，东方的齐、燕等国也因盐利而受惠。齐国、燕国这些重要的海盐产地，财富积聚、国力大增，很快在战国风云中占得上风，位列"七雄"。齐国在齐桓公时代已当上"霸主"。

对盐觊觎最迫切的是秦国，早在商鞅变法后，秦孝公十年（公元前 352 年），秦国夺得了今山西运城境内的"安邑盐池"，开始池盐大生产，并置"盐官"，食盐专营，开征盐税，为进一步征战奠定了物质基础。

据《华阳国志·蜀志》记载，秦昭王任命李冰为蜀守，出生于山西运城"池盐之乡"的李冰，在公元前 251 年前后，主持开凿了中国历史上第一口盐井"广都盐井"。图 2.51 为井盐·汲卤运卤。

图 2.51　井盐·汲卤运卤

正是因为"盐财政"对于经济的影响是如此的显著[3]，在齐国人管仲提出"食盐官营"思想之后，就为历朝历代所推崇和效仿，垄断食盐经营成为封建朝廷增加财税的通行手段。而后，历朝历代更是加强盐监制度，制盐手段也得到极大发展。

盐是人们生活中最常用的调味品，但它的作用不仅仅是增加食物的味道，它是人体组织中的基本组成成分。它主要作用是维持细胞、组织液和血液内的电解质平衡等。人体若是盐分不足，轻则容易出汗，食欲不振，浑身无力，严重时就会产生倦怠感，肌肉痉挛，可能还会失眠。当人类结束了茹毛饮血的生活，不再从动物血液中汲取盐分，就开始寻找天然存在的各种食盐并精制（图 2.52）。在中国古代，食盐和铁，一直是国家的经济支柱并被政府严加管控。

图 2.52　精制食盐

中国古代盐业史的开端，可以追溯到夙沙氏初煮海盐的遥远时代。海盐的晒法，始于宋金或金元之际，推广于明清两代。池盐的人工采卤晒畦，当起于汉魏之际，而不会迟至唐代。

其一，从黄帝炎帝时代至春秋战国时期，这是中国古代盐业资源的最初利用和开发阶段。其二，从春秋战国至汉魏之际，这是开凿大口盐井和普及"煮海"的阶段。盐业经济史上的专卖时期，亦从此开始。其三，从汉魏之际到宋金时代，这是池盐人工浇晒，和渐用天然气"煮井"的阶段。其四，从宋金时代至清末，这是用顿锉法开凿小口深井，矿盐采用斜井掘进以及海盐煎晒并举的阶段。这一阶段的后期，盐井已深及千米以下的黑卤和岩盐层。

我国古代食用盐一般分为池盐、海盐、井盐、岩盐四种类型[4]。

1. 池盐

池盐就是内陆湖盐，指盐湖中自然结晶或将盐湖卤水晒制的盐。中国盐池主要分布在西部和北部地区，从新疆经青海、藏北、甘肃、陕西、山西、内蒙古至东北吉林、黑龙江一带。中国古代最著名的池盐是山西运城盐田（图 2.53）。

图 2.53　山西运城盐田

由于运城曾名古潞村，因此运城池盐也叫潞盐，因盐运使驻地为解州，故又名解盐。池盐颗粒大、色洁白、质地纯净。自新石器时代以来，原始部落就以山西运城为中心，在黄河两岸居住，除了当时环境宜人，水和动植物资源丰富，易于采集和打猎以外，运城的食盐也是一个重要原因。在《战国策》中，"骥之齿至矣，服盐车而上太行"记载了马车运载运城的食盐攀登太行山的情景。

自原始社会后期到春秋时期，运城池盐的生产方式还是人力采捞卤水中自然析出的食盐结晶。春秋时期解州池盐氯化钠含量降低，食盐结晶大量减少，开始采用原始的晒盐法，即当地盐民试用卤水晒盐。到了盛唐时期卤水晒盐法已经相对成熟，形成了垦畦浇晒的工艺，即人们垦地建畦，将卤水引入畦内，再经风吹日晒蒸发结晶成盐。

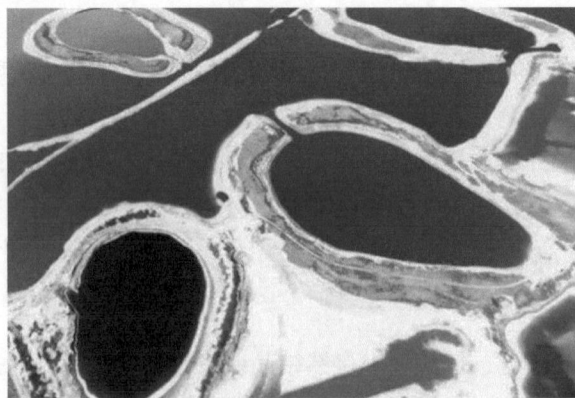

图 2.54　运城盐池

运城盐池是一个天然结盐之池（图 2.54）。湖中卤水在夏季浓缩析出氯化钠、白钠镁矾等晶体，冬季冷冻析出芒硝。生活在湖区的人们很早就观察到这种成盐过程，于是每年在适当的季节集中捞取氯化钠以供食用。这种因地利、乘天时、不假人力的方法是最简单也是最原始的制盐法，正好与早期人类较为低下的生产力水平相适应，具有极大的优越性。对于这种捞取法，郦道元在《水经注》中这样记载："池水东西七十里，南北十七里，紫色澄渟，潭而不流，水出石盐，自然印成，朝取夕复，终无减损"。这就是说，河东盐池，因咸水饱和，经风吹日晒，盐自然结晶于水中，无须人工晒制，人们组织力量从水中采集上来的颗盐即可食用。采集过后，盐池再结晶，又可以继续采集，如此反复进行。

捞取法（图 2.55）虽然不费晒制成本，且晒制不假人力，但毕竟非常原始，存在明显弱点。一是这种方法只适宜于在浅水区进行，深水区则采捞比较困难。二是由于完全依靠天时，不可能持续、稳定地供盐，产量也得不到保证，一旦遇到自然灾害，池水很可能就不能成盐。三是这种方式生产出来的盐，含有硫苦及芒硝，味苦质劣。

图 2.55 捞取制盐法

晒制制盐法（图 2.56）在人们的长期实践中发展为垦畦浇晒法。运城盐池晒盐最初只是筑土晒盐，以黏土或矿石为底进行晒制，但晒出来的盐味苦，被称为"苦盐"。后来人们发现以硝板为畦进行晒制，则可以去除其中的苦味。硝板即白钠镁矾，呈白色、乳白、灰白、灰色，由硫酸钠和硫酸镁等结晶矿物组成，其中还包含少量氯化钠、硫酸钙，味涩，咸苦，溶于水，是一种品位高、质量好的矿物。运城盐池硝板的生成，是由该地特定的自然环境和湖水的成分决定的。水中含有钠离子、氯离子、镁离子和硫酸根离子，到了冬季，便会生成硫酸钠。春季气温回升以后，又起逆反应，分解为氯化钠和硫酸镁。夏季炎热时析出氯化钠结晶，硫酸镁则留于水中，硝板就生成了。如此年复一年，硝板便愈生愈厚。

图 2.56　晒制制盐法

随着卤水在硝板上的蒸发，其中的硫酸钠和硫酸镁析出形成复盐，附着在硝板表层，不仅去除了卤水中硫酸钠和硫酸镁带来的苦味，而且提高了氯化钠的含量。另外，硝板还具有吸热保温作用，白天硝板吸收大量太阳热能，晚上又将热量释放，从而保持晒盐所需的温度，不至于昼夜出现巨大的温度反差，从而有利于食盐的持续结晶。除此以外，硝板还能助长晶析作用，运城盐池盐的生成可分为结晶核的生成和生长两个阶段。晒盐的卤水，在化学作用下，析出食盐结晶，成为结晶核。这些结晶核在硝板提供的昼夜温度适宜的条件下，逐渐生长，最后能凝结成为颗粒大、形体完整、颜色洁白的食盐；而且运城盐池东起东郭镇、西止解州镇，南依中条山、北靠鸣条岗，正位于运城断陷盆地内，每年多起东南风，且此时气候干燥，对卤水的蒸发极为有利。

关于垦畦浇晒法，《水经注》卷六引东汉学者服虔语："土平有溉曰沃。盐，盐池也。土俗裂水沃麻，分灌川野，畦水耗竭，土自成盐，即所谓咸鹾也，而味苦，号曰盐田。"这是古人对垦畦浇晒法的描述，说明至迟在东汉时期，这一制盐法已经出现。

2. 海盐（图 2.57、图 2.58）

图 2.57　海盐

　　春秋时期齐国海盐生产规模已相当庞大。海水中食盐含量并不高，约为 2.7%，而在常温下（25～30℃），食盐的浓度要达到 26.5%，才会结晶。直接煮海水消耗燃料巨大，而且成盐时间长、产量低，所以盐民先将海水浓缩成浓度较高的卤水，再将卤水煎煮为食盐。

　　在东汉刘恂《岭表录异》中记载："收聚咸池沙，掘地为坑，坑中稀布竹木，铺蓬簟于其上，堆沙，潮来投沙，咸卤淋在坑内。"大意为：挖一个土坑，在坑内放置竹条和木条，铺上草席，当潮水来时，咸卤通过咸池沙和草席过滤流到坑内。然后验卤，"伺候潮退，以火炬照之，气冲火灭，则取卤汁。"最后煎煮，《太平寰宇记》载，"（将卤水）载入灶屋……取采芦柴、茅屋之属，旋以石灰封盘，（倾入卤水）散皂角于盘内。起火煮卤，一溜之卤分三盘至五盘，每盘成盐三石至五石，既成，人户疾着木履上盘，冒热收取，稍迟则不及收讫。"

图 2.58　鲁北海盐

　　寿光双王城一带发现了商周时期制盐遗址数十处，包括盐池、卤水井和烧制制盐陶器的陶窑群。从制盐作坊的结构上来看，商代晚期与西周早期基本一致。多个制盐遗址和该地区同时期其他遗址的发掘结果也显示出单个作坊结构的一致性。一个完整的制盐单元结构布局为卤水坑井、盐灶、灶棚以及附属于盐灶的工作间，储卤坑等位于地势最高的中部，以之为中轴线，卤水沟和成组的坑池对称分布在南北两侧，而生产垃圾如盔形器碎片、烧土和草木灰则倾倒在盐灶周围空地和废弃的坑池、灰坑内。此外，灶棚内的空地可以作为盐工的临时住所及仓储使用，具有房屋的功能。

　　据有关史料记载，古代海水制盐技术大致可分为直接煎煮法和淋卤法两种。一些学者提出双王城早在商周时期就已经采用摊灰淋卤煎盐法，山东大学王青先生也根据在双王城制盐遗址发现的灰坑内的草木灰颗粒和白色沉淀物硬面，判断有草木灰的灰坑实际上是淋卤坑，并认为制盐流程主要包括两步：（1）摊灰刮卤。即先开沟获取卤水，再摊灰刮卤，然后筑坑淋卤。（2）煎卤成盐。即先设盐灶，再以罐盔形器煎卤，然后破罐取盐。

　　综上，鲁北地区盐业资源丰富多样，有盐泉、盐泽，以及大量的地下卤水，这也造就了生产方式的多样化。在海边滩涂上可以积沙成卤，而有盐泉、盐泽和浅层卤水的区域，则可采用类似于池盐或井盐生产的方式，取卤直接煎煮或者挖坑日晒提纯后再煎煮。至于煎煮方法，有的制盐作坊采取隔网温火慢炖，也有的地区是将卤水注入盔形器，直接煎煮。区域不同，盐业生产技术也不一样。

　　3. 井盐（图 2.59）

图 2.59　井盐

　　井盐是以凿井的方法开采地下天然卤水及固态的岩盐。中国古代井盐集中在四川、云南一带。四川自贡被称为古代盐都，是我国井盐技术发明中心。秦国蜀地太守李冰在修筑都江堰之时，发现了成都平原的地下卤水，首创盐井。汉朝时期，井盐生产已经实现一定的机械化，生产规模相当大了。在盐井上安排了井架，顶上安置滑车，架上有四个盐工利用辘轳式滑车提卤，灌入旁边的卤池。卤水通过管道输送到盐灶内的贮卤缸，然后倒入盐锅，用柴草熬盐。到唐代陵井，汲卤开始使用大皮囊。其实自秦初至宋朝初年井盐的提取都在第一个阶段，被称为大口浅井时期。井盐主要靠人力，且取盐工具简单，盐井口径很大。

　　古代盐井的发展，经历了一个井口由大变小，井身由浅到深的演变过程。这个过程大致可以分为三个阶段：战国末期至北宋为大口浅井阶段；北宋至清初为小口盐井（卓筒井）阶段；清代中期以后为小口深井阶段。井之深浅是相对而言，所谓深井是以出现地质深层浓度较大的黑卤水为特征。

　　以"陵井"为代表的大口浅井，如战国时李冰"穿广都盐井"，遗憾的是关于这类早期盐井的形状、大小、开凿方法等《华阳国志》中均无记载。但是，从汉墓出土的画像砖和有关汉代盐井的史料可以推知早期的盐井都是大口浅井。

　　综上所述，大口盐井的特点是口大、井浅，靠人力挖掘而成。井壁一般没有保护，谓之裸眼井；少数井则用坚木为干，用以障土。汲卤用桶或牛皮囊作容器，主要靠人力拽提，有的采用了滑轮、绞盘车等简单提升工具。

　　到宋代，随着"卓筒井"的出现，进入小口盐井阶段，开始了井盐生产的新时期，同时也标志着中国古代钻井机械和钻井技术的新发展。"卓筒井"是我国古代人民的一项重大的发明创造，约始于北宋庆历（1041～1048）年间，口径仅有巨竹直径大小（大径约八九寸），深达数十丈。历史上第一次提到钻井工具"圆刃"，即圆凿式钻凿利器。卓筒井井壁用首尾相接的巨竹作保护套管，防止井壁塌陷和周围淡水的浸入。用小竹筒作汲卤容器，用熟皮作活塞置于筒底，入水时水激皮张而水入；筒起时，水压皮而水不泄，一桶可得卤水数斗。由于卓筒井比大口盐井开凿容易、收益快、治理简单、汲卤灵便，因而推广很快。卓筒井的出现，大大促进了宋代的井盐生产。南宋时，盐井汲卤已开始使用畜力。到元代，由于统治者的摧残和破坏，中国各地封建经济倒退二三百年，四川产盐县由宋时的五十二县减至十五县。

　　明代钻凿盐井的全过程为：开井口，立石圈，用扁七寸带轮锋的大钻凿大口，用竹制扇泥筒（或叫吞筒）取井下所凿岩屑泥沙，用木竹作井壁的保护套，再凿小口而见功。然后再树楼架，立天滚子，设盘车，即可用人力或畜力牵动竹制汲卤筒而上下汲卤。与清代《四川盐法志》中的图相对照，可发现两者十分相似。这表明小口盐井的凿井工艺在明代已发展到相当完善的程度。

大约在清朝嘉庆、道光年间，四川小口盐井深钻已超过千米，发现了黑卤水，标志着盐井已进入深井阶段。据道光二年刊的《三省边防备览》，犍为、富顺的盐井是"沿山皆有，高下深不一，自百数十丈至三四百丈"。富荣场的兴海井，自道光十五年开始，井深 1001 米，钻到嘉陵江三叠纪石灰岩中部，完钻时自喷黑卤水，日喷百担。

圆底陶罐和尖底陶杯是两种用于制盐的器具。对于圆底陶罐的使用方法，学者们意见较为一致，即将多个陶罐置于灶上或支架上，加热使水分蒸发，从而获得结晶的盐。而尖底陶杯器形独特，不便于放置，具体用法尚存争议。孙华先生认为"在铁制容器尚未广泛使用的时期，当时熬卤制盐可能会利用太阳的热能，在被太阳晒得滚烫的沙子里插上大量的装有卤水的尖底杯，并不断往已经蒸发的杯子里添加卤水，最后获得结晶的盐"。显然，孙华先生的观点为尖底杯是利用太阳能蒸发水分从而得到结晶盐，而另一种观点则是用火对尖底杯直接进行加热制盐。结合渝东地区的地理环境、出土器物以及专家们的研究成果综合分析，我们可以对当时盐业生产的场景作以下设想：盐工们用陶罐盛满盐泉中的泉水，一层层重叠起来，陶罐口缘做成齿状口而非平口，这样就使上一层罐底与下一层罐的口缘间由于齿状缺口而出现缝隙，便于水分的蒸发。为使热能利用得更充分，还在空余处放置小的尖底杯，摆好后用柴火烧。泉水经加热，水分蒸发，浓度提高，将圆底罐中的卤水倒入插在河滩上的尖底杯中，而先前置于空余处加热的尖底杯则直接取下插入河滩沙子中，经日晒结晶成盐。先民从沙地上起出盛有盐的尖底杯，将一部分集中在手工场内，用磨制精细的刮削器或骨器将盐粒刮下。在当时盐粒的价值比陶杯珍贵得多，所以人们有时不惜将一部分陶杯打碎，彻底刮出盐粒，打碎的陶杯天长日久堆积成厚厚的一层。另一部分则可直接用于交换尖底杯制成的盐块，形状和大小基本一致，便于贮存和计量，是用于物品交换理想的中介物，可充当货币。

4. 岩盐（图 2.60）

图 2.60　岩盐

岩盐又名石盐，是天然形成的食盐结晶，可以直接取来应用。好的岩盐呈无色或白色，正立方体形晶体。有的生于盐池之下，有的生于地下，多是干涸的湖床下。最主要的岩盐是盐湖或盐井自然凝结析出的。在我国广大的西北地区拥有众多的盐湖。盐湖表面凝结着晶莹的石盐，这种石盐被称为伞子盐，因古代这些地区属于胡人居住的地带，古时被称为"戎盐""胡盐""羌盐"。在秦汉时期，戎盐便大量贩卖到中原地区，是我国主要的食盐来源之一。有矿物学家对此盐描述："在现在的盐湖里，当平静的天气，水分急剧蒸发时，卤液表面常形成无数浮游的石盐结晶小艇，这就是石盐的规则连生体——伞子盐。"

除了以上四种食盐外，还有一种土盐。如鲁西、豫东、冀南、苏北、晋北等地区，土壤中含有较多盐分，俗名盐碱土。每至秋季，地面上泛起白霜，远看如积雪，收集用水淋之，便可得到卤水，可煎煮成盐。

中国食盐专卖制度，一般认为起于公元前 685 年管仲相齐时期。管仲也被认为是食盐专卖制度的创始人。还有学者根据上古歌谣推测虞舜时期已经有了某种形式的食盐专卖，那么食盐专卖至今就有 4000 多年的历史了。但更多的学者还是谨慎地认为，真正的食盐专卖应该起自汉武帝元狩四年（公元前 119 年）。

二、教育思想

盐是无数个结晶粒的集合体。盐的晶体为正方形，属等轴晶系。

最常见的海盐大部分是白色的，也有黄褐、灰褐、淡红、暗白色的；湖盐有青色、白色、红色、蓝色、黑色等，真像彩虹在晶体中发光；天然形成的岩盐，纹饰绮丽，红、黄、灰、青、绿、紫，五颜六色混在一起，一块块岩盐就像是奇光异彩的宝石。盐具有多种多样的特性，如：可溶性、吸潮性、腐蚀性、热燥性、可塑性、熔点高、易结块、渗透性强、防腐力高、冰点低、透光、传热等十余种特性。

看似不起眼的盐，却支撑着你的生命，它与土壤、空气、水、火一起构成了人类生存的五大要素，直到现在还没有能取代它的物质。它也曾产生厚重的"盐利"，支撑国家的经济生命。盐铁之议名垂青史，盐的专卖延续至今。盐和社会政治、经济、文化生活相伴相随，一部盐的历史就是一部人类生存、发展的奋斗史。

参 考 文 献

[1] 张银河. 食盐与中国古代炼丹术[C]. 盐文化研究论丛(第二辑). 巴蜀书社, 2007: 10.

[2] 彭月星. 中华古代神话传说中关于食盐的记载[J]. 兰台世界, 2017, 540(22): 124-126.

[3] 卢正刚, 罗微. 中国食盐专营制度的历史变迁和改革刍议[J]. 中共福建省委党校学报, 2014, 407(04): 69-75.

[4] 吉成名. 《中国古代食盐产地分布和变迁研究》[J]. 四川理工学院学报(社会科学版), 2013, 28(06): 113.

第七例：高奴县生石脂水，水腻浮水上如漆

一、案例内容

"黑色金子"——石油

　　石油是地球送给人类的一件超级丰厚的礼物，驱动着人类文明的车轮高速前进。中国人发现和利用石油的时间绝对领先世界。早在 3000 多年前，中国最古老的经典之一《易经》中就有了"泽中有火"的记载[1]。最早认识石油性能和记载石油产地的古籍是东汉文学家、历史学家班固所著的《汉书·地理志》，书中写道"高奴县有洧水可燃"[2]。最早采集和利用石油的记载是后人对南朝范晔所著的《后汉书·郡国志》的注补，"县南有山，石出泉水……燃之极明，不可食，县人谓之石漆"。"石漆"，当时即指石油。晋代的《博物志》和北魏的《水经注》也有类似的记载。魏收所著《魏书》中，第一次记载了新疆库车一带的石油产状。"石油"一词最早见于北宋李昉等人编著的《太平广记》，而正式将之命名为"石油"的是北宋科学家沈括所著的《梦溪笔谈》[3]。在此之前，国外称"石油"为"魔鬼的汗珠""发光的水"等，中国称"石脂水""猛火油""石漆"等[4]。

　　北宋时期，陕北延长、延川、宜君等地的人民就开始掘井开采石油。明朝，四川地区也出现了采油井。中国出现采油井的时间，远远早于其他国家[5]。北宋时期陕北的"延丰库"和京城中的"猛火油作"则是世界上最早的油库和炼油车间。在清朝中期以前的中国古代历史上，石油主要用于照明、润滑、防腐、制墨、配制药物及制造"火球"[6]。

　　在人类零敲碎打地利用石油几百年之后，机器时代的到来，让石油正式登上人类文明的舞台。1859 年 8 月 27 日，美国人德雷克打出了第一口高产商业油井，被命名为"德雷克井"[7]。这是世界上第一口用机器钻成并用机器抽油的油井，它标志着现代石油工业的开端。此时的石油被用于照明和润滑，直到内燃机的出现，石油才真正进入了"黑金时代"。1876 年，德国发明家奥托创制成功第一台往复活塞式四冲程内燃机，以煤气为燃料，这为汽油内燃机的发明打下了

基础。1885 年，德国人卡尔·本茨在曼海姆制成了第一辆装备汽油内燃机的三轮汽车。1859 年美国石油总产量仅为 286 吨，到 19 世纪末，由于汽车的发明，美国石油年产量达到了 857 万吨。20 世纪中期以后，石油在能源消耗比例中逐渐超过煤炭，成为世界第一能源。

20 世纪 50 年代，国内仅开发出甘肃玉门老君庙、新疆独山子、陕西延长等几座规模有限的小油田，每年的总产量仅 390 万吨。中国被外国的地质权威戴上了"贫油国"的帽子，加上西方国家对中国实行经济封锁，石油更是成了稀缺资源。1958 年 11 月 29 日，石油部发布第 333 号文件，正式批准了松基三井井位。随后，钻井队不顾严寒，在缺少吊车和大型运输车辆的情况下，把钻机拆开，化大为小，硬是靠人拉肩扛把几十吨重的钻井设备运到了松基三井的井位。1959 年 9 月 26 日，棕褐色的油柱从松基三井喷出，这预示着中国罕见的大型陆上砂岩油田的诞生，在我国石油工业的发展史上具有里程碑的意义。1959 年 11 月，新中国成立十周年大庆刚刚过去，根据时任黑龙江省委第一书记欧阳钦的提议，毛主席正式决定把这片油田命名为"大庆油田"。到 1963 年底，大庆油田已累计打井 1178 口，当年生产原油 439.3 万吨，占全国原油产量的 67.8%（图 2.61）。1963 年 12 月 4 日，周恩来总理宣布，"我国需要的石油，过去绝大部分依靠进口，现在已经可以基本自给了。"这象征着中国彻底甩掉了"贫油国"的帽子。

图 2.61　石油大会战誓师大会

随着石油勘探、开发实践活动的深入广泛开展，我国石油地质学的理论不断丰富[8]。石油地质学家李德生在《中国油气勘探的理论与实践》一文中指出，中国石油地质学的发展经历了艰苦的探索与努力，所遵循的原则是："理论来源于实践，理论又是为实践服务的"，所走过的实践道路是："从西部延长油矿、玉门油矿到东部大庆油田、吉林油田和二连盆地，渤海湾盆地的胜利、大港、辽河、华北、中原、冀东油田和渤海海域，东南沿海大陆架，中部四川和鄂尔多斯盆地油气区，再到西部准噶尔、塔里木、吐哈、柴达木、河西走廊等油气区和青藏高原等地区"[9]。此外，中国石油地质学者在 20 世纪 40 年代初提出陆相生油理论，60 年代提出大庆长垣二级构造带整体含油的理论，70 年代提出渤海湾盆地复式油气区带滚动勘探断块油田的理论，80 年代提出古潜山、古隆起和碳酸盐岩缝洞型油气藏的勘探开发理论，90 年代提出前陆盆地逆掩断层相关褶皱的理论[10]（图 2.62）。进入 21 世纪以来，石油地质学者对鄂尔多斯、四川、松辽、渤海湾、塔里木、准噶尔等多旋回叠合盆地重新认识，加入了页岩油、页岩气等新元素，建立了"立体勘探"的新模式和新实践[11]。经过多年对中国含油气盆地构造学的普遍性和特殊性的研究，认为中国大陆及陆架盆地处于西伯利亚板块、太平洋板块和印度洋板块的交汇处，由多块体、多山系和多盆地拼合而成，形成多旋回、多期次海相和陆相都很丰富的油气生成和聚集过程[12]。2022 年，李德生在《'双碳'背景下石油地质学的理论创新与迈向能源发展多元化新时代》一文中就"双碳目标"这一大背景下如何开展石油地质研究及如何推动能源多元化发展提供了自己的见解。他认为在"碳达峰"与"碳中和"应对全球气候变化的大背景之下，21 世纪内石油和天然气仍将担任能源家族中的重要角色（图 2.63），我国石油工业要立足于理论和实践的自主创新，实现"万米级的超深层常规油气革命和纳米级超致密储层的非常规页岩油气革命"，实现超常规发展和低碳绿色转型发展。他提到油田注水开发是我国提高采收率的核心技术，今后应大力推广注二氧化碳驱油技术，以达到增油与减排的双重目的，创新二氧化碳捕集与埋存技术以发展石油工业的减碳产业。他指出 21 世纪为能源发展的多元化时代，水电、风能和太阳能等 3 类可再生能源开发利用是实现双碳目标的基本保障，地热能、生物质能和海洋能是重要推手；22 世纪人类将建成一个由可再生能源和新能源保障的经济社会，氢能源将是未来最具发展潜力的新能源[13]。

地质时代		挤压型含油气盆地						过渡型含油气盆地			拉张型含油气盆地										图例
		西 部						中 部			东 部										
		准噶尔盆地	塔里木盆地	柴达木盆地	酒泉盆地	羌塘盆地	吐鲁番盆地	鄂尔多斯盆地	四川盆地	滇黔桂盆地	松辽盆地	渤海湾盆地	苏北南黄海盆地	江汉盆地	南阳—泌阳盆地	北部湾盆地	莺歌海盆地	琼东南盆地	珠江口盆地	东海盆地	深海洋盆地 裂陷槽洋盆地 克拉通台盆地 边缘海盆地 沼泽潟湖盆地 大陆裂谷(断陷) 坳陷盆地 前陆盆地(山前坳陷) 山间盆地 河流三角洲盆地 沙漠黄土盆地 基岩 火山岩 油田 气田

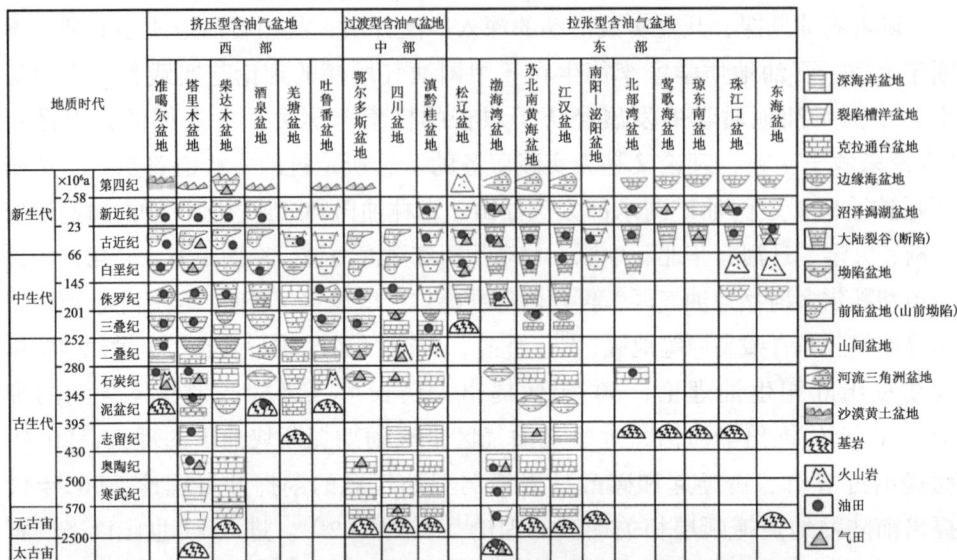

图 2.62　中国主要含油气盆地地质构造演化史[10]

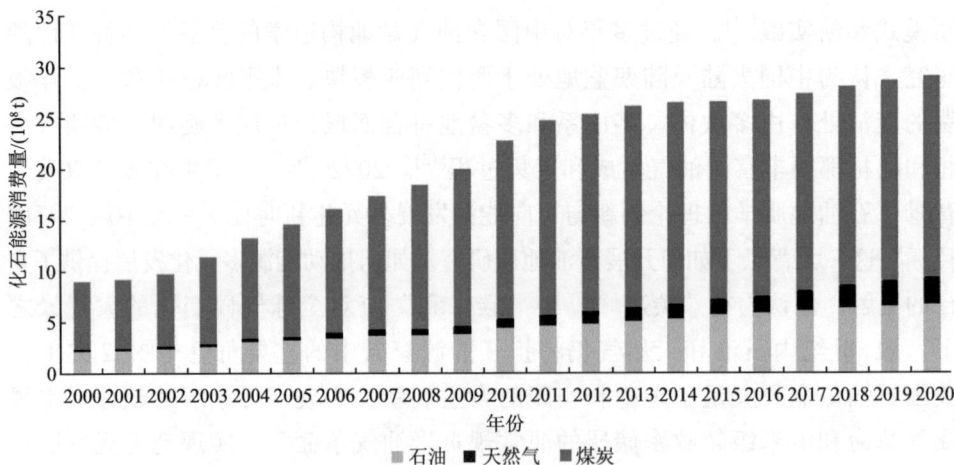

（左侧地质年代栏 ×10^6 a）

新生代：第四纪 2.58，新近纪 23，古近纪 66

中生代：白垩纪 145，侏罗纪 201，三叠纪 252

古生代：二叠纪 280，石炭纪 345，泥盆纪 395，志留纪 430，奥陶纪 500，寒武纪 570

元古宙 2500

太古宙

图 2.63　2000～2020 年我国化石能源消费对比[11]

（图例：石油　天然气　煤炭；纵轴 化石能源消费量/(10^8 t)；横轴 年份）

二、教育思想

为国分忧，为民族争气

从面对当年"青天一顶，荒原一片"的恶劣自然环境，到攻克世界级的勘探开发难题，同困难作斗争，是物质的角力，也是精神的对垒。铁人王进喜以"有条件要上，没有条件创造条件也要上""宁肯少活二十年，拼命也要拿下大油田"的毅力，以"就要干好一件事"的信念，践行了把"把贫油落后的帽子甩到太平洋"的誓言，极大地振奋了全国人民建设社会主义的信心和勇气[14]。仅2023年上半年，大庆油田生产原油1509.13万吨，生产天然气29.69亿立方米，成为名副其实的世界级大油田。

大庆油田的卓越贡献已经镌刻在伟大祖国的历史丰碑上，大庆精神、铁人精神已经成为中华民族伟大精神的重要组成部分。大庆油田的开发建设铸就了以"爱国、创业、求实、奉献"为主要内涵的大庆精神和铁人精神，激励一代又一代中华儿女不畏艰难、勇往直前。

参 考 文 献

[1] 魏强, 田洪霞, 李贻仓. 石油钻井发展的历史回顾及现状分析与建议[J]. 中国石油和化工标准与质量, 2012, 33(12): 227.

[2] 唐厚元, 沈英男. 我国历史上的石油[J]. 化学教学, 1989(04): 36-37.

[3] 邓义文. 石油与历史[J]. 历史学习, 2006(11): 25-26.

[4] 李莉. 中国共产党领导中国石油工业发展历程研究（1949-1978）[D]. 大庆: 东北石油大学, 2017.

[5] 任广辉. 浅谈石油的历史[J]. 今日科苑, 2007(16): 276.

[6] 吴凤鸣. 石油地质学百年历史回顾与展望: 从1859年德瑞克"世界第一口油井"140年谈起[J]. 石油科技论坛, 1999(04): 83-85.

[7] 李德生. 迈向新世纪的中国石油地质学[J]. 石油学报, 2000(02): 1-8.

[8] 李德生. 中国油气勘探的理论与实践[J]. 世界科技研究与发展, 2003(04): 1-6.

[9] 李德生, 龚剑明. 延长油矿勘探历史及对当代石油工业的启示[J]. 中国石油勘探, 2018, 23(03): 1-10.

[10] 李德生. 中国多旋回叠合油气盆地的理论与勘探实践[J]. 新疆石油地质, 2013, 34(05): 497-503, 495.

[11] 李德生, 李伯华. "双碳"背景下石油地质学的理论创新与迈向能源发展多元化新时代[J]. 地学前缘, 2022, 29(06): 1-9.

[12] 岳金霞, 张卫东. 论"石油精神"的时代内涵与当代价值[J]. 中国石油大学学报(社会科学版), 2021, 37(06): 50-55.

[13] 许传洲. 思政教育元素在中国石油化工发展历程中重要意义[J]. 热固性树脂, 2021, 36(04): 81.

[14] 刘玉林. 大庆油田发展历史的多维度解读[J]. 中国石油大学学报(社会科学版), 2009, 25(04): 63-67.

第三章

天下兴亡 匹夫有责

第一例：国家的需要，就是我的责任

一、案例内容

（一）赤诚报国　投身国防

1956 年，袁承业在"国家的需要，就是自己的责任"的强烈理想信念支撑下，全身心地投入到核燃料萃取的工作中。袁承业进行了大量文献调研，写出《离子交换树脂对铀的吸附机理》[1]和《核燃料萃取剂的化学问题》[2]两篇文献综述。袁承业认为进一步阐明阴离子交换树脂对铀的吸附机理或者提高阳离子交换树脂对铀的络合选择性，将会导致铀的分离技术革新，这对原子能科学技术的发展是具有重要意义的[1]。此外，他指出萃取剂、萃取工艺与萃取机理的研究是构成核燃料萃取化学的三个组成部分，如果没有它们相互的配合与密切的协作，那么解决相关问题是不可能的[2]。

1962 年，萃取剂研究组提供了应用国产原料制备二-(2-乙基己基)磷酸的方法，经过深入研究，研究团队认为与苯-乙二醇法和 Peppard 法相比，中和法从得量、纯度、成本、生产来说都是最好的，是比较适合于我国生产情况的[3]。对于胺类萃取剂，研究团队首先报道了研究较为广泛的高效胺型萃取剂三辛胺的几种制备方法，并表明这些研究成果有可能应用于其他长碳链叔胺的制备[4]。两年后，袁承业研究组利用国产工业原料制备得到脂肪族叔胺型萃取剂 N-235，并与三辛胺作了比较。实验数据表明，这两种萃取剂的萃取选择性是极其相似的，但 N-235 萃取铀的分配系数要略高于三辛胺，同时该萃取剂还具有制备方法简单、原料来源丰富、成本低等优势[5]。历经多年的奋战，袁承业研究组制备出的高纯度 P-204 和叔胺类 N-235 全都实现了产业化，为中国原子能工业的发展作出了重大贡献（表 3.1）。

表 3.1　N-235 和三辛胺主要物理化学常数的比较[5]

项目	N-235	三辛胺
沸点，℃	180~230（3）	180~202（3）
相对密度	0.8153	0.8121
折光率	1.4525	1.4499

续表

项目	N-235	三辛胺
叔胺含量，%	>98	99.85
黏度，厘泊	10.4	8.41
表面张力（25℃），达因/厘米	28.2	27.8
介电常数（20℃）	2.44	2.25
溶解度（25℃），水	<0.01	<0.01
凝固点，℃	−64	−46
闪点，℃	189	188
燃点，℃	226	226
红外吸收光谱，厘米$^{-1}$	2960 1480 1100 2850 1380 760 2790 1300 740 1650 1150	2950 1380 2850 1100 2800 770 1460 730

1963 年，袁承业研究组对中性磷型萃取剂进行了初步报道，研究组认为，它们一般对铀具有较高的萃取选择性和一定的化学及辐照稳定性，因此，深入研究其萃取机理、改进其使用条件和寻找新的高效萃取剂是具有重要意义的[6]。第二年，研究组便报道了一种新的由国产工业原料制得的中性磷型萃取剂 P-311。就对铀的萃取而言，各项技术指标均表明该萃取剂优于研究较为广泛的磷酸三丁酯和甲基磷酸二异戊酯（表 3.2）[7]。此外，研究团队还成功制备新型高效萃取剂 P-350，它的铀/钍分离系数为国外常用萃取剂 TBP 的 80 倍，并且对镧系元素也有很高的选择性[8]。该萃取剂凭借特色的结构和优越的性能在 1988 年荣获国家发明奖三等奖。袁承业在有机磷萃取剂研究的基础上，又开展了具有生物活性有机磷化合物研究，寻找具有药物应用前景的有机磷化合物，取得了许多颇有建树的研究成果。

表 3.2 P-311 与 TBP 及 DAMP 的连续萃取性能[7]

萃取条件：水相——[U]5 g/L，2 mol/L HNO$_3$

有机相——萃取剂浓度为 0.2 mol/L，煤油稀释；相比 1∶1；温度为（25±1）℃

反萃取条件：反萃取剂为 1 mol/L (NH$_4$)$_2$CO$_3$ 溶液，相比 1∶1；温度为（25±1）℃，萃取与反萃取均在分液漏斗中进行，振荡 10 min，反萃取后用 5 mL 水洗有机相

萃取剂	连续萃取时的铀分配系数					第五级时减少数值
	第1次	第2次	第3次	第4次	第5次	
P-311	31.9 (97.0)	30.1 (96.8)	29.9 (96.8)	28.7 (96.7)	28.4 (96.6)	3.5 (0.4)

萃取剂	连续萃取时的铀分配系数					第五级时减少数值
	第1次	第2次	第3次	第4次	第5次	
TBP	1.67	1.62	1.57	1.56	1.55	0.12
	(62.5)	(61.9)	(61.1)	(61.0)	(60.8)	(1.7)
DAMP	29.6	27.0	24.7	21.9	19.9	9.7
	(96.8)	(96.5)	(96.1)	(95.7)	(95.2)	(1.6)

*括号内为萃取百分率

（二）着眼应用　不改初心

袁承业在完成核燃料萃取剂国防科研任务后，自选萃取剂军转民的研究课题，并组织科研骨干开展关于国家建设对萃取剂需求情况的调查研究，在得到了"国家建设需要萃取剂""萃取剂的研究大有可为"的肯定结论后，最终确定了以稀土、镍钴铜及贵金属的分离与生产为之后的研究方向[9]。

袁承业在多年从事有机磷萃取剂研究和 Ni、Co 萃取化学研究的基础上，找到了一种高效的 Ni、Co 分离萃取剂 P-507。虽然 Pepard 等[10]已有关于 P-507 的相关报道，但由于受到合成方法的限制，长期未用于生产。而袁承业的研究组所合成的 P-507 使现有的 Ni、Co 萃取工艺大大简化，并满足一般工业萃取剂的要求，解决了 P-507 工业化的关键问题，使我国 P-507 类萃取剂的工业应用比西方国家同类产品早 5~6 年[11]。在 1985 年，"P-507 萃取剂在稀土萃取分离中的应用"荣获国家科技进步奖二等奖。

1982 年，袁承业研究组成功合成酰胺型萃取剂 N-503。他们曾试验分别用甲庚醇和 2-氯代辛烷为原料合成 N-503，在进行扩大试验中发现用甲庚醇进行氨解得到的产率和产品含量都比较稳定（图 3.1）[12]，所得到的萃取剂不仅在提取和分离稀有金属铌和钽方面取得了成果，而且在治理工业含酚废水中发挥出独特的威力[13]。总的来说，N-503 对冶金工业和治理"三废"均有重要意义，显示出了巨大的经济和社会效益。"N-503 萃取脱酚"对环境保护具有重要影响，在 1987 年荣获国家科技进步奖三等奖。

经过二十多年的努力，袁承业带领团队成功合成了一系列性能良好、品种齐全的新型实用萃取剂，其中 11 个品种实现了工业化生产[14]。这些萃取剂几乎涵盖了当时我国萃取剂工业的全部类型，上海有机所也成为我国重要的萃取剂研究基地。除此之外，袁承业在大量实验数据基础上建立了萃取剂结构-性能的定量关系，他认为研究萃取剂的化学结构与性能的关系是实现高效能萃取剂分子设计的重要途径，并且是萃取化学研究的组成部分，萃取剂的反应基团活性、空间位阻效应和溶解度影响是决定萃取分离性能的主要因素[15,16]。"萃取剂的结构与性能研究"在 1982 年荣获国家自然科学奖二等奖。之后，袁承业又用量子化学[17]、分子力学[18]、模式识别[19]、因子分析[20]及相关分析对萃取剂结构与性能进行处理，从而将萃取剂化学提高到一个新的研究水平。

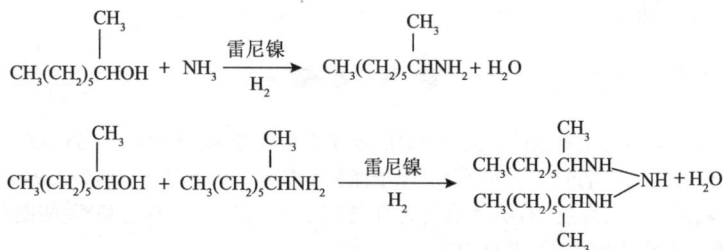

$$CH_3(CH_2)_5\underset{\underset{CH_3}{|}}{C}HOH + NH_3 \xrightarrow[H_2]{雷尼镍} CH_3(CH_2)_5\underset{\underset{CH_3}{|}}{C}HNH_2 + H_2O$$

$$CH_3(CH_2)_5\underset{\underset{CH_3}{|}}{C}HOH + CH_3(CH_2)_5\underset{\underset{CH_3}{|}}{C}HNH_2 \xrightarrow[H_2]{雷尼镍} \begin{matrix} CH_3(CH_2)_5\overset{\overset{CH_3}{|}}{C}HNH \\ CH_3(CH_2)_5\underset{\underset{CH_3}{|}}{C}HNH \end{matrix} NH + H_2O$$

图 3.1　甲庚醇常压氨解法[12]

二、教育思想

急国家所急　承国家之业

袁承业（1924—2018），浙江上虞人，有机化学家，"两弹一星"功臣，"中国萃取剂化学之父"，中国科学院院士，中国科学院上海有机化学研究所研究员。长期从事萃取剂化学和有机磷化学研究，发表学术论文 280 余篇，其中半数以上发表在国外著名杂志。国际刊物 *Solvent Extr. Ion Exch.*、*Heteroat. Chem.*、*Phosphorus，Sulfur，Silicon relat. Elem.* 的编委。曾获"献身国防科技事业"荣誉证书、"中国科学院研究生院杰出贡献教师"荣誉称号、"中国化学会磷化学与磷化工终身成就奖"等荣誉表彰。

袁承业常说"没有兴趣是做不好研究的，但个人兴趣必须服从国家的需要"。为了"两弹一星"等国防需要，他毅然从已取得良好进展的合成药物研究改行，投身我国原子弹研制事业。之后，他又转行萃取剂军转民的研究。在他心中，祖国尊严和国家需求至高无上。在九旬高龄时，还关心着国家战略需求的课题，并且常用保尔·柯察金的话来要求自己和激励年轻人，"作为科学家，在他

生命的最后一刻也应该问问自己，我这一辈子为国家做了哪些有用的贡献。"他把心血融进许多国家重大项目，却坚持自己的名字不出现在项目书中。上海有机所的胡金波研究员说，袁先生如此不计名利、一心为国的精神，为科研后辈在面对社会纷繁芜杂的影响时，升起了一盏指路明灯。

送别袁承业那天，人们为他挂起挽联"萃取磷化升蘑云惠神州，赤诚报国功在千秋；励精图治润桃李泽后学，风范永存薪火相传"，这是他科技报国拳拳赤子之心的真实写照。

参 考 文 献

[1] 袁承业. 离子交换树脂对铀的吸附机理[J]. 原子能科学技术, 1962(09): 657-669.

[2] 袁承业. 核燃料萃取剂的化学问题[J]. 原子能科学技术, 1962(12): 908-932, 946.

[3] 袁承业, 陆熙炎, 施莉兰. 有机萃取剂的研究（Ⅰ）——二-(2-乙基己基)磷酸制备的研究[J]. 原子能科学技术, 1962(01): 1-11, 25.

[4] 袁承业, 徐元燿, 周文娟. 有机萃取剂的研究(Ⅷ)三辛胺制备的研究[J]. 原子能科学技术, 1963(12): 969-983.

[5] 袁承业, 盛志初, 常广训. 有机萃取剂的研究（ⅪⅤ）N-235 对硫酸铀酰的萃取性能[J]. 原子能科学技术, 1965(02): 121-132.

[6] 袁承业, 施莉兰, 陆熙炎. 有机萃取剂的研究(Ⅳ)某些中性磷型萃取剂的化学结构及其对铀氧离子萃取性能的关系[J]. 原子能科学技术, 1963(01): 27-39.

[7] 袁承业, 马恩新, 马恒励. 有机萃取剂的研究（ⅩⅢ）——P-311 对硝酸铀酰的萃取性能[J]. 原子能科学技术, 1964(09): 1012-1023.

[8] 何超群, 许文豹. 一片丹心为化学——访有机化学家、中国科学院院士袁承业[N]. 绍兴日报, 2016. 7. 28.

[9] 吴铭. 那个负责两弹一星核燃料萃取的化学家病逝了, 他曾这样教育年轻人[N]. 南方都市报, 2018. 1. 13.

[10] 邬震中, 余凤仙, 王国梁. P-507 回流萃取法富集镥的研究——Ⅰ. P-507 萃取分离镱镥混合稀土的性能[J]. 有机化学, 1982(03): 176-184.

[11] 袁承业, 许庆仁, 蒋亚东. 高效的钴、镍分离萃取剂——P-507[J]. 有色冶炼, 1981(02): 1-7, 66.

[12] 涂通源, 王肇卿, 盛志初. 酰胺型萃取剂 N-503 的合成[J]. 有机化学, 1982(03): 185-189.

[13] 袁承业, 涂通源. 溶剂萃取在"三废"治理中的应用[J]. 化工环保, 1983(06): 325-332.

[14] 许琦敏. 94 岁"两弹一星"功臣袁承业辞世: 国家的需要, 就是我责任[N]. 文汇报, 2018. 1. 11.

[15] 袁承业. 稀土萃取剂的化学结构与性能问题[J]. 科学通报, 1977(11): 465-479.

[16] Cai Qixiu, Yuan Chengye. Studies on reversed phase chromatography and solvent extraction——steric effect of dialkylphosphoric acid on the behaviour of separation of the lanthanides[J]. A Monthly Journal of Science, 1981(01): 44-47.

[17] 袁承业, 周澄明, 陈孔常. HMO 法在稀土萃取剂的化学结构与性能研究中的应用[J]. 稀土,

1980（04）：9-15.

[18] 李树森, 袁承业. 酸性磷化合物萃取金属反应中取代基空间效应的分子力学研究[J]. 物理化学学报, 1989（01）：58-63.

[19] 惠永正, 王歧钟, 袁承业. 某些有机磷化合物的化学结构与萃取性能的模式识别处理[J]. 科学通报, 1981（20）：1240-1243.

[20] 袁身刚, 袁承业. 某些酸性磷（膦）酸酯的化学结构与萃取稀土性能关系的聚类分析与因子分析研究[J]. 科学通报, 1987（10）：752-755.

第二例：切莫浮而不实，必须十足唯物

一、案例内容

（一）做祖国的螺丝钉　甾体工业填空白

20 世纪 30 年代，甾体化学成为有机化学领域的热点课题，彼时的黄鸣龙在德国先灵药厂进行甾体化学研究，他发现了一种 Dienone-phenol 移位反应，并想要将这种反应应用于山道年（santonin），从而进行山道年的构型研究[1]。而早在此之前，意大利人便用山道年经酸碱处理制得 3 个变质山道年光学异构体。随后黄鸣龙研究组将它命名为 l-α-D.S.，d-α-D.S.，d-β-D.S.。除此之外，研究组还用酸酐和微量浓硫酸使山道年起转变反应得到了 l-α-D.S.，将该转变物按照前人的方法处理制得了 d-β-D.S.，再用强碱处理便合成了 d-α-D.S.，又将 d-α-D.S.用酸处理转变为一种新的光学异构体（l-β-D.S.），最后用碱处理这种新的光学异构体时又生成了 l-α-D.S.。于是所有已知的四个光学异构体可成圈地互相转变，换句话说，研究小组在无置换反应下能使三个不对称中枢构型成圈地转变，这在立体化学史上是个前所未有的发现[1]。更有趣的是，团队发现 d-α-D.S.与 l-α-D.S.等量合并生成的外消旋体 dl-α-D.S.同 d-β-D.S.与 l-β-D.S.合并生成的外消旋体 dl-β-D.S.也可在酸碱作用下使其相互转变（图 3.2）[1]。在此研究工作的基础上，黄鸣龙研究组进一步探索出各种转变机理以及山道年和变质山道年的相对构型[2]，日本学者 Hiroshi Mitsuhashi 通过结晶学的测验最终证明该项研究是正确的[1]。黄鸣龙表示，"通常研究一个天然物之构型，其目标是除为科学兴趣之外，尚欲为人工合成该物时作设计上的根据与参考。"到了 50 年代，一些国际学者参照黄鸣龙山道年及其转变物相对构型的研究，不仅一一推定出其绝对构型，而且报道出他们已可以将若干异构体成功合成[3]。

黄鸣龙冲破美国政府的重重阻挠，以讲学为名，摆脱跟踪，绕道欧洲，终于在 1952 年返回祖国。在当时，甾体激素药物工业已在世界上兴起，而我国仍是一项空白[4]。"做祖国的一颗螺丝钉"是黄鸣龙一生的信仰。归国之后，他确定了主要的工作目标，即带领青年科技人员发展有疗效的甾体化合物的工业生产，

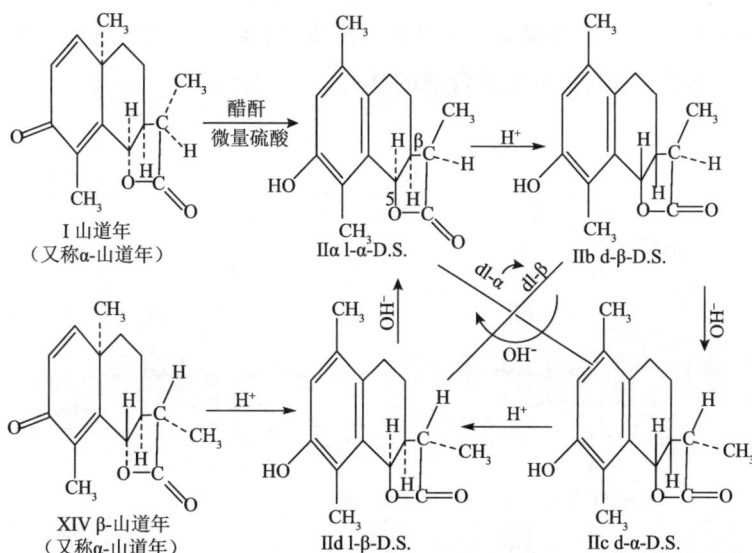

图 3.2　变质山道年相对构型成圈互变[1]

因此，他们在植物性甾体化合物方面偏重于甾体皂苷和心脏有效素的调查研究，以期分别获得较好的合成原料和具有特效的强心药物，而在化学方面则偏重于甾体激素化合物的合成，以便寻找到更经济的合成方法和疗效更好的化合物[5]。对于这些方面的工作，黄鸣龙作了《甾体激素化学在我国近十年来的进展》[4]和《近年来我国甾体化学的进展》[5]两篇报告。直到 1959 年，可的松（cortisone）/副肾皮酮乙酸酯的问世填补了我国甾体工业的空白[6]。在当时，它最简便且已经工业化的合成路线是以甾体皂素配基为原料，经过黄体酮及生物氧化，该合成方法共需 12～14 步[4]。而黄鸣龙研究团队以薯蓣皂苷元(diosgenin)为原料，结合 Stork 的直接法合成可的松只需 7 步（图 3.3），并且化学性质和红外吸收光谱与市售产品完全一致[7]。前人的方法在合成 C_{17}—OH 和 C_{21}—OH 之前需要先将 A 环上必要基团除去最后又复原，所得可的松的总产量也仅有 3%，而黄鸣龙团队则利用已知的生物氧化反应和直接加入 C_{21}—OH 的反应使合成可的松的总产量达 8%～9%[4]。该合成路线生产周期短成本上比较经济，使我国合成可的松的方法跨进世界先进行列[3]。继可的松之后，我国许多重要的甾体激素如黄体酮和睾丸素等开始大量生产[4]，这些甾体激素药物渐渐从进口变成了出口。此外，黄鸣龙研究组还研制了口服避孕药甲地孕酮和其他几种主要的甾体避孕药。在 1965 年，研究小组报道了《甾体口服避孕药》，并按类别综述了若干有代表性化合物的合成方法，他们认为甾体口服避孕药按化合物的结构大致可以分为两类，即

19-失碳的甾体化合物和保留 19-甲基的甾体化合物[8]。黄鸣龙对甾体化合物的合成与研究奠定了中国有机化学合成的基石。

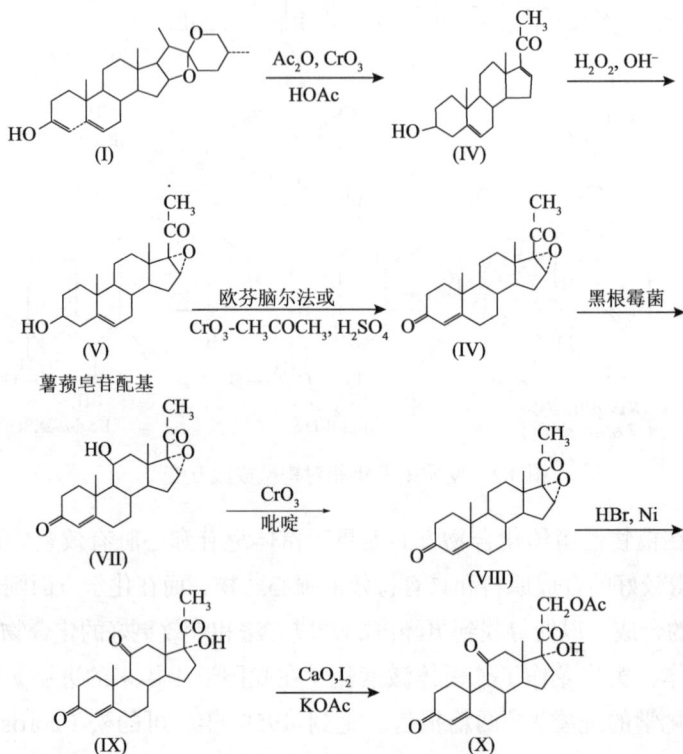

图 3.3　合成可的松的路线[4]

（二）黄鸣龙改良还原　绝知此事要躬行

"黄鸣龙还原"是首例以中国科学家命名的重要有机化学反应，直到现在依然出现在世界各国的教科书中。1946 年，黄鸣龙发表了题为《A Simple Modification of the Wolff-Kishner Reduction》的论文并引起了轰动。论文主要对 Kishner-Wolff 改良法进行了说明，改进的程序是将羰基化合物与适量的二甲基或三乙二醇、85%的水合肼和大约三等量的氢氧化钠或氢氧化钾回流 1h，蒸馏出水和多余的水合肼，将温度提高到 180～200℃，并将溶液回流 3～4h，这种工艺收率优良，可以大规模应用[9]。上海有机所吴毓林表示，"新的还原反应不需要贵重的无水肼，也不需要容易爆炸的金属钠，反应时间从原来的 3～4 天变成了 2～3h，产率更是显著提高，达到了 90%[3]。"Kishner-Wolff 还原法经改良后，在有机合成方面被广泛采用，截至 1957 年，它在硝基化合物和甾体化合物中的应用已在文献中有所报道[10]。为进一步推广改良法的应用范围，黄鸣龙研究团队将若干在一定条件对碱敏感而易于分解的物质或者因为其他原因用Kishner-Wolff 法不能正常还原体的化合物，利用改良法研究了相关反应经过和机理，并于 1961 年进行了报道[11]。根据实验记录，他们认为将改良法分别应用于 α-双酮、联苯甲酰和 α-酮醇、安息香都可以正常还原，此外，在 α-酮酸、苯代丙酮酸及 γ-酮酸苯甲酰丙酸中应用也能正常还原，但在 β-双酮、双苯甲酰甲烷、γ-双酮、双苯甲酰乙烷和 β-酮酸、苯甲酰乙酸中均不能正常还原，对于 α, β-不饱和醛、糠醛及桂皮醛来说也能正常还原，可在 α, β-不饱和酮、亚苄基苯乙酮和亚苄基丙酮中则不能正常还原[11]。此后，关于"黄鸣龙还原法"的相关研究一直持续并陆续进行了报道（图 3.4）[12-16]。

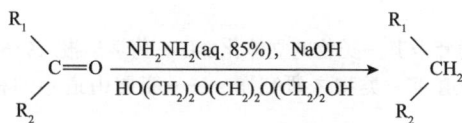

$$\underset{R_2}{\overset{R_1}{\diagdown}} C{=}O \quad \xrightarrow[\text{HO(CH}_2)_2O(CH_2)_2O(CH_2)_2OH]{\text{NH}_2\text{NH}_2\text{(aq. 85\%)},\ \text{NaOH}} \quad \underset{R_2}{\overset{R_1}{\diagdown}} CH_2$$

图 3.4 黄鸣龙还原反应[16]

二、教育思想

三度归来一心为国 绝对唯物忠诚老实

黄鸣龙（1898—1979），江苏扬州人。有机化学家，我国甾族激素药物工业的奠基人，中国科学院院士。长期从事甾体化学的研究。国际有机化学刊物 *Tetrahedron* 荣誉顾问编辑。在半个世纪的科学生涯中，与合作者共发表中外文研究论文 80 篇，专论及综述近 40 篇，著有《红外线光谱与有机化合物分子结构的关系》《旋光谱在有机化学中的应用》等书。曾获国家发明奖（醋酸可的松的七步合成法）、国家自然科学奖二等奖（甾体激素的合成和甾体反应的研究）等荣誉。

我国无机化学家柳大纲曾说，"他避开阻挠而绕道归国，可见爱国之诚。""一个人不能为科学而科学，应该为人民为祖国作出贡献"，这是黄鸣龙一生中最重要的誓言。归国后，他将全部精力献给了祖国的科学事业。他说，"一方面，科学院应该做基础性的科研工作，不应目光短浅、忽视暂时应用价值不显著

的学术性研究；但另一方面，对于国家急需的建设项目，应根据自己所长协助有关部门共同解决，不可偏废，更不应将此两者相互对立起来。"黄鸣龙还原法的发现背后虽然有偶然因素，但这与他一贯严格的科学态度和严谨的治学精神是分不开的。

他常对学生说，"搞科研不能像蜻蜓点水，而要像蜜蜂采蜜，做实验要认真观察，在反应中出现异常情况，要追根到底弄明白反应结果[15]。"他还要求学生绝对唯物主义，不可有丝毫唯心，学术不允许弄虚作假，必须十足忠诚老实[16]。"光明磊落、无私无畏、忠诚老实"是黄鸣龙对待科学事业的守则，也是他做人的准绳。

参 考 文 献

[1] 黄鸣龙, 周维善. 山道年及其一类物的立体化学[J]. 药学学报, 1956(01): 73-95.

[2] 黄鸣龙, 周维善. 山道年一类物之研究Ⅷ. ——变质山道年的相对构型[J]. 化学学报, 1958(03): 210-216.

[3] 冯丽妃. 黄鸣龙：凤鸣朝阳谱华章[N]. 中国科学报, 2019.11.26.

[4] 黄鸣龙. 甾体激素化学在我国近十年来的进展[J]. 药学学报, 1960(01): 1-14.

[5] 黄鸣龙, 周维善. 近年来我国甾体化学的进展[J]. 化学世界, 1964(10): 435-444.

[6] 黄鸣龙. 甾体化学在我国的发展[J]. 科学通报, 1964(10): 908-927.

[7] 黄鸣龙, 蔡祖恽, 王志勤, 等. 副肾皮酮乙酸酯的合成[J]. 化学学报, 1959(05): 295-301.

[8] 周维善, 黄鸣龙. 甾体口服避孕药[J]. 化学通报, 1965(03): 1-15.

[9] Huang Minlon. A simple modification of the Wolff-Kishner reduction[J]. Journal of the American Chemical Society, 1946(68): 2487-2488.

[10] 黄鸣龙, 仲同生, 顾杜新. Kishner-Wolff 还原改良法的应用范围之研究简报[J]. 化学学报, 1957(03): 238-240.

[11] 黄鸣龙, 仲同生, 顾杜新. Kishner-Wolff 改良法[J]. 化学学报, 1961(01): 1-9.

[12] 黄鸣龙, 仲同生. Kishner-Wolff 改良法——Ⅸ. α, β-环氧酮化合物的还原反应[J]. 化学学报, 1965(01): 72-81.

[13] 黄鸣龙, 陈兆容, 周维善. Kishner-Wolff 改良法——Ⅹ. 数种 C_{20} 羰基甾体化合物的还原[J]. 化学学报, 1965(02): 165-170.

[14] 仲同生, 黄鸣龙. Kishner-Wolff 改良法——Ⅹ. 邻芳族羟基羰基化合物的还原[J]. 化学学报, 1981(03): 229-235.

[15] 周维善. 为我国甾体激素药物工业奉献一生——纪念黄鸣龙教授逝世十周年[J]. 中国药物化学杂志, 1990(00): 1-10, 20.

[16] 韩广甸, 金善炜, 吴毓林. 黄鸣龙——我国有机化学的一位先驱[J]. 化学进展, 2012, 24(07): 1229-1235.

第三例：科学担当　求学治学

一、案例内容

（一）国家兴亡　匹夫有责

20 世纪 50 年代，为解决国家对抗菌药物的迫切需求，戴立信参加了金霉素化学的研究工作。1956 年，研究组针对金霉菌的选育、发酵和提炼的研究进行了报告，他们建立了紫外线和氮芥子气选育法，还研究了 X 射线选育法，对于金霉菌的发酵和提炼均进行了扩大试验[1]。这些研究工作为之后大批量生产金霉素奠定了基础。此外，戴立信对一些具有和金霉素相似结构的抗生素，比如四环素族抗生素的结构及合成等进行了研究[2-4]。"那时候的科学家都是以大局为重，为了国家的需求不惜放下个人的得失。"戴立信对于"国家兴亡，匹夫有责"的信念矢志不渝。1958 年，国家发展"两弹一星"工程，戴立信离开了已经有良好发展的金霉素化学研究工作，开始从事硼氢化合物研究和高能燃料研制等国防任务[5]。直到 1962 年，戴立信重返基础研究工作，开展了硼氢化反应的拓展工作和碳硼烷的化学研究[5]。戴立信通过巴豆醛、肉桂醛和丙烯醛等 α, β-不饱和醛的硼氢化反应实验研究，提出如果在烯键碳原子上或其相邻的碳原子上具有电负性取代基团，那么在处理这一类烯烃的硼氢化反应时，必须注意到消除反应的可能性[6]。两年后，他进一步论证了巴豆醛的硼氢化反应以及在反应过程中发生的消除反应，实验数据表明，巴豆醛在通常的温度条件下硼氢化时伴有消除反应，并且得到的是以正丁醇为主的产物，而在低温时这类消除反应大为减少，主要得到硼氢化的正常产物丁二醇[7]。随后，他在此研究基础上，报道了其他 α, β-不饱和醛、酮、酸的硼氢化反应以及影响产物的各种因素，发现不饱和羰基化合物经硼氢化后都能以不同的产率得到饱和的一元醇，也就是说在巴豆醛硼氢化时所出现的二硼酸型的消除反应是很普遍的，这与 Brown 提出的简单烯烃硼氢化反应的结论一致（图 3.5）[8]。

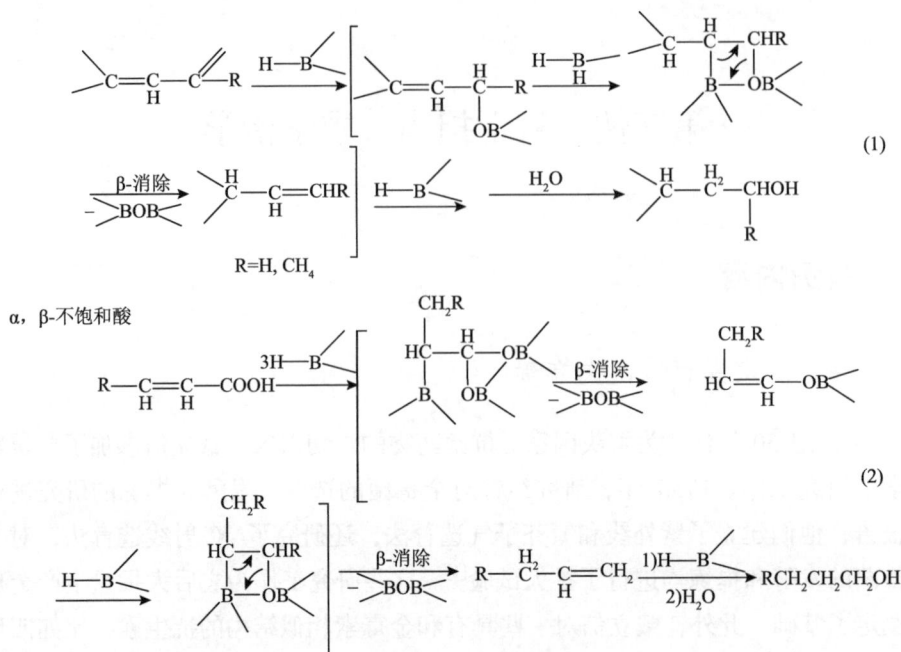

图 3.5　α,β-不饱和醛、酮、酸在四氢呋喃中，0℃用过量乙硼氢、四氢呋喃溶液硼氢化反应[8]

（二）扬鞭催马　六十学吹打

20 世纪 80 年代，戴立信敏锐地觉察到国际化学动向，以独特的科学视角选择了不对称合成课题，带动了我国手性研究的发展，成为我国在这一领域的开拓者之一[9]。2014 年，手性中国学术会议授予戴立信终身成就奖。他曾提出，手性科学的研究是手性医药和农药开发的科学基础和技术支撑，是有机化学家广泛重视的课题，是有助于人类认清自然界中若干基本问题的重要切入点[10]。戴立信率领科研团队从环氧开环反应起步，到铑催化的芳基乙烯的不对称硼氢化反应、具有 C_2 对称性的双齿氮配体、硫原子导引的远端区域专一性控制的构成碳-碳键的方法、氮杂环丙烷，不对称烯丙基取代反应等领域进行了开拓性研究。

1985 年，他首先带领研究团队和 Sharpless 独立报道了 $Ti(OPr-i)_4$ 介导的开环过程，不同的亲核试剂(ROH, RCOOH, RNH_2)在 C_3 位置进行区域选择性攻击。在上述三种情况下，当氢化物被用作亲核试剂时，C_1 攻击会产生 2,3-二醇，C_2 攻击会产生 1,3-二醇，C_3 攻击产生 1,2-二醇。其中，2,3-二醇的选择性范围为 2.2：1～100：1，而 1,3-二醇(最佳条件时)的选择性可达 150：1，对于 1,2-二醇来说，最高选择性仅为 13：1[11]。随后，戴立信团队又报告了一种可获得高区域选择性的 1,2-二醇的方法，即在苯溶液中四异丙二氧化钛的辅助下，硼氢化锂还原 2,3-环氧醇[11]。

　　硼氢化反应由于反应的多样性和对烯烃加成反应方向遵循反马氏规则，因而格外受到合成化学家的青睐，但戴立信研究组用邻苯二酚硼烷（CB）进行的铑催化的硼氢化反应与经典的硼氢化反应完全相反，即遵循马氏规则，他们还发现一些金属卤化物、路易斯酸和分子筛对苯乙烯类进行硼氢化反应可进一步强化其反转的区域选择性[12]。之后，研究组报道了《过渡金属催化下的烯烃硼氢化反应》，提出催化的硼氢化反应，尤其是过渡金属络合物催化下，与无催化剂时相比，不仅能降低反应条件，而且还促进或改变了一些硼氢化反应的化学、位置和立体选择性（图 3.6）[13]。他们的研究大大拓宽了原来硼氢化反应的范围。

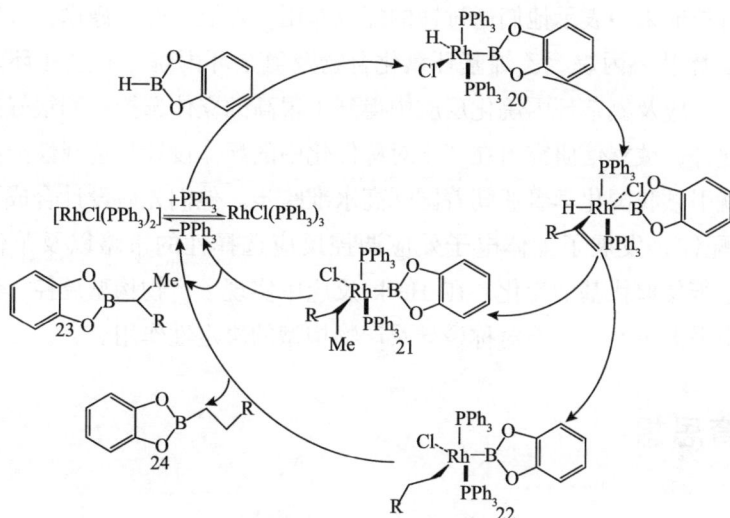

图 3.6　通常的硼氢化反应和过渡金属络合物催化下的反应机理[13]

　　1991 年，戴立信注意到手性二氮配体的发展，于是带领研究团队以氨基酸为起始原料，设计合成了一类具有 C_2 对称性的手性双齿氮配体（4S,4'S）-4,4'-二取代-2,2'-双噁唑啉，并研究了它在双羟基化反应中的不对称诱导作用（图 3.7）[14]。第二年，戴立信期望将 Holton 报道的烯丙基、高烯丙基叔胺以及烯丙基、高烯丙基硫醚的高度区域专一性的碳钯化反应发展到双高烯丙基体系中，以考察通过杂原子导向的远端区域专一性的反应以及缩硫酮官能团对碳钯化反应的导向作用[15]。研究最终提供了双高烯丙基硫醚和 β,γ- 及 γ,δ-不饱和缩硫酮中末端双键的远程控制区域专一性地构成新的碳-碳键的方法[15]，这些成果在有机合成中是非常有意义的。

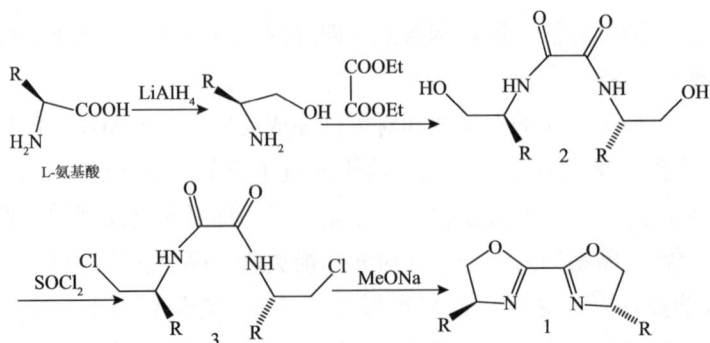

图 3.7　手性双齿氮配体（4S,4′S）-4,4′-二取代-2,2′-双噁唑啉的合成[14]

1999 年，戴立信研究团队在"通过金属配位作用而实现的一些高选择性合成反应"科技成果中表示他们通过锂的配位作用，发展了叶立德途径合成小环化合物包括乙烯基环丙烷、乙烯基环氧化合物及氮杂环丙烷，并且在环丙烷化反应、环氧化反应及氮杂环丙烷化反应中得到了很高的立体选择性和很好的对映面选择性。此外，戴立信研究组在"不对称催化中的配体设计与选择性控制"方面的科学成就引领我国化学事业朝着国际高水准跨步。他们先后设计合成了一系列SIOCPho 配体，发展了配体电子效应调控反应选择性的策略以及苄位取代配体，并通过苄位取代基的变化，在 Heck 反应中实现了产物构型调控，证明了二茂铁配体中平面手性对于不对称诱导及产物构型的决定性作用。

二、教育思想

一生求是　科学忠诚

戴立信（1924—2024），祖籍江苏句容，有机化学家，中国科学院院士，中国科学院上海有机化学研究所研究员。先后从事金霉素的提取和合成、有机硼化学、不对称合成等方面的研究，在国内外重要刊物上发表论文 80 多篇，编著《有机化学战略研究调查报告》《有机合成化学进展》《不对称催化中的手性二茂铁——合成与应用》等书。曾获国家自然科学奖二等奖、何梁何利基金科学与技术进步奖、中国化学会终身成就奖、"全国离退休干部先进个

人"等荣誉。

"求实""求真"是戴立信一生追求的目标。他几十年的科研生涯，记载了作为一位化学家的科学忠诚。他常说，"在学术上，不是唯人，不是唯名，在学术上标准只有一个，那就是科学，就是求是。"他喜爱并常引用《中庸》中"博学之、审问之、慎思之、明辨之、笃行之"，认为这是对治学过程的极好描述[9]。戴立信在众多像汪猷先生一样的老一辈科学家的言传身教下，形成了"做事要知不足，做学问要不知足"的研究作风，并始终将汪猷先生"一旦功成千锤炼，不经意处百年愁"的 14 字箴言作为自己科研工作的座右铭[5]。戴立信一生"求是"，一生"创新"。"科学研究的发展就是以站在巨人的肩膀上为基础"，他非常注重对国际上研究热点的了解和跟踪，这一点也是他在花甲之年重返科研第一线后选择"手性合成"这一课题的重要因素，即保证了"创新"的基础。即使在鲐背之年，他仍关注着国际上的最新发展，在 2018 年还发表了题为"Ullmann 反应百年纪念及近期复兴——兼及碳-杂原子键的形成"[16]的论文。戴立信不仅关注科研，对于科普工作也一直非常热心。2020 年，他在科普微电影《无处不在的手性之有机师姐》中出镜，他表示"对公众来说，如果这些作品能让他们常常想起科学技术的实用性和重要性，那我们的心愿也就实现了。"

参 考 文 献

[1] 陈善晃, 金培松, 刘璞, 等. 研究工作成果有关金霉素试制的菌种选育、发酵及提炼的研究工作报告[J]. 科学通报, 1956(01): 73-74.

[2] 黄耀曾, 宗惠娟, 戴立信, 等. 四环素有关化合物的合成——Ⅳ. 脱二甲胺地霉红合成中两种中间体 4-甲基-8-甲氧基萘酚-[1]及 1, 8-二甲氧基-4-甲基萘甲酸-[2]的制备[J]. 化学学报, 1958(04): 311-322, 326-327.

[3] Huang Yao-tseng, Sheng Huai-yu, Tai Li-hsin, et al. Experiments on the synthesis of substances related to tetracyclines Ⅱ. Synthesis of 2, 4, 6-trihydroxy-5-oxo-5, 12-dihydronaphthacene[J]. Science in China, Ser. A, 1959(12): 1495-1506.

[4] 戴立信. 四国素化学的新进展[J]. 科学通报, 1963(09): 27-42.

[5] 戴立信. 求实治学 豁达做人[N]. 新民晚报, 2010. 7. 19.

[6] 戴立信, 钱长涛. α, β-不饱和醛的硼氢化反应[J]. 科学通报, 1963(07): 56-57.

[7] 戴立信, 钱长涛. 含官能团的取代烯烃的硼氢化反应——Ⅰ. 巴豆醛的硼氢化反应[J]. 化学学报, 1965(05): 370-376, 383.

[8] 钱长涛, 叶常青, 戴立信. Ⅱ. α, β-不饱和醛、酮、酸的硼氢化反应[J]. 化学学报, 1965(05): 376-383.

[9] 熊家钰. 化学担当——记著名有机化学家戴立信院士[N]. 中国科学报, 2016. 11. 14.

[10] 戴立信, 金碧辉. 催化不对称合成[J]. 中国基础科学, 2005(03): 15-17, 68.

[11] Dai Lixin, Lou Boliang, Zhang Yingzhi, et al. Regioselective Titanium mediated reductive

opening of 2, 3-epoxy alcohols[J]. Tetrahedron Lett, 1986 (27)：4343-4346.

[12] 张锦芳, 楼柏良, 郭广忠. 铑催化的硼氢化反应——卤化物和分子筛对苯乙烯类反应的区域选择性的影响[J]. 化学学报, 1992 (09)：910-913.

[13] 洪道广, 荣国斌, 侯雪龙. 过渡金属催化下的烯烃硼氢化反应[J]. 有机化学, 1994 (02)：131-141.

[14] 杨瑞阳, 陈云海, 戴立信. 手性双齿氮配体 2, 2'-双噁唑啉的合成及应用[J]. 化学学报, 1991 (10)：1038-1040.

[15] 张颖之, 施小新, 戴立信. 双高烯丙基硫醚和 β, γ-及 γ, δ-不饱和缩硫酮的区域专一性碳钯化反应[J]. 化学学报, 1992 (07)：726-728.

[16] 戴立信. Ullmann 反应百年纪念及近期复兴——兼及碳-杂原子键的形成[J]. 化学进展, 2018, 30 (09)：1257-1297.

第四例：开色谱基业　谱分析华章

一、案例内容

从 0 到 1　矢志创新

中国科学院院士傅鹰曾说："石油研究所卢佩章等所做的气体色谱研究是近年来我国化学研究最出色的成就之一，在色谱理论方面也作出基础性的贡献。"20 世纪 50 年代初期，卢佩章带领研究小组经过无数次的试验和探索设计出我国第一台体积色谱仪[1]，并用它分析了各种石油气体和天然气。此外，他们对多种国产活性炭、硅胶和铁催化剂等进行了研究，后又研制成功了 5A 型和 13X 型分子筛，这些研究成果使我国气体分析水平又提高了一步[2]。在 1956 年，研究团队报道了他们以国产活性炭作为吸附剂的体积色层法分析了 H_2、N_2、CH_4、C_2H_6、C_3H_8、C_4H_{10} 等六种成分混合气体[3]。同年，他们采用体积色谱法和低温分馏法分析了气体混合物（见表 3.3）。

表 3.3　体积色谱法和低温分馏法分析气体混合物结果比较[4]

分析方法 ＼ 分析结果	$H_2+N_2+CH_4$	C_2H_6	C_2H_4	C_3H_6	C_4H_{10}	C_4H_8	平差
体积色谱法	81.6	6.6	1.2	3.1	2.2	1.7	−0.2
平均误差	0.2	0.1	0.0	0.0	0.1	0.0	0.4
最大误差	0.5	0.2	0.0	0.0	0.2	0.1	0.6
低温分馏法	82.6	6.8	1.2	3.0	1.9	1.3	—
误差	0.1	0.0	0.0	0.0	0.0	0.1	—

次年，他们提出，当前水煤气合成法在合成石油工业还不能大规模发展的关键问题在于催化剂的限制，而氮化熔铁催化剂可以解决这一问题，并且氮化熔铁催化剂是用国产原料制备，廉价且性能优良[5]。在此期间，他们对色谱基础理论也进行了研究，主要针对不同操作条件下判别影响色谱区域扩张的主要因素进行了

报道，他们认为在一般情况下和某些极端操作条件下，液膜扩散过程和气相纵向扩散分别是影响气液色谱区域扩张的主要因素[6]。此外，研究小组根据前人的理论工作和一系列实验研究，在 Science in China，Ser. A 期刊上还介绍了气液色谱柱的选择性能（H）和柱的操作性能（F），并提出利用这两项指标可以确定两种物质的分离状态和操作条件[7]。

20 世纪 60 年代，卢佩章的色谱法和我国核工业的发展紧密地联系了一起，解决了国防工业的急需。他带领的研究团队先后完成了各项原子能工业应用的气相色谱研究，并发展了腐蚀性气体色谱等一系列国防分析技术和仪器，填补了国内空白[8]。之后，他组建了超纯气体分析组，开发了只有少数发达国家才能生产的新型吸附剂（脱氧分子筛 105 催化剂），这一研究成果满足了我国核工业、航天工业和电子工业对超纯气体的需要[9]。70 年代，卢佩章带领科研小组将色谱技术应用到密闭舱中，研制出了当时世界上最先进的舱用色谱仪，净化密闭舱中的气体，确保了潜艇人员的生命安全和生活需要[1]。与此同时，他们还开展了微粒型硅胶[10]及其各种化学键合相[11]的研究，成功研制出 K-1 型细内径高效液相色谱柱，并对其性能进行了测试，他们认为采用 K-1 型柱结构可使 2 毫米内的 YQC-CH(2)键合相高效柱的柱效达到 3.3 万理论板/米以上（表 3.4）[11]。其间，卢佩章在国际上首次提出影响柱效的是柱外效应而不是管壁效应[12]。此外，他还发展了柱色谱多元组分分离理论，他认为无论是发展柱系统或是选择最佳操作条件，都必须考虑各种物质对柱效、柱选择性的影响，并预测其最难分离"物质对"来选择最佳操作变数[13]。

表 3.4 几种烷基键合相的理化性质[11]

键合相	批号	C%	基质 $S(m^2/g)$	比碳含量(g/m^2)	润湿性(%)
YQG-CH(2)	1	16.3	530	3.1×10^{-2}	40
YQG-CH(2)	2	15.6	530	2.9×10^{-2}	41
YQG-CH(2)	3	15.8	530	3.0×10^{-2}	45
YQG-CH(2)	4	14.9	510	2.9×10^{-2}	45
Nucleosil C_{18}		14.2	500	2.8×10^{-2}	50
YWG-CH		8.8	300	2.9×10^{-2}	60

80 年代以后，卢佩章将工作重点转向新的研究领域，提出发展环境污染、中药复方、疾病诊断用体液等复杂混合物智能分析方向[14]。卢佩章认为，智能

色谱是根据色谱基础研究，利用计算机技术，在先进的硬件、软件结合的基础上解决最佳条件选择和色谱定性的问题，从而能自动发展出色谱分析方法[15,16]。1983 年，卢佩章研究组针对美国科研工作者撤回的关于色谱分离与检测条件以及色谱峰的定性与定量方面的论文进行了探讨，他们认为一方面要研究高效色谱柱和柱切换技术，并且应与具有选择性的检测器结合起来，以提供多种分离流程和定性的信息；另一方面要研究用微处理机计算和预测烃类组分定性指标、色谱峰在线定性等，以便用于分析程序的编制和提供组分定性与定量的数据[17]。之后，卢佩章带领科研小组针对典型工业污染物多氯代二苯并二噁英/呋喃(PCDD/F)研究所面临的一系列工作障碍，如异构体繁多、标样昂贵短缺以及峰识别困难等，建立了一套对四氯代至八氯代 PCDD/F 所有异构体进行分离纯化和准确定性定量的现代分析手段，即 ^{13}C 同位素稀释法、高分辨气相色谱/低分辨质谱-多离子检测法(HRGC/LRMS-MID)，并且编制了一套计算机辅助峰识别软件[18]。1999 年，卢佩章研究组提出在进行中药复方的分离分析时，应当发展液相

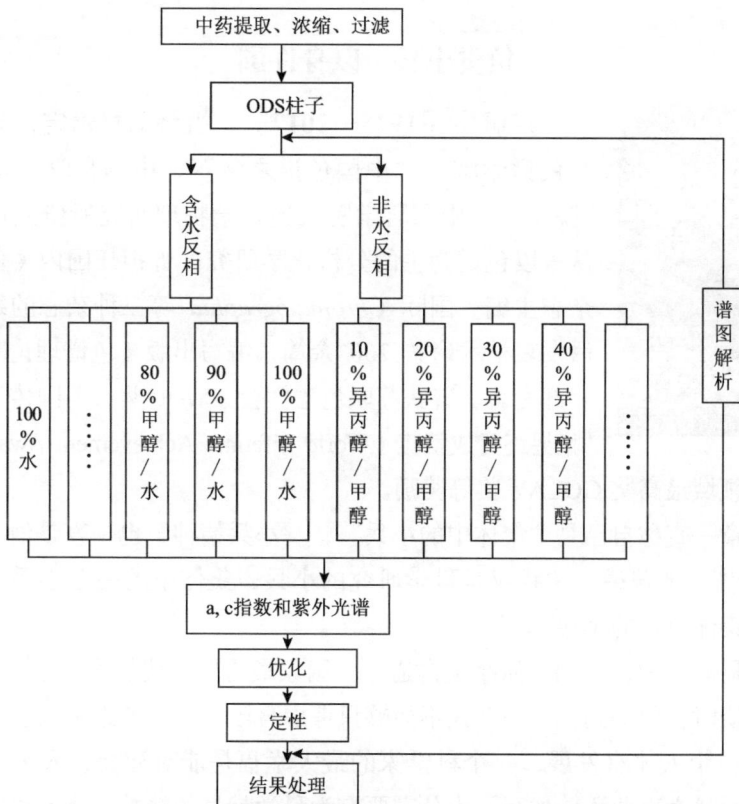

图 3.8 当归补血汤的液相色谱统一方法流程[19]

色谱的黑箱分析方法。基本的设计思路是：先利用现代高效色谱手段进行全成分范围的系统分离和分析；然后基于以上获取的大量组成信息和中医用药规律，利用计算机进行单味药和各种不同配伍复方化学成分的比较和归纳；对于有效成分的研究应基于全成分的数据分析，利用计算机与药理实验数据进行相关，阐明中药复方作用的化学物质基础（图 3.8）[19]。第二年，研究组再一次指出色谱联用技术由于集成了色谱和光谱的优点，因而对于中药复方这样复杂混合物的分析是具有十分重要的意义的[20]，并且号召科研工作者今后应当加强色谱在中药中的研究。此后，卢佩章研究组还建立了尿中和血中核苷分析的亲和色谱-毛细管电泳法和亲和色谱-高效液相色谱法，该法被应用于核苷作为潜在肿瘤标记物的研究，研究成果达到了国际领先水平。此外，这种方法尤其在急性、高毒性恶性肿瘤的诊断上具有优越性，而对于一般的肿瘤，诊断率也比通常的标记物高[21]。

二、教育思想

负责小兵　以身许国

卢佩章（1925—2017），祖籍福建永定，分析化学与色谱学家，"中国色谱之父"，中国科学院学部委员（院士），中国科学院大连化学物理研究所研究员。长期从事以色谱为主的分析化学研究。曾担任国内《色谱》等杂志主编、国际 *Chromatographia* 等三种杂志的编委。先后发表学术论文 250 余篇，编写出版《色谱理论基础》等 7 部专著。曾获苏联色谱学会 Zwett 奖、美国传记研究所"世界终身成就奖（World Lifetime Achievement Award）"、国际色谱领域最高奖 GOLAY 奖等奖励。

卢佩章一直称自己是"集体中的小兵"，"小兵精神"也一直是他工作中坚守的准则[14]。他曾说："我仅是科学研究的小兵，集体中的一个小兵，一个对国家、对集体负责的小兵[7]。"

面对科研选题，他同科研小组讲道："国家最需要，我们最合适[7]。"在与年轻人座谈时，他提到，"一个人不能够只考虑自己，还要考虑别人、国家，国家强盛了，个人才有发展，一个科学家的最大幸福是能对社会、人类做出些贡献，而要对科学事业添砖加瓦，十分需要有为科学献身的精神，我不相信只追求个人名利的人，能在科学上作出更大的贡献[14]。"他还常说，"科学要创新，必须有坚实的理论和技术基础，有一颗热爱科学的心，才能选准方向，坚持下去[14]。"这也是他几十年科研生涯的写照。面对青年一代，他甘当人梯："培养青年是一个小兵的历史责任，当一个人有点成就时，切勿自满（满者损之机），要看到长江后浪推前浪，年轻人一定会赶上自己（亏者盈之渐），看见了他们赶上、超过我，十分欣慰[8]。"

云山苍苍，江水泱泱，先生之风，山高水长。

参 考 文 献

[1] 宋协和，陈中元. 谁执彩练当空舞——记中国色谱学科创始人卢佩章[J]. 科学与文化，1997(02)：19.

[2] 卢佩章，李浩春. 谈我国色谱法的进展[J]. 分析化学，1979(05)：357-377.

[3] 卢佩章，康坦. 用色层法分析气体混合物 I. 活性炭作为吸附剂的体积色层法分析饱和烃气体的混合物[J]. 燃料学报，1956(01)：47-53.

[4] 卢佩章，关玉德，康坦. 饱和及不饱和气体烃的混合物的色谱分析法[J]. 燃料学报，1956(02)：146-148.

[5] 楼南泉，张存浩，王善鋆. 氮化熔铁催化剂用于流体化床合成液体燃料的研究[J]. 科学大众，1957(06)：248-250.

[6] 卢佩章，吕祖芳，李浩春. 控制气液色谱分离的因素[J]. 科学通报，1957(22)：699.

[7] Lu Peizhang, Guan Aode. Sustainability and fragility of the colonies in response to climate change [J]. Science in China, Ser. A, 1959(08)：819-828.

[8] 千帆. 中国色谱分析的先驱者卢佩章，走了[N]. 大连日报，2017.8.25.

[9] 叶子. 记中国色谱分析的先驱者——卢佩章院士[N]. 大连晚报，2017.8.24.

[10] 张玉奎，包绵生，周桂敏，等. 细内径高效液相色谱柱[J]. 中国科学，1980(11)：1057-1065.

[11] 王俊德，姚荣余，李景芝，等. 新型烷基键合相细管径高效液相色谱柱的研制[J]. 仪器仪表学报，1981(03)：82-89.

[12] 王俊德，李景芝，包绵生. 反相高效液相色谱中冲洗剂组成对柱效的影响[J]. 分析化学，1984(09)：805-808.

[13] Lu Peizhang. The theoretical basis of column chromatography in multicomponent separation[J]. Science in China, Ser. A, 1979(03)：321-330.

[14] 中国色谱学研究基地的奠基人——热烈祝贺我国著名化学家卢佩章院士八秩华诞[J]. 分析化学，2005(10)：1357-1360.

[15] 卢佩章，卢小明. 智能色谱法的发展（上）[J]. 色谱，1984(01)：58-60.

[16] 卢佩章，卢小明. 智能色谱法的发展（下）[J]. 色谱，1984(02)：102-109.

[17] 卢佩章，李浩春. 智能气相色谱法的基础[J]. 仪器仪表学报，1983(03)：14-20.

[18] 吴文忠，徐盈，张甬元，等. 环境中二噁英类化合物：多氯代二苯并二噁英/呋喃和多氯联苯的分离纯化及定性定量[J]. 自然科学进展，1998(04)：49-57.

[19] 肖红斌，梁鑫淼，卢佩章. 中药复方分析新方法及其应用[J]. 科学通报，1999(06)：588-596.

[20] 梁鑫淼, 肖红斌, 卢佩章. 色谱联用技术在中药复方研究中的应用[J]. 世界科学技术, 2000(04): 18-21, 57.

[21] 许国旺, 郑育芳, 孔宏伟, 等. 高效分离技术和数据可视化技术用于急性肿瘤早诊、治疗有效性监控及其复发预测的方法学研究[C]. 中国分析测试协会科学技术奖发展回顾. 2015: 181.

第五例：笃行科学救国 矢志科教兴国

一、案例内容

（一）科坛巨擘 不断开拓

在 20 世纪 60 年代以后，固氮酶催化的生物固氮作用和它的化学模拟引起了国内外化学研究者的注意。1972 年，卢嘉锡首先从结构化学和过渡金属原子簇化合物化学的角度出发，探讨了 N_2 作为底物分子通过络合活化作用获得充分活化的结构条件，得出了固氮活性中心应有的多核（至少四核）钼铁混合原子簇结构，以及单端基加多侧基的可还原高序键底物络合构型[1]。第二年，卢嘉锡在国际上首次提出固氮酶活性中心网兜模型，即七个原子组成具有鸟窝状的原子簇结构，简称 H 型网兜结构（$MoFe_3S_3$），他在此结果和一系列新想法的基础上，进一步演化出孪合型网兜结构，简称 F 型孪合重烷体（别称"福州模型"，图 3.9）[1]。在一些国际会议上，专家们肯定了这两种模型的合理性。随后，卢嘉锡指出从结构化学的角度来看，H 型网兜结构及其 F 型孪合重烷体的化学吸附和催化还原作用可以允许五种不同的络合构型，即"投网""架炮""覆盖""加冕""挂兜"[1]。1979 年，卢嘉锡带领研究团队通过一系列实验验证了福州模型（MFe_8S_7）和综合模型（$MoFe_6S_6L_2$）具有的某些共同特点，即固氮酶在固氮反应时，一方面必须具有鸟窝开口式网兜状基本结构单元作为活性中心，另一方面要具有孪合重烷体（MFe_6S_6）的基本骨架[2]。

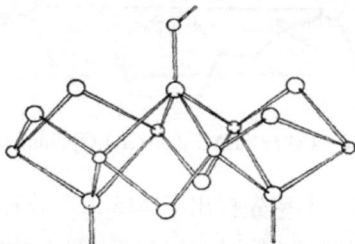

图 3.9 固氮酶催化活性中心的 F 型"福州模型"[1]

卢嘉锡基于自己对国际化学前沿领域的敏锐洞察力和自己在从事化学模拟生物固氮研究中得到的研究经验，在 20 世纪 70 年代末，带领科研团队开展了"钼、铁、硫等原子簇化合物的合成化学与结构化学"项目研究，并在这一方向上发现了原子簇化学的两个重要规律，即"活性元件组装"和"类芳香性"[3-4]。1982 年，卢嘉锡研究小组提出关于具有催化还原性的活性体可以由若干不一定具有催化活性的元件化合物在适当条件下组合而成的设想。三年后，他们依据这个设想合成了活性元件化合物(Mg·6DMF)[(FeCl$_3$)$_2$O]及其衍生物（图 3.10）[4]。此外，卢嘉锡研究组在一定条件下成功合成出一系列钼铁硫立方烷簇化合物，为"活性元件组装"提供了直接的证明。1986 年，他们采用双齿含硫配位体，实现了 MoFe$_3$S$_4$ 单立方烷原子簇的自兜合成[5]。同年，他们还合成了双立方烷型铁-钼-硫原子簇化合物[6]。除类立方烷和双类立方烷以外，他们还合成出线形和三角形等多种结构类型的过渡金属簇合物[7-9]。对于这些过渡金属原子簇合物，他们用量子化学的理论计算方法进一步探讨了微观结构与宏观性能的关系，提出具有配位不饱和和具有孤对电子的无机硫和金属原子之间的相互作用是构成该系列稳定簇合物的主要因素[4]。

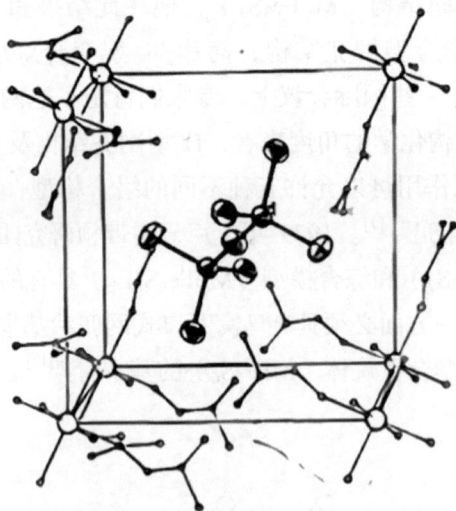

图 3.10　(Mg·6DMF)[(FeCl$_3$)$_2$O]的晶胞结构[4]

卢嘉锡研究小组在国际上率先提出了[Mo$_3$S$_3$]$^{6+}$簇环具有类芳香性特征，并首次合成及表征了数百种过渡金属同核及异核新簇合物[10]。他们提出的[Mo$_3$S$_3$]$^{6+}$簇环类芳香性一方面概括了一类簇合物所具有的独特的结构规律，另一方面解释了这类簇合物的簇环具有超常稳定性的结构化学特征以及与苯环类似的各种化学反应性能的内在原因[4]。其实，早在 1989 年，卢嘉锡带领的研究组首先提出了"类芳香性"的概念，随后初步讨论了[Mo_3S_3]簇环的类芳香性，结果表明，[Mo_3(\mu_3-S)(\mu-S)_3(\chi-dtp)(\mu-dtp)(OH_2)]簇合物的非平面折叠六元簇环[Mo_3S_3]在结构上和化学反应性能上显示了类芳香性（图 3.11）[11]。

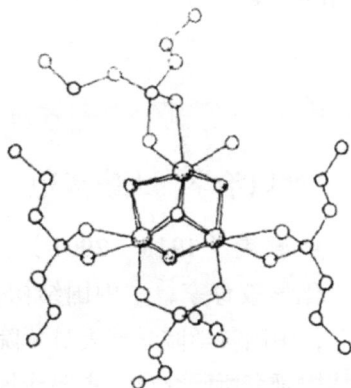

图 3.11　[Mo_3(\mu_3-S)(\mu-S)_3(\chi-dtp)(\mu-dtp)(OH_2)]簇合物的分子结构[11]

（二）立足基础　锐意创新

20 世纪 30 年代末，卢嘉锡意识到，物理化学的第一发展阶段已臻完善，而以微观结构化学和量子化学为核心的物理化学可能成为第二发展阶段。因此，他选择了结构化学作为研究的主要方向。在结构分析方面，他设计的一种处理等倾角魏森堡衍射点的极化因子和洛伦兹因子的图解法（等倾角魏森保单晶 X 射线衍射照相的 Lp 因子倒数图）被载入《国际晶体学数学用表》（第二版），并以他的姓氏命名为"卢氏图"。卢嘉锡还将结构化学理论应用于新技术晶体材料，促进了一系列新型晶体材料的发现。卢嘉锡曾提出走立足创新、自力更生的道路以及"性能敏感结构"的新概念，指出探索新材料要注意化学稳定性和热稳定性。在他的这种学术思想指导和具体组织下，研究团队发现并研制成功了优质紫外倍频晶体低温相偏硼酸钡（BBO）[12]。随后，三硼酸锂（LBO）也被卢嘉锡研究团队研制成功。美国同行认为，他们在非线性光学晶体研制方面，几年之内还难以赶上中国的技术水平[13]。在 1997 年，卢嘉锡报道了关于该晶体发现和研究成功的事实[14]。此外，在《低温相偏硼酸钡的发现及其对探索新型非线性光学材料的启示》[14]一文中，卢嘉锡提出在含有平面六元环$(B_3O_6)^{3-}$的硼酸盐中，由于阳离子的不同，它们的键长和键角也可能发生变化，而这种变化可以启发更多研究人员去寻找相同阴离子的基团，却含不同阳离子或混合阳离子的新的硼酸盐非线性光学晶体材料。同年，卢嘉锡还带领研究团队从一系列研究结果中得出无机硼酸盐非线性光学晶体材料的两种主要的结构特征，即无中心对称性和阴离子基团类苯 π 共轭的芳香结构[15]。

二、教育思想

严以治学　大家风范

卢嘉锡（1915—2001），福建永定人，物理化学家、化学教育家，"中国结构化学学科的开拓者和奠基人"，中国科学院学部委员（院士），中国科学院福建物质结构研究所研究员。主要涉足物理化学、结构化学和材料科学等领域，发表论文 300 余篇。曾获中国科学院自然科学奖一等奖、中国科学院科技进步奖特等奖、国家自然科学奖二等奖、国家发明奖一等奖、何梁何利基金科学与技术成就奖、"全国劳动模范"等荣誉。

师者，传道授业解惑。卢嘉锡常常以"教书匠"自居，一生践行着"科教兴国"。他学识广博，思维敏捷，幽默风趣，授课内容崭新，见解精辟，堂堂座无虚席，听者如沐春风。他时常告诫自己的学生和科研人员说"毛估比不估好"，进行科学研究时，要重视对最终结果的预测，以便从总体上更好地把握研究方向。漫无目标地"寻寻觅觅"，也是科学工作者的大忌，"未得其中三昧"，那"毛估"就变成了"瞎估"[16-18]。他教导学生牢记"C_3H_3"是一个化学家应该具备的品格，即 Clever Head（清楚的头脑）、Clever Hands（灵巧的双手）、Clean Habit（洁净的习惯）[16]。对于科研工作，他提出"五重双结合"（实验与理论相结合，以实验为主；化学与物理相结合，以化学为主；结构与性能相结合，以结构为主；静态与动态相结合，以静态为主；基础与应用相结合，以基础为主）、"四个一些"（看远一些，走前一些，搞深一些，想宽一些）和"三个立足"（立足改革，立足竞争，立足创新）[17]。他曾说"一个人只要为了一个明确的目标去追求、奋斗，他的一生一定会过得充实[18]。"耄耋之年的卢先生几乎每年都参加大型科技咨询，乐此不疲。他说，"我不能离开老本行，要不我就成了无源之水，无本之木，对科研就没有发言权了[15]。"

卢先生的"吾日三省吾身，为四化大局谋而不忠乎？与国内外同行交流学术而乏创新乎？奖掖后进不落实乎？"的箴规[19]，"苟利国家生死以，岂因祸福避趋之！"的信条[19]，都是他精神与风范的体现。

参 考 文 献

[1] 卢嘉锡. 固氮酶固氮活性中心的结构模型及其演化[J]. 化学通报, 1979(05): 33-41, 50.

[2] 黄文魁, 赵孝腾, 谭镇, 等. 固氮酶固氮活性中心模型物的探索合成[J]. 兰州大学学报, 1979(04): 160-163.

[3] 卢嘉锡, 庄伯涛. 过渡金属类立方烷型簇合物合成中的"活性元件组装"设想[J]. 结构化学, 1989(04): 233-248.

[4] 黄梁仁, 江飞龙, 王玲玲. 固氮酶活性中心元件化合物及其组合体的结构化学——[(FeCl$_3$)$_2$O]$^{-2}$ 及其衍生物的合成与晶体结构[J]. 结构化学, 1985(04): 313-321.

[5] 刘秋田, 黄梁仁, 康北笙. MOFe$_3$ 单立方烷原子簇研究 I. (Et$_4$N)[MoFe$_3$S$_4$(Et$_2$NCSS)$_5$] CH$_3$CN 的自兜合成及结构[J]. 化学学报, 1986(04): 343-349.

[6] 康北笙, 蔡进华, 陈昌能. 铁钼硫原子簇化合物的合成与结构研究 I.(Et$_4$N)$_4$[Mo$_2$Fe$_7$S$_8$(SPh)$_{12}$] 的合成与晶体结构[J]. 化学学报, 1986(08): 781-786.

[7] 刘汉钦, 刘秋田, 庄健, 等. 一些钼铁硫链状化合物的合成和结构规律[J]. 中国科学, 1987(04): 349-357.

[8] 何玲洁, 张琳娜, 卢嘉锡. 若干线型 Mo-Fe-S 簇合物红外光谱及其与结构关系的研究[J]. 化学学报, 1987(07): 676-681.

[9] Zhang Qianfeng, Cao Rong, Hong Maochun, Liu Hanqin, Lu Jiaxi. Syntheses and characterizations of cluster compounds with MoFe$_3$Se$_4$ cubane-like core[J]. Science in China (Series B), 2000(01): 76-84.

[10] 卢嘉锡. 过渡金属原子簇化学研究[J]. 中国科学基金, 1994(01): 5-10.

[11] 卢嘉锡. 初论某些[Mo$_3$S$_4$]$^{4+}$簇合物中[Mo$_3$S$_3$]非平面簇环的类芳香性本质[J]. 结构化学, 1989(S1): 327-339.

[12] 卢嘉锡, 吴新涛, 陈长章, 等. 低温相偏硼酸钡(BBO)的发现及其对探索新型非线性光学材料的启示[J]. 科学通报, 1997(06): 561-566.

[13] 涂兴佩. 嘉锡时光[J]. 中国科技奖励, 2015(12): 77-79.

[14] 程文旦, 卢嘉锡. 无机硼酸盐体系的二阶非线性光学晶体材料[J]. 结构化学, 1997(02): 81-90.

[15] 卢嘉锡, 蔡元霸. 结构化学研究中若干方法论问题[J]. 自然辩证法通讯, 1982(01): 16-22.

[16] 卢嘉锡. 毛估比不估好[J]. 小学自然教学, 1998(10): 1.

[17] 李三才. 我国结构化学的开拓者——卢嘉锡[J]. 初中生之友, 2009(33): 59-60.

[18] 郭保章. 丹心染日月 壮志凌云霄——追忆卢嘉锡先生[J]. 科学, 2001, 53(06): 42-44.

[19] 李汉秋. 卢嘉锡传[J]. 前进论坛, 2011(03): 42-44.

第六例：盐湖需要我　我需要盐湖

一、案例内容

志存科研　忠于盐湖

20 世纪 50 年代初，高世扬同老一代盐湖科学家一起投身于我国柴达木盆地的盐湖资源调查和研究工作，从此，便开始了他为之奋斗一生的盐湖化学研究。他是第一个在察尔汗盐滩机场公路卤坑中发现光卤石的盐湖科考队员，同时，也是在大柴旦湖表卤水底部沉积中发现柱硼镁石的主要人员[1]。他在参加"柴达木盆地盐湖勘探和开发利用"中苏合作项目的过程中，确认了大柴旦盐湖富含钾镁硼锂，是世界罕见的新类型硼酸盐盐湖[1]。高世扬利用大柴旦湖对高含硼浓缩盐卤析出硼酸盐固相的研究过程中，采用多种物理分析法对比鉴定后确认浓盐卤析出硼酸盐固相是由两种硼酸盐组成，其中一种硼酸盐为六硼酸镁 ($MgO \cdot 3B_2O_3 \cdot 7H_2O$)，另一种是含氯化镁的水合硼酸镁复盐，定名为氯柱硼镁石 ($2MgO \cdot 2B_2O_3 \cdot MgCl_2 \cdot 14H_2O$)[2]。此外，高世扬研究组结合扎仓茶卡盐湖湖区地表卤水和晶间卤水化学组成，拟定了从该盐湖卤水中分离芒硝、钾盐和硼酸的原则流程，即夏季日晒分离钾盐，尤其是软钾镁矾($MgSO_4 \cdot K_2SO_4 \cdot 6H_2O$)；冬季析硝卤水日晒析出纯度较高的钾石盐，加酸处理含硼浓缩卤水提取硼酸[3]。在该体系研究中，高世扬研究小组一方面对盐湖卤水天然蒸发浓缩过程中硼酸盐的行为进行了研究，另一方面对不同浓缩卤水在天然冷冻析盐过程中硼酸盐的行为进行了考察。根据实验结果，他们认为含硼盐湖卤水在天然蒸发浓缩过程中硼酸盐完全赋存于浓缩卤水中，盐卤在天然冷冻析盐过程中，当硼含量为 2.43%，温度为–17℃时，开始结晶析出 $MgO \cdot 3B_2O_3 \cdot 7\frac{1}{2}H_2O$[4-5]。针对盐卤硼酸盐化学的研究，高世扬等提出含硼浓缩盐卤中的硼酸盐是以 $MgO \cdot 2B_2O_3$ "综合统计"形式存在，并明确了"综合统计"的含义，即溶液中除 $MgO \cdot 2B_2O_3$ 之外并不排斥 $n(MgO \cdot nB_2O_3)$大于或小于 2 硼酸盐的存在，但其存在量需满足 n=2 这一表观结果[6]。到 20 世纪 80 年代，高世扬团队根据多年的实验研究，首次提出一种新的成盐作用，即加水稀释成盐作用，这为青藏高原盐湖中含水硼酸镁盐的形成提供了新的实验解释[6]。

1996 年，高世扬小组对海水 Na^+、K^+、$Mg^{2+}//Cl^-$、SO_4^{2-}-H_2O 体系在 25℃时或室温条件下采用合成复体法得到的平衡溶解度相图，根据含硼复杂盐卤天然蒸发结晶路线得到的统一体系的蒸发相图和采用过饱和溶液封闭静置结晶法得到的过饱和区相图进行了探讨，从热力学角度把相图分为平衡态和非平衡态相图，并认为热力学非平衡相图主要是由同一种盐在水溶液中是双粒子形式共存而引起过饱和溶解度现象所致[7]。三年后，高世扬研究团队系统地研究了钠硼解石{$NaCa[B_5O_6(OH)_6]\cdot 5H_2O$}在水中 10～240℃的溶解过程和相转化[8]。实验结果表明，钠硼解石从 40～65℃时的溶解平衡固相仍然是{$NaCa[B_5O_6(OH)_6]\cdot 5H_2O$}；而 68～71℃之间的固相是 $NaCa[B_5O_6(OH)_6]\cdot H_2O$。从 71℃开始形成白硼钙石，在 120～240℃的固相仍然是白硼钙石晶体[9]。这对盐湖中硼酸盐的形成和开发利用具有重要意义。此外，该团队还用动力学方法对 $MgO\cdot nB_2O_3$ 在 28%$MgCl_2$-H_2O 浓盐溶液中形成的过饱和溶液的结晶过程进行了探究，首次得到了 MgO-B_2O_3-$MgCl_2$-H_2O 体系过饱和区内的热力学非平衡态液固相关系图[10]。高世扬带领的研究组除对硼酸盐盐水体系热力学平衡态和非平衡态溶解度相图进行研究外，还对硼氧酸盐的谱学进行了研究。在《FT-IR and Raman spectroscopic study of hydrated borates》一文中记录了 27 种水合硼酸盐的红外光谱和拉曼光谱，给出了单硼酸盐、二硼酸盐、三硼酸盐、四硼酸盐、五硼酸盐和六硼酸盐的振动谱的可能分配以及相应的聚硼酸盐阴离子的对称脉冲振动带[11]。高世扬还首次采用激光拉曼散射测定氯柱硼镁石($2MgO\cdot 2B_2O_3\cdot MgCl_2\cdot 14H_2O$)和柱硼镁石($MgO\cdot B_2O_3\cdot 3H_2O$)这两种晶体的拉曼光谱，结果表明，可以认为采用拉曼光谱研究硼氧酸盐水溶液中硼氧配阴离子的聚合形式是一种可信的直接证明[12]。

花甲之年的高世扬带领年轻科研人员采用高温熔盐法制备了硼酸铝晶须[13]，并成功实现产业化生产。与此同时，他们还采用 $MgSO_4$ 溶液与 $NaOH$ 溶液在水热条件下的相互作用，直接得到了一种介稳态晶体，即 $5Mg(OH)_2\cdot MgSO_4\cdot 2H_2O$ 晶须，并探讨了晶须生长过程中，时间对其形貌的影响（图 3.12）[14]。

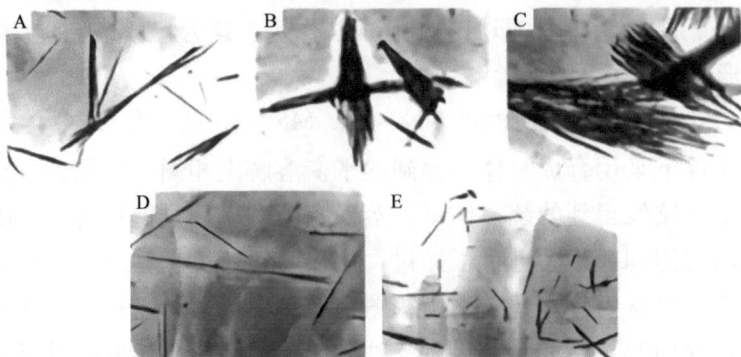

图 3.12　$5Mg(OH)_2 \cdot MgSO_4 \cdot 2H_2O$ 晶须的显微照片[14]

二、教育思想

艰苦奋斗　不忘初心

高世扬（1931—2002），四川崇州人，盐湖化学家，盐湖成盐元素化学奠基人之一，中国科学院院士，中国科学院青海盐湖研究所研究员。一生致力于盐湖资源化学研究。曾担任《无机化学学报》和《应用化学学报》编委、《盐湖研究》主编。发表学术论文 200 余篇，编著出版《盐湖化学——新类型硼锂盐湖》。曾获中国科学院自然科学奖一等奖、国家自然科学奖二等奖、"少数民族地区先进科技工作者"、竺可桢野外科学工作奖等重大奖项和荣誉称号。

"这恐怕是上帝的安排，凡是地球上有盐湖的地方，都是那个鬼样子。所以，立志想搞盐，你要准备和这个鬼缠在一起，你倘若吃不了这份苦，趁早打铺盖回去，也不勉强[1]。"盐湖开拓者们早已将自己的生死置之度外。高世扬回顾盐湖考察这段经历时，调侃道，"你们吃过冰镇馒头没有？经过天然冰冻的馒头像石头，吃的时候，要先用嘴送一点暖气，化开一点，吃一点，味道可香了[1]。"他还曾遭到武装匪徒的袭击，曾两度旧病复发，不省人事。高世扬经历艰苦卓绝，但依然坚韧笃行。正是"盐湖需要我，我需要盐湖"这一信念始终激励着他。

《光明日报》曾评论"在一个具有强烈事业心的科技工作者看来，生活得舒适，并不是幸福的全部含义，而碌碌无为，精神空虚才是最大的不幸[1]。"

参 考 文 献

[1] 宋粤华. 一生离不开盐湖的人——高世扬[J]. 柴达木开发研究, 2000(03): 19-22.

[2] 高世扬, 陈志刚, 冯九宁. 盐卤硼酸盐化学——IV. 浓缩盐卤中析出的新硼酸盐固相[J]. 无机化学学报, 1986(01): 40-52.

[3] 高世扬, 李刚, 李录昌. 盐卤硼酸盐化学——VI. 扎仓茶卡盐湖卤水的蒸发和盐类的分离提取[J]. 应用化学, 1987(02): 5-11.

[4] 高世扬, 李国英. 盐卤硼酸盐化学（Ⅰ）——含硼盐卤天然蒸发过程中硼酸盐的行为[J]. 高等学校化学学报, 1982(02): 141-148.

[5] 高世扬, 刘化国, 牟振基. 盐卤硼酸盐化学——VII. 盐卤在天然冷冻析盐过程中硼酸盐的行为[J]. 无机化学学报, 1987(02): 113-116.

[6] 高世扬, 李秉孝. 青藏高原盐湖硼酸盐矿物[J]. 矿物学报, 1982(02): 107-112.

[7] 高世扬, 夏树屏. 盐水体系热力学平衡态和非平衡态相图[J]. 盐湖研究, 1996(01): 53-58.

[8] 陈若愚, 夏树屏, 冯守华. 钠硼解石在水中的溶解及相转化研究[J]. 无机化学学报, 1999(01): 129-131.

[9] 高世扬, 夏树屏. 盐卤硼酸盐化学研究进展[J]. 化学通报, 1999(12): 12-16.

[10] 高世扬, 姚占力, 夏树屏. 盐卤硼酸盐化学——XVII. $MgO-B_2O_3-28\%MgCl_2-H_2O$ 体系 20℃ 热力学非平衡态液固相关系研究[J]. 化学学报, 1994(01): 10-22.

[11] Li Jun, Xia Shuping, Gao Shiyang. FT-IR and Raman spectroscopic study of hydrated borates[J]. Spectrochimica Acta Part A: Molecular and Biomolecular Spectroscopy, 1995(51): 519-532.

[12] 夏树屏, 李军, 高世扬. 盐卤硼酸盐化学——XXVIII. 氯柱硼镁石的激光拉曼光谱[J]. 无机化学学报, 1995(02): 152-158.

[13] 陈若愚, 夏树屏, 高世扬. 硼酸铝晶须合成机理的研究[J]. 化学研究与应用, 2001(05): 513-516.

[14] 岳涛, 高世扬, 朱黎霞, 等. $5Mg(OH)_2 \cdot MgSO_4 \cdot 2H_2O$ 晶须生长过程中的形貌研究[J]. 无机化学学报, 2002(03): 313-316.

第七例：不忘初心　毕力躬行

一、案例内容

（一）以科学为武器　攻关不止

20 世纪 50 年代初，青霉素、链霉素是关系到人民健康的急需药物，但国内却一直无法生产。1952 年，陆熙炎开始参与链霉菌的发酵、提取、分离工作，在国内首先从低浓度发酵液分离纯化制得盐酸链霉素氯化钙复盐结晶[1]，并在国际上率先发表了《自 L-双氢链糖酸内酯合成 L-双氢链糖》研究论文。论文中提出，双氢链糖酸内酯用钠汞齐、硼氢化钠或铝氢化锂法还原，均可以产生一种还原性糖和一种过度还原的物质的混合物，其中，以铝氢化锂法产生的还原性糖最高（47%），经实验证明，还原性糖为双氢链糖，自还原产物所获得的结晶衍生物是双氢链糖的对-甲苯磺酰腙和苯脲[2]。随后，陆熙炎又参与我国人工合成牛胰岛素的工作，完成了 A 链十六肽的合成[3]。进入到 60 年代，根据国家研制原子弹的需要，陆熙炎奉调从事核燃料萃取剂工作，他与其他科研人员一起成功研制出萃取剂 p-204[4]，为中国原子能工业作出了贡献。针对望远镜等军用光学仪器在西双版纳等地湿热环境下容易长毛霉变的问题，他成功研制了军用光学仪器防雾剂 SF-501。

（二）面向学科前沿　踏踏实实

20 世纪 80 年代初，陆熙炎在我国率先开展了从金属有机化合物的基元反应发展新的合成反应的研究。1985 年，他报道了用亚磷酸三苯酯或连二亚硫酸钠使氧化三苯胂还原为三苯胂的两个新方法，所报道的两个方法简便，而且原料廉价易得，反应条件温和，得率高，具有实用价值[5]。后来，三苯氧胂还原为三苯胂的新方法被用为国际上第一个催化的砷叶立德反应的关键方法。同年，陆熙炎研究组发表了《镍配合物催化的亚磷酸烯丙酯重排反应》一文[6]，文中指出，他们曾在烯丙基化合物经钯催化的反应活性研究中发现亚磷酸酯也是一个中等活性的离去基团（表 3.5）。通过进一步研究发现，在双（环辛二烯）镍的催化下，亚磷酸烯丙酯能够重排成相应的磷酸酯，他们认为这一重排机理可能和钯催化下亚磺酸烯丙基酯重排为烯丙基砜的机理相似[7]。

表 3.5　亚磷酸烯丙酯-烯丙基磷酸酯重排反应[6]

化合物 1	R^1	R^2	B^3	R^4	T(℃)	t(h)	产率(%)	产物 2 A:B	热反应 ℃/h	产率(%)
a			H	H	80	2	83		130/10	0
b	OEt	OEt	H	H	80	8	82		175～180/4～6	25.1
c	OEt	OEt	H	Me	100	10	37	46:54	195～200/4～6	15.4
d	OEt	OEt	Me	H	80	13	32	48:52	175～180/4～6	36.8
e	OEt	OEt	Ph	H	100	24	50	0:100	100/24	0
f	Ph		H	H	80	6	57		100/24	10
g	OEt	OEt	H	Ph	80	23	0			

特别是在过渡金属催化的新有机合成方法的研究中，陆熙炎还发展了一些有重要学术意义和应用前景的有机合成反应[8]。1993 年，陆熙炎团队研究了过渡金属催化的炔烃衍生物的异构化反应，并提出利用过渡金属对有机反应的促进作用，可以实现一个理想的化学反应应该具有的特点：温和的条件；高选择性；催化的反应；原子经济性[9]。他们报道了从 α,β-炔酮、2-炔酸酯和 2-炔酸酰胺生成相应(*E*,*E*)-共轭双烯酮、双烯酸酯和双烯酸酰胺的合成方法，并且首次从 2-炔醇异构化为相应的 2-烯酮或 2-烯醛[9]。随后，在 2004 年，陆熙炎研究组提出控制β-H 消除以使过渡金属催化反应多样化，指出 Pd(Ⅱ)是钯催化碳-碳偶联反应最常见的活性物种，但是由于缺乏淬灭碳-钯键而生成 Pd(Ⅱ)的有效方法，大多数 Pd(II)启动的反应都需用当量的钯，而在卤离子和含氮配体存在下，如吡啶、联吡啶、菲咯啉等，β-杂原子反应或质解反应可以淬灭碳-钯键而再生 Pd(II)物种（图 3.13）[10]。关于抑制 β-H 消除，从而避免引入副反应或副产物的方法，陆熙炎小组也进行了讨论，并提出有配位能力的配体可以避免形成 β-H 消除所必需的金属空配位，这样就可以抑制 β-H 消除，使反应更有效和选择性更好（图 3.14）[11]。

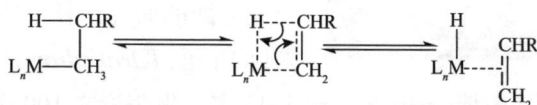

图 3.13　β-氢消除反应的机理[10]

陆熙炎团队在研究二价钯催化的反应过程中，使用阳离子钯络合物作催化剂，高效地完成了一系列的对碳-杂原子重建的加成反应。在这些工作的基础上，他们在国际上率先提出炔烃氮钯化与羰基加成的串联反应模式，即一个阳离子钯催化下通过炔烃氮钯化启动的对羰基的加成反应[12]。此外，陆熙炎小组在第十六届全国金属有机化学学术讨论会上提出了二价钯催化下串联合成官能化的多取代茚类化合物[13]以及一个完全的 Pd(Ⅱ)催化循环的反应[14]，而通过这一个完全的 Pd(Ⅱ)催化循环的反应，可以合成 α-亚甲基-γ-丁内酰胺衍生物骨架。在第十八届全国金属有机化学学术研讨会上，陆熙炎小组报道了在研究钯催化炔基取代的醛与醋酸反应时，发现非贫电子基取代的炔烃能发生炔烃氧钯化，再与分子内醛基发生 1,2-加成；而贫电子基取代的炔烃醋酸先与醛基反应，再与炔烃发生环化[15]。随后，小组还对吸电子基团位置的影响进行了研究，发现当吸电子基团与苯环直接相连时，底物在醋酸钯催化下，炔烃先发生氧钯化，再与分子内的羰基加成，得到的产物在体系中进一步转化为喹啉酮[14]。

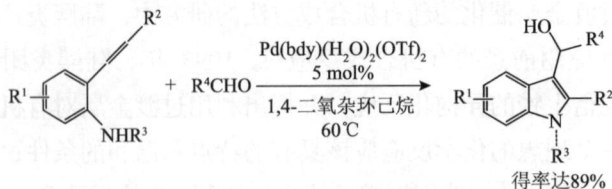

图 3.14　炔烃氮钯化与羰基加成的串联反应模式[11]

二、教育思想

安钻迷　深新信

陆熙炎（1928—2023），江苏苏州人，有机化学家，"我国金属有机化学研究的开拓者之一"，中国科学院学部委员（院士），中国科学院上海有机化学研究所研究员。主要从事金属有机化学反应及合成方面的研究。任《中国化学》主编、国际期刊 *Tetrahedron*、*Tetrahedron Lett.* 的顾问编委。先后培养博士 30 名，硕士 13 名，发表论文 100 多篇，编写《金属

有机化学》。曾获国家自然科学奖二等奖、国家发明奖二等奖、中国科学院自然科学奖一等奖、何梁何利基金科学与技术进步奖、中国化学会黄耀曾金属有机化学奖终身成就奖、全国五一劳动奖章、中国科学院研究生院杰出贡献教师等荣誉。

"战战兢兢，如临深渊，如履薄冰"，这是陆老一生研究工作的写照，也是他对自己的严格要求。

"我们做研究是为了把某个问题弄清楚"，陆老认为做研究有三个境界："安""钻""迷"。即：安下心来；钻研，深挖自身的业务潜力；对科研着迷。"不是要我学的，而是我要学的，就是要迷了，真正是自己有内心的爱好，要做到那个程度，不是每一个人都能够做到的，挺难的，这确实是要求蛮高的。"陆老在做研究时总是秉承着"深""新""信"。"只有老老实实做、踏踏实实做，积累了多少时间的经验以后，有了足够的基础，所谓'深''新''信'就出来了，做深了以后出来的东西是真正的新，新了以后，做得多了以后，对自己的工作才有信心。"

陆老一直言传身教，以自己的人格魅力影响和培养学生，他告诫年轻人，"对于年轻人来说，最主要的问题还是要踏踏实实，要刻苦，要耐得住寂寞，要坐得住冷板凳。"

参 考 文 献

[1] 王明洪. "做研究是为了把问题弄清楚"——中国科学院院士陆熙炎的长寿经[J]. 保健医苑, 2022(09): 12-14.

[2] 汪猷, 陆熙炎, 林文德. 自 L-双氢链糖酸内酯合成 L-双氢链糖[J]. 化学学报, 1959(05): 254-264.

[3] 汪猷, 屠传忠, 陆熙炎, 等. 肽的研究Ⅳ. 带保护基的牛胰岛素 A 链羧基末端十二肽及十六肽的合成[J]. 化学学报, 1964(02): 205-210.

[4] 袁承业, 陆熙炎, 施莉兰, 等. 有机萃取剂的研究（Ⅰ）——二-(2-乙基己基)磷酸制备的研究[J]. 原子能科学技术, 1962(01): 1-11, 25.

[5] 陆熙炎, 王绮文, 陶晓春, 等. 使氧化三苯胂脱氧为三苯胂的新方法[J]. 化学学报, 1985(05): 450-453.

[6] 陆熙炎, 黄吉玲, 朱景仰. 镍配合物催化的亚磷酸烯丙酯重排反应[J]. 化学学报, 1985(07): 702-703.

[7] 陈卫东, 陆熙炎. 金属化学创新法[N]. 科技日报, 2001-05-12(007).

[8] 陆熙炎. 从炔烃衍生物出发的有机合成方法学[J]. 有机化学, 1993(03): 227-243.

[9] 陆熙炎. 控制 β-H 消除以使过渡金属催化反应多样化[C]. 中国化学会第十三届金属有机化学学术讨论会论文摘要集. 2004: 39.

[10] 韩秀玲, 刘桂霞, 陆熙炎. 钯催化反应中的 β-氢消除反应[J]. 有机化学, 2005（10）: 37-52.

[11] 韩秀玲, 陆熙炎. 阳离子钯催化的邻炔基苯胺与醛的串联加成反应[C]. 第十六届全国金属有机化学学术讨论会论文集. 2010: 179.

[12] 周峰, 陆熙炎. 二价钯催化下串联合成官能化的多取代茚类化合物[C]. 第十六届全国金属有机化学学术讨论会论文集. 2010: 180.

[13] 王欢, 陆熙炎. Pd（Ⅱ）催化的炔烃碳钯化、碳-杂原子重键加成的串联反应——多取代 γ-丁内酰胺的合成[C]. 第十六届全国金属有机化学学术讨论会论文集. 2010: 181.

[14] 张建波, 韩秀玲, 陆熙炎. 二价钯催化下邻位炔酰胺取代苯甲醛与醋酸的反应: 喹啉酮衍生物的合成[C]. 第十八届全国金属有机化学学术研讨会论文摘要集. 2014: 154.

第八例：高山仰止 景行行止

一、案例内容

（一）制药报国 探新路

"应该回到祖国去，为国家创制新药。"1953 年，嵇汝运成功冲破英国方面的重重阻挠，回到了祖国的怀抱。当时正值我国血吸虫病肆虐，他响应党中央"一定要消灭血吸虫病"的号召，开始研究治疗血吸虫病的新药[1]。1957 年，嵇汝运带领研究小组将几种羟基及巯基化合物制成了锡螯合物，并将这些有机锡衍生物做了日本血吸虫病的实验治疗，结果表明，亚锡衍生物的疗效比锡衍生物的好[2]。第二年，研究组应用 Scheller 反应，合成了对位及间位羧甲巯基苯锑酸，他们在小白鼠体内日本血吸虫病的长程实验治疗中发现对位化合物的疗效比酒石酸锑钾更好，于是小组又合成了数种结构相似的苯锑酸，以便研究其化学结构和药理作用间的关系[3]。1959 年，小组指出锑化合物的稳定度对其杀灭寄生虫的效能及对宿主的毒性都有可能有影响，并制备了环己烷-1,2-二胺四乙酸的锑螯合盐。他们针对氮原子间碳链上引进侧链是否会增强螯合盐的稳定度以及丙-1,2-二胺四乙酸与锑化合物的螯合进行了研究，结果表明，制成的若干锑螯合盐在动物试验中对日本血吸虫病的疗效与酒石酸锑钾相仿[4]。1960 年，嵇汝运研究小组在《血吸虫病合成药物进展》一文中报道了曾经利用二巯基丁二酸钠在上海、安徽、浙江、江苏等地进行了千例以上临床试验，效果非常突出，并指出它的优点为可以肌肉注射，适用于短程疗法，也可以用于治疗晚期病人，用以治疗耕牛的血吸虫病[5]。中国科学院药物研究所研究员胥彬说，"二巯基丁二酸钠，对锑、铅和砷等多种金属均有解毒作用，因此被广泛应用于解救金属中毒病人，并载入了《中国药典》，这也是由中国研制的化学药品首次被美国批准、国外公司仿制和使用的唯一药物，被世界卫生组织列为 24 种基本药物之一。"两年后，他们报道了从南瓜子中获得抑制血吸虫幼虫生长的有效成分，并定名为南瓜子氨酸，通过比较比旋光度和熔点，证明天然南瓜子氨酸是(–)-3-氨基-3-羧基氮戊环，随后还进行了动物试验，结果发现左旋体对日本血吸虫幼虫有明显抑制作用，但右旋体无作用[6]。

青蒿素是我国科学工作者从中药青蒿中分离得到的具有新型化学结构的抗疟药。当时，不少地区已经把青蒿素作为抢救凶险型疟疾病人的首选药物[7]。1980年，嵇汝运研究团队报道了将抗疟新药青蒿素用钠硼氢还原，再制成醚或酯类化合物，可使抗疟活性增加[8]。次年，他们从双氢青蒿素出发，进行了结构改造，合成了一系列醚型和酯型的衍生物，后经鼠疟筛选，发现了数十个化合物的抗疟活性优于青蒿素，其中，有的活性可高出 30 倍[7]。此外，为了寻找高效抗疟药物，嵇汝运课题组用 4-二甲氨基吡啶（DMAP）催化酰化双氢青蒿素获得成功，合成的 21 个双氢青蒿素的羧酸酯和碳酸酯衍生物，经抗疟筛选，多数抗疟作用比青蒿素强 10 多倍[9]。值得一提的是，嵇汝运课题组制备的蒿甲醚，即以青蒿素为先导，羰基还原后产生的羟基转化为甲醚的化合物，其抗疟作用都超过青蒿素本身[10]，如果用其油剂肌注治疗患者，对恶性疟患者有明显的疗效[11]。1988年，蒿甲醚被临床广泛应用[1]，"经过世界卫生组织推广后，后来我们国家送给巴西的国礼就是蒿甲醚。"其间，嵇汝运课题组还报道了 4-{3,5-双[(N-吡咯烷基)甲基]-4-羟苯胺基}喹唑啉，即常咯啉。虽然是将常山乙碱的化学结构进行改造而获得的抗疟新药，但通过数百例临床疗效观察，该药也是一种有前途的抗心律失常的药物[12]。

嵇汝运在神经系统药物的研制方面开展了广泛而深入的研究。1979 年，为了配合针刺镇痛原理的探索以及神经药理学的研究，嵇汝运带领小组对脑啡肽的合成进行了研究，他们以期发展一个操作简单，便于供应各种药理试验以及足量样品的制备方法，最终运用液相合成的方法成功合成了两种脑啡肽，并将它注射至大白鼠脑室，发现可以产生短暂的镇痛作用[13]。嵇汝运还组织研究人员将东莨菪碱用各种不同羧酸酯化，使之易于透过血脑屏障，从而进入中枢神经，继而在脑内又复水解为东莨菪碱，进一步加强其中枢作用[14]。随后他们又将东莨菪碱酯季铵化，所合成的化合物经与脑内胆碱受体进行体外结合试验后，发现其中一部分与受体的亲和力比东莨菪碱更强[15]。此外，由于天然产物加锡果宁具有镇痛、麻醉、抗惊厥等抑制中枢神经活性的作用，1984 年，嵇汝运课题组对它进行了全合成研究[16]，以便扩大药源做深入研究，之后，为进一步寻找生理活性强于加锡果宁的有效化合物，以它为先导化合物，采用了 Topliss 和 Austel 等的定量药物设计方法，设计合成了一系列加锡果宁类似化合物，经药理筛选，发现所合成的化合物都有很强的中枢神经抑制活性，并且个别化合物的抗惊厥作用更为明显[17]。1989 年，嵇汝运课题组还率先在国际上详细报道了可以用于重症肌无力患者和治疗老年性记忆功能衰退症的消旋石杉碱甲的全合成研究

（图 3.15）[18,19]。两年后，由于四氢原小檗碱同类物（THPB）中的消旋四氢巴马汀具有良好的镇静和安定作用[20]，嵇汝运带领研究人员将四氢原小檗碱的 C 环扩展为七元环，从而合成了一系列新型结构 THPB 化合物[21]。

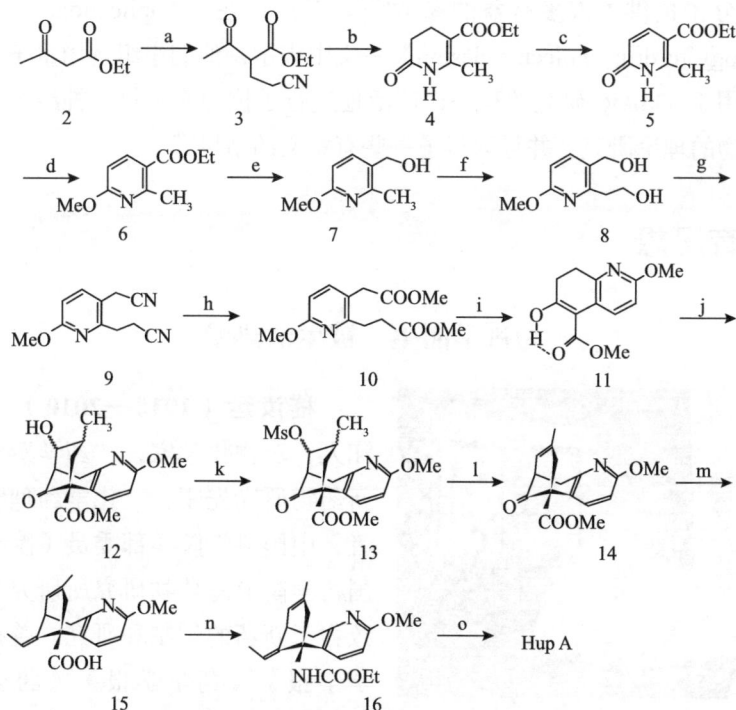

图 3.15　外消旋石杉碱甲的全合成[18]

（二）前瞻布局　开新域

20 世纪 70 年代中后期，嵇汝运在全国率先探索量子化学和计算机辅助药物设计这两个前沿领域。1980 年，嵇汝运研究组提出利用计算机程序，并采用分子轨道法计算共轭体系药物分子的能级、电荷密度、键级等量子化学指数，可应用于药物研究或用作药物定量结构活性相关（QSAR）研究中的 Hausconh 分析[22]。第二年，嵇汝运小组采用 Huzinaga 的模型设计了赝势法半从头计算程序 MQMMP，并进行了试算，其结果与全电子从头计算法得到的结果相当逼近，他们指出，赝势法的计算量比从头计算要少得多，而且只要赝势函数设计得当，计算结果可以相当好地逼近全电子从头计算，因而更切实可行[23]。1986 年，小组还用 CNDO/2 获得的波函数进行了分子静电势计算，并编写了通用程序 CMEP，在当时，该程序已经用于计算某些 α、β 不饱和环酮和内酯类化合物的平喘活性与电子结构的关系以及辐射增效的机理研究，并且都获得了有意义的成果[24]。80 年代中期，国际上出现了三维定量构效关系（3D-QSAR）研究方法，嵇汝运课题组及时开展了 3D-QSAR 方法及其应用的研究，这一研究为设计高效生物活性分子提供了许多有益的参考[25]。嵇汝运在《Applications of quantum pharmacology to drug molecule design》一文中表示，他们小组运用量子化学计算程序以及用于 QSAR 研究的程序，广泛地进行了抗肿瘤药物、神经系统药物以及其他药物的理论研究，并且取得了一些有意义的结果[26]。

二、教育思想

为科学而生　被生活热爱

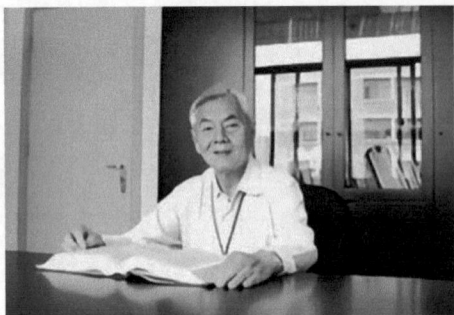

嵇汝运（**1918—2010**），上海松江人，药物化学家，"药学泰斗"，创新药物研究先驱，"化学药理学"创立者，中国科学院学部委员（院士），中国科学院上海药物研究所研究员。主要致力于新药的创制和研究。曾担任《化学学报》《药学学报》《药学通报》《国外医学分子生物学分册》等杂志的编委，《国外医学药学分册》《分子科学与化学研究》的副主编。发表论文 200 多篇，编写《分子药理学概论》《神经药理学》《基础药理学》《药理学概论》等 20 多部著作。曾获中国药学发展奖特别贡献奖、国家技术发明奖、中国科学院自然科学奖、何梁何利基金科学与技术进步奖和"全国优秀归侨知识分子"称号。

"老嵇确实是一个活到老、学到老的人。"花甲之年，嵇先生开始学习量子化学；在 86 岁高龄时，仍在上药物化学课。在当时，中国科学院文献情报中心每隔几星期就要运入一批外文原版期刊，每期嵇先生都要浏览一遍，并选择有参考价值的做好摘要卡片，从不遗漏。如遇上出差出访，他回来的头等大事，就是到图书馆补课[27]。"我一直认为自己不是聪明的人，所以我总是想多看一些书，不管什么书，医学、自然科学、天文……只要能让自己得到提高的，都看[28]。""除了为科学而努力、而工作，很少有什么事情使他分心，科学就是他的爱好，就是他的兴趣。""老嵇就是这样一个学问人，但他绝不是死读书的书呆子。"

嵇先生非常热爱生活，他擅长酿酒，喜欢拍照和旅行，还能够参与到扇子舞当中去。"上班全靠走路，吃饭基本吃素，不要轻易发怒，晚上早点打呼"，这正是嵇先生对生活的热度。

参 考 文 献

[1] 蒋华良, 陈凯先. 先生之风, 山高水长——记我国著名药学家嵇汝运先生[J]. 中国科学: 生命科学, 2018, 48(12): 1346-1354.

[2] 谢毓元, 徐杰诚, 嵇汝运. 几种药用锑制剂的锡相应化合物[J]. 药学学报, 1957(02): 123-128.

[3] 周启霆, 嵇汝运. 血吸虫病化学治疗的研究Ⅵ——羧甲巯基苯(脒)酸及其类似化合物的合成[J]. 化学学报, 1959(01): 38-44.

[4] 朱应麒, 嵇汝运. 胺羧络合剂的锑螯合盐[J]. 药学学报, 1959(04): 136-143.

[5] 嵇汝运. 血吸虫病合成药物的进展[J]. 科学通报, 1960(05): 133-135.

[6] 孙存济, 陆顺兴, 赵树纬. 南瓜子化学成分的研究——Ⅱ. 南瓜子氨酸的合成与旋光异构体的拆开[J]. 化学学报, 1962(04): 252-258.

[7] 吴吉安, 陈凯先, 嵇汝运. 抗疟新药青蒿素及其衍生物的分子轨道研究[J]. 分子科学学报, 1981(02): 27-34.

[8] 虞佩琳, 陈一心, 李英, 等. 含卤素、氮、硫等杂原子的青蒿素衍生物的合成[J]. 中国药学杂志, 1980(08): 44.

[9] 李英, 虞佩琳, 陈一心, 等. 青蒿素类似物的研究Ⅱ. 应用高效酰化催化剂DMAP合成双氢青蒿素的羧酸酯和碳酸酯类衍生物[J]. 化学学报, 1982(06): 557-561.

[10] 嵇汝运. 药物设计进展[J]. 天津药学, 1989(03): 1-9.

[11] 嵇汝运. 新药创制探讨[J]. 中国医药工业杂志, 1989(07): 292-298.

[12] 孙存济, 张心仪, 杨行忠, 等. 冠心病药物的研究——Ⅱ. 抗心律失常新药常咯啉若干有关化合物的合成[J]. 药学学报, 1981(08): 564-570.

[13] 嵇汝运, 殷敦祥, 华家桎, 等. 脑啡肽的液相合成[J]. 药学学报, 1979(12): 742-745.

[14] 殷敦祥, 俞宝骊, 嵇汝运. 东莨菪碱酯衍生物的研究[J]. 医药工业, 1983(09): 6-7.

[15] 殷敦祥, 俞宝骊, 嵇汝运. 东莨菪碱酯季铵化合物的制备及其抗胆碱能作用[J]. 医药工业, 1985(07): 14-17.

[16] 顾坤健, 俞宝骊, 钱立刚, 等. 加锡果宁的合成[J]. 医药工业, 1984(04): 5-8.

[17] 钱立刚, 顾坤健, 嵇汝运. (±)-加锡果宁类似化合物的合成[J]. 药学学报, 1991(08): 572-577.

[18] 曾繁星, 蒋华良, 杨玉社, 等. 石杉碱甲的合成及结构改造研究进展[J]. 化学进展, 2000(01): 63-76.

[19] 曾繁星, 蒋华良, 翟宇峰, 等. 石杉碱甲-E2020拼合物的合成及药理研究[J]. 化学学报, 2000, (05): 580-587.

[20] 吴吉安, 陈洁, 金国章, 等. 四氢原小檗碱同类物的晶体结构与对 D_1 和 D_2 多巴胺受体亚型的作用关系[J]. 自然科学进展, 1991(02): 147-152.

[21] 殷敦祥, 俞宝骊, 嵇汝运. 四氢原小檗碱同系物的合成[J]. 中国药物化学杂志, 1992(03):

33-38.

[22] 吴吉安, 嵇汝运. 分子轨道 HMO 计算方法人机会话程序设计[J]. 中国药学杂志, 1980(05)：46.

[23] 陈凯先, 刘洪霖, 吴国是, 等. 量子化学赝势法半从头计算程序 MQMMP 的设计[J]. 分子科学学报, 1981(01)：65-70.

[24] 吴吉安, 陈凯先, 嵇汝运. 用 CNDO/2 法计算分子静电势程序设计[J]. 华西药学杂志, 1986(02)：71-73.

[25] 王红武, 陈凯先, 嵇汝运. 三维定量构效关系的研究与应用[J]. 国外医学药学分册, 1993(06)：325-332.

[26] Ji Ruyun, Chen Kaixian, Wu Jian, et al. Applications of quantum pharmacology to drug molecule design[J]. Communication of State Key Laboratories of China, 1991(01)：3-15.

[27] 谢毓元, 吴吉安. 勇于探索的学者——介绍嵇汝运教授[J]. 中国药学杂志, 1982(06)：23-25.

[28] 邓卓玉. 与时间赛跑的人——访嵇汝运院士[J]. 中国处方药, 2003(01)：77.

第九例：格物探微　景行如人

一、案例内容

求索分子筛　敢为天下先

"国家要建设东北，这里需要我们，我们就来了。"20 世纪 70 年代，国家大力发展石油工业，但发展所需的分子筛催化剂大量依靠进口，于是，徐如人开启了对分子筛的研究。1981 年，徐如人研究组首次应用电子衍射法直接检测并研究了硅铝酸盐溶液中晶核的形成，他们确证了仅 4 小时陈化的八面沸石结构导向剂的溶胶（$16Na_2O \cdot Al_2O_3 \cdot 15SiO_2 \cdot 320H_2O$）中有 NaX 型沸石晶核形成，这一项工作为液相中分子筛成核的研究提供了一个有效的方法[1]。徐如人研究小组针对分子筛晶化机理提出了比较全面深刻的见解，如模板作用机理、晶化过程中的晶化动力学模型与转晶机制。1985 年，小组研究了几种用不同有机物或无机物合成的 ZSM-5 型沸石分子筛，发现在合成 ZSM-5 型沸石分子筛过程中能起结构模板作用的应是大小合适的带正电荷的四面体化学基团，该基团可以分为三类：TPA^+、Na^+和某些醇、胺分子形成的正电四面体以及 Na^+和水类缔合分子形成的正电四面体，该正电四面体模板剂模型可以较统一地说明不同模板剂的模板作用原理[2]。同年，小组在 Na_2O-HMDA-M_2O_5-SiO_2-H_2O 体系及 150℃条件下合成了系列 M-Si-ZSM-5 型沸石(M=B, Al, Ga, Ti, V, Cr, Fe)，并通过对该型沸石的成核、晶体生长及凝胶溶解三个主要过程的研究，提出描述此类沸石晶化的自发成核体系晶化动力学模型，结果表明，主族原子沸石的晶体生长速率远大于副族原子沸石的晶体生长速率，而主族原子沸石之间或副族原子沸石之间则相差不大（表 3.6）[3]。在此之前，小组还利用沸石介稳相能够转晶变化的特点，研究了 $3Na_2O \cdot Al_2O_3 \cdot 2SiO_2 \cdot 60H_2O$ 凝胶体系由介稳态 A 型沸石向稳定的 NaHS 沸石的转晶过程，实验结果表明，A 型沸石转晶成 NaHS 沸石的过程是液相生成机理，在转晶时，首先是晶体外表开始溶解破坏，由表及里地进行，并且在一定条件下也可以由稳定相转变成介稳相[4]。

表 3.6　M-Si-ZSM-5 沸石的晶化动力学参数[3]

沸石 M(M-Si-ZSM-5)	成核速率常数 k_1*	晶体生长速率常数 k	凝胶溶解速率常数 k_4	最终产品 SiO_2/M_2O_3 物质的量比
B	0.86	102.02	224.56	78**
Al	0.32	155.39	263.67	42
Ga	0.19	163.38	218.96	76
Ti(Ⅲ)	0.32	31.71	37.55	96
V(Ⅲ)	0.44	18.82	39.63	86
Cr(Ⅲ)	0.29	18.70	39.08	80
Fe(Ⅲ)	0.15	28.43	39.27	66

"研究工作既要脚踏实地，也要始终瞄准高处[5]。"在当时，徐如人带领的团队在水热与醇热合成化学的研究工作也受到了国内外学术界的重视。1987年，研究组报道了在 R-Ga$_2$O$_3$-P$_2$O$_6$-H$_2$O 体系中（R=有机模板剂）系列磷酸镓分子筛的水热合成与结构的研究，发现了合成的 12 种磷酸镓分子筛中（命名为 GaPO$_4$-Cn, n=1～12），GaPO$_4$-C4,-C5 和-C12 分别与 AlPO$_4$-21, AlPO$_4$-14 和 AlPO$_4$-25 具有相似的骨架结构，其他为新的磷酸镓分子筛晶相[6]。三年后，小组在 200℃和自身压力下的 Na$_2$O-CaO(MgO)-B$_2$O$_3$-Al$_2$O$_3$-R-H$_2$O 水热体系中合成了具有新型结构的以硼为骨架主体的微孔物质，即四种新型的微孔硼铝酸盐[7]。同年，研究小组以有机硅 CH$_3$Si(OC$_2$H$_5$) 和 NH$_2$(CH$_2$)$_3$Si(OC$_2$H$_5$)$_3$ 为交联剂，对层状化合物 α-Zr(HPO$_4$)$_2$·H$_2$O 进行了交联，经一定温度灼烧，最终得到了两种不同层间距的层柱形分子筛 SiO$_2$-Zr(HPO$_4$)$_2$[8]。1995 年，徐如人等在非水体系中合成了磷酸锆，并发表了题为《醇体系中新型晶体磷酸锆的合成和表征》的论文[9]。同年，小组在 B$_2$O$_3$-Al$_2$O$_3$-CaO-H$_2$O 体系中，分别于 200℃和 160℃晶化条件下，水热合成了两种新型的具有阳离子骨架结构的氯化硼铝晶体 0.01B$_2$O$_3$·1.0Al$_2$O$_3$·0.4HCl·0.8H$_2$O，标记为 B-C(1)，以及微孔氯化硼铝晶体 0.5B$_2$O$_3$·1.0Al$_2$O$_3$·0.4HCl·3.0H$_2$O，标记为 BAC(10)（图 3.16）[10]。次年，小组首次报道了在乙二醇为溶剂的非水体系中合成出 d 区元素钴的磷酸盐大单晶(C$_2$H$_{10}$N$_2$)$_{0.5}$CoPO$_4$，分析结果表明，该晶体具有新颖的骨架结构，骨架由严格交替排列的 CoO$_4$ 和 PO$_4$ 四面体构成，不存在 Co—O—Co 和 P—O—P 联结方式，此外，晶体结构中有四元环直孔道和八元环直孔道，质子化的乙二胺阳离子作为平衡电荷排列在八元环直孔道中[11]。1996 年，研究组报道了以醋酸钡和钛酸四丁酯为原料，在温和的水热条件下成功地制备出了四方结构

BaTiO$_3$ 和纯钙钛矿结构 PbTiO$_3$ 以及固溶体(Ba, Pb)TiO$_3$[12]。两年后，小组发表了以《乙二醇甲醚-水溶液作介质水热法合成四方相 ZrO$_2$·3%Y$_2$O$_3$ 纳米晶》为题的论文，报道了利用水热法直接合成了 T-ZrO$_2$·3%Y$_2$O$_3$ 纳米晶[13]。2000 年，研究组从非水体系中制备了 Zn$_2$(HPO$_4$)$_3$·H$_3$NCH$_2$CH$_2$NH$_3$ 单晶，分析结果表明，该单晶结构中的锌和磷均与氧形成四面体配位，ZnO$_4$ 和 HPO$_4$ 四面体严格交替排列，三维开放式骨架结构中沿 a 轴和 b 轴方向有十二元环直孔道，质子化的有机胺在 a 轴方向的十二元环孔道中[14]。

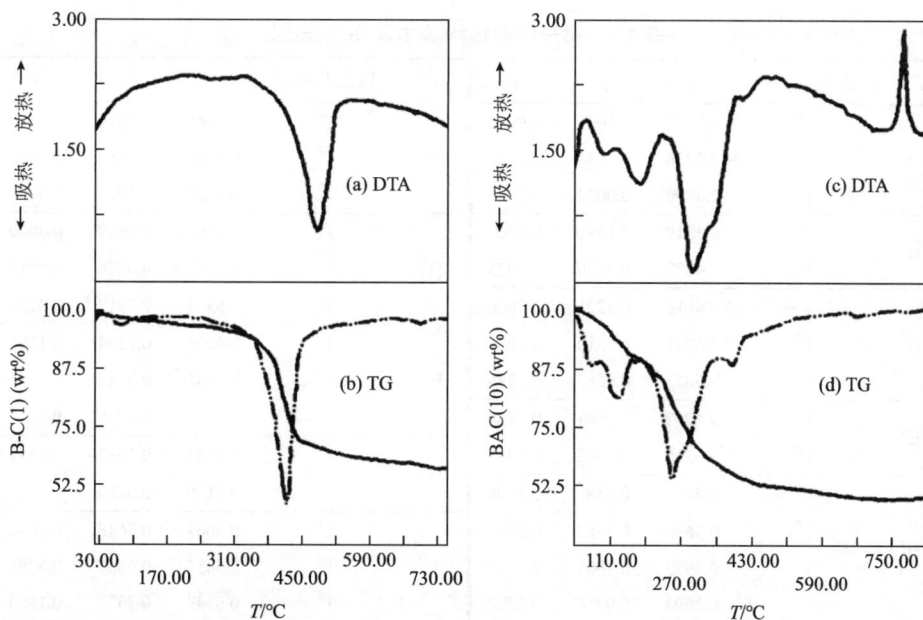

图 3.16　B-C(1)(a,b)和 BAC(10)(c,d)的 DTA-TG 曲线[10]

"科研的方法有很多种，往往需要另辟蹊径[5]。"从 20 世纪 80 年代后期开始，徐如人建立了合成与结构数据库，开辟特定结构与功能的分子与材料的分子设计与定向合成。关于微孔晶体特定孔结构的设计与定向合成，徐如人在《微孔晶体孔道结构的分子设计》一文提出微孔晶体的设计与定向合成先要设计出晶体的孔道模型，然后结合结构孔道数据库的帮助来选择与制定理想模型及其稳定存在的条件，最后再结合合成反应库的指导选择合成方案[15]。1992 年，徐如人小组提出了一种新颖的十八元环超大孔分子筛的拓扑结构模型 CJU-18，并提出采用体积大的模板剂及较低的合成温度才有助于形成 CJU-18[16]。两年后，研究组提出 AlPO$_4$-5 的骨架结构可以演变成正交晶系的骨架结构，于是他们便采用计算机技术，在正交晶系中设计了与六方 AlPO$_4$-5 结构相关的 64 种分子筛骨架拓扑结构[17]。2003 年，小组采用决策树方法对微孔磷酸铝的合成反应数据库进行了数据挖掘研究，结果证实了他们事先所设计的数据挖掘辅助分子工程定向研究的理念[18]。同年，小组还报道了一种设计具有特定孔道结构的分子筛骨架的计算机方法，他们在设计过程中引入了"禁区"的概念，指出"禁区"相当于分子筛的孔道，"禁区"内不允许放入任何 T 原子。他们提出的这种方法可以应用于设计不同的晶系和不同维数的孔道结构，还有利于得到有趣的多维交叉孔道，此外，还可以设计出手性分子筛骨架（表 3.7）[19,20]。

表 3.7　部分假象结构的 T 原子坐标[19]

结构	独立T原子	x	y	z	结构	独立T原子	x	y	z
H[1]	T[1]	0.3772	0.1007	0.0000	H[6]	T[1]	0.4945	0.1612	0.3798
	T[2]	0.4856	0.1531	0.2163		T[2]	0.3657	0.0984	0.1962
	T[3]	0.4090	0.0000	0.3781		T[3]	0.4667	0.1022	0.0000
H[2]	T[1]	0.4819	0.1485	0.0000	H[7]	T[1]	0.3666	0.2689	0.0000
	T[2]	0.4072	0.0000	0.2923		T[2]	0.5079	0.6676	0.1919
H[3]	T[1]	0.4910	0.3321	0.0000		T[3]	0.6334	0.7317	0.3796
	T[2]	0.6331	0.7310	0.1934	H[8]	T[1]	0.4069	0.1354	0.1591
	T[3]	0.5053	0.6667	0.3795		T[2]	0.2801	0.0748	0.3381
H[4]	T[1]	0.4982	0.6667	0.1566		T[3]	0.5333	0.1998	0.6630
	T[2]	0.6515	0.7448	0.3441	H[9]	T[1]	0.4964	0.1632	0.1641
H[5]	T[1]	0.4902	0.1581	0.1408		T[2]	0.4130	0.0000	0.3395
	T[2]	0.3696	0.0987	0.0000	H[10]	T[1]	0.4667	0.3646	0.0000
	T[3]	0.4933	0.1601	0.4147		T[2]	0.5054	0.6667	0.3798
	T[4]	0.3694	0.0986	0.2797		T[3]	0.6343	0.7327	0.1963

二、教育思想

淡泊明志且徐行

徐如人（1932—），浙江上虞人，无机化学家，分子筛与多孔材料学家，中国无机合成化学学科的创建者与奠基人，水热合成化学的开拓者，中国科学院学部委员（院士），第三世界科学院院士。长期从事沸石分子筛合成、结构化学与无机

合成化学的基础研究。曾任 *Journal of Materials Chemistry*、*Topics in Catalysis* 等九种国际学术期刊编委。已培养 20 多位博士，70 多位硕士，发表论文 550 余篇，出版《分子筛与多孔材料化学》《无机合成与制备化学》等学术专著 16 部。曾获国家自然科学奖二等奖、国家自然科学奖三等奖、教育部科技进步奖一等奖、何梁何利基金科学与技术进步奖、中国分子筛终身成就奖、全国高校先进科技工作者、全国模范教师与全国教育系统劳动模范等荣誉。

哪里需要徐如人，他就把实验室搬到哪里，他一直坚持并践行着"国家的需要，就是自己的研究方向"。"我只有一个原则，那就是国家建设需要，个人得失、条件是否艰苦，我并不会考虑。""做学问不是要人家陪着你做，自己感到很有兴趣，那才能做得好学问。""化学，没有什么是可以取巧来得到一些研究结果。"在科研攻关中，他讲道，"我是十分努力地奋斗"，"当时我的基础并不好，可以说是蜀中无大将，廖化作先锋，那时候真的是拼命地学习，因为我知道我自身的不足，我只有十倍百倍地努力，做这一件事情。"面对三尺讲台，他讲道，"我是一直不会忘记，我一定要培养年轻人，一定要真正仔仔细细地培养。"他也从未忘过科教事业使命，他曾说，"做好年轻人的培养，给他们足够的发展空间，我们的研究事业才能后继有人。"2017 年，他把与妻子毕生的积蓄五百万元全部捐给了吉林大学，用以鼓励后学。他曾轻描淡写地说，"虽然我的父辈做过高官，但属于我们自己的家产是房无一间、地无一垄。1949 年后，我和弟弟又把所有的家什都捐给了国家。"

先生将淡泊和风骨融入到了骨髓与血脉之中，先生精神，长夜传灯。

参 考 文 献

[1] 徐如人, 张建民. 沸石分子筛的生成机理和晶体生长（Ⅱ）——电子衍射法研究液相中分子筛晶核的生成[J]. 高等学校化学学报, 1981（04）: 520-521.

[2] 宋天佑, 徐如人. ZSM-5 型沸石分子筛生成中的模板效应[J]. 石油学报（石油加工）, 1985（02）: 27-37.

[3] 冯守华, 李守贵, 徐如人, 费浦生. 沸石分子筛的生成机理与晶体生长（ⅩⅢ）——M-Si-ZSM-5 型沸石自发成核晶化动力学模型[J]. 高等学校化学学报, 1985（10）: 855-860.

[4] 马淑杰, 徐如人, 赵泽民. 沸石转晶的研究（Ⅰ）——A 型沸石转晶为 NaHS 型沸石的生成机理[J]. 高等学校化学学报, 1984（05）: 609-612.

[5] 刘以晴. 探寻分子筛研究突破口[N]. 人民日报, 2022-09-09（006）.

[6] 冯守华, 徐如人. 系列微孔磷酸镓的合成与结构研究[J]. 高等学校化学学报, 1987（10）: 867-868.

[7] 王建华, 冯守华, 徐如人. 微孔硼铝酸盐的合成及其吸附性能研究[J]. 烟台师范学院学报

（自然科学版），1990（01）：52-58.

[8] 葛颖，李连生，徐如人. 层状 α-Zr(HPO₄)₂·H₂O 交联过程的研究[J]. 高等学校化学学报，1990（10）：1048-1051.

[9] 赵玉娥，宋天佑，徐家宁. 醇体系中新型晶体磷酸锆的合成和表征[J]. 高等学校化学学报，1995（02）：179-180.

[10] 于吉红，徐如人，徐柏庆. 两种新型氯化硼铝晶体的合成与热分解过程研究[J]. 化学学报，1995（11）：1106-1111.

[11] 徐家宁，袁宏明，卜卫名，等. 非水体系中磷酸钴大单晶的合成与结构[J]. 高等学校化学学报，1996（08）：1177-1178.

[12] 吴明姝，李理，徐如人. (Ba, Pb)TiO₃ 的水热合成[J]. 化学学报，1996（12）：1181-1185.

[13] 陈代荣，徐如人. 乙二醇甲醚-水溶液作介质水热法合成四方相 ZrO₂·3%Y₂O₃ 纳米晶[J]. 高等学校化学学报，1998（01）：1-4.

[14] 徐家宁，袁宏明，毛友钢，等. 具有十二元环开放结构磷酸锌的非水合成与表征[J]. 高等学校化学学报，2000（04）：509-512.

[15] 徐如人. 微孔晶体孔道结构的分子设计[J]. 大学化学，1993（01）：4-5.

[16] 徐翊华，张丽萍，徐如人. 一种新颖的十八元环超大孔分子筛骨架拓扑结构 CJU-18 的设计[J]. 高等学校化学学报，1992（05）：561-563.

[17] 徐翊华，杨军涛，沙秀红，等. 正交晶系下 AlPO₄-5 类似物的骨架拓扑结构设计[J]. 高等学校化学学报，1994（05）：631-636.

[18] 刘晓东，徐翊华，于吉红，等. 数据挖掘辅助定向合成——（Ⅰ）具有特定孔道结构的微孔磷酸铝[J]. 高等学校化学学报，2003（06）：949-952.

[19] 郭敏，李乙，李激扬，等. 具有特定孔道结构的分子筛骨架的设计[J]. 复旦学报（自然科学版），2003（06）：861-866.

[20] Li Yi, Yu Jihong, Liu Donghan, etal. Design of zeolite frameworks with defined pore geometry through constrained assembly of atoms[J]. Chemistry of Materials, 2003（14）：2780-2785.

第十例：抱朴守拙　登上尖峰

一、案例内容

（一）独辟蹊径　发展理论

20 世纪 80 年代，姚守拙独辟蹊径，在国内率先开展了药物电极理论与应用的研究，并在关键问题上实现了重大的理论创新。他提出的变价态离子电极理论以及发展的能斯特倍增效应理论等曾被 20 多个国家的学者来函索要交流资料[1]。1983 年，姚守拙作了题为《选择性药物电极》的报道[2]。同年，姚守拙带领团队研究了以四间甲苯硼酸盐（TTB）型离子缔合物为活性物质的五种新电极的性能，结果表明，TTB 型离子缔合物为活性物质的液膜电极有较好的响应性能[3]。与此同时，小组在《药学学报》上详细介绍了以四间甲苯硼酸硫胺为活性物质的维生素 B_1 液膜电极，并指出该电极性能良好，适用于维生素 B_1 药物的快速分析[4]。此外，小组还首次报道了辛可宁选择性电极的研究，并对可变价态离子的选择性电极进行了详细介绍[5]。在当时，由于盐酸达克罗宁未在我国药典收载，且各国报道的分析方法也不多，于是，小组便针对达克罗宁选择性电极进行了相关研究，他们通过比较不同电极类型与活性物质，最终选用了以达克罗宁-雷氏盐为活性物质的聚氯乙烯膜电极，并报道了该电极的性能[6]。次年，研究组成功研制了一种新的马钱子碱液膜电极[7]。除此之外，他们还制成了普鲁本辛电极，并且成功地应用于普鲁本辛样品的分析[8]。同时，小组报道了苯妥英选择性电极的研制工作，并比较了 4 种不同式量季铵盐型活性物质构成的苯妥英液膜电极的响应性能，结果表明，以苯妥英-十六烷基三辛基铵为活性物质时，电极的响应性能最优[9]。在同一年，小组还报道了新型硅钨酸型离子缔合物为活性物质的吗啉胍电极，后经实验证明，该电极具有良好的性能[10]。1985 年，小组研究了变价态奎宁电极的行为与特点，并证明了在不同 pH 值溶液中其电极电位不能直接用能斯特或者 Nicolsky-Eisenman 公式表述，还提出了变价态电极的 $S\text{-}\delta$ 经验式[11]。三年后，他们以磺胺的季镤及季钟盐型离子缔合物为电活性物，研究了磺胺电极的响应规律，他们发现电极性能主要决定于定域体阳离子，并且首次提出了可以用磺胺类药物离子选择性电极测定磺胺类药物[12]。1989 年，研究组考察了 6 种杂多酸型药物电极对金属离子选择性系数的变化规律，结果表明，金属离子对电极的干扰过程受控于其萃取过程，而且电极对金属离子的选择性主要由离子的疏水性决定（表 3.8）[13]。1991 年，他们建立了表述变价态离子电极特殊行为的理论模型。

表 3.8　电极选择性系数与金属离子参数的函数关系 $pK_{ij}=A+BX$ [13]

考虑参数 X		电极			均值
		BZD	DBZ	CBT	
$z^2/(r+0.85)$	A	4.757	4.366	4.614	
	B	−0.444	−0.534	−0.404	0.796
	R	0.808	0.829	0.751	
	S	0.334	0.372	0.366	0.357
$(z^2/r)^{-1}$	A	4.757	4.366	4.614	
	B	−0.538	−0.623	−0.531	
	R	−0.979	−0.966	−0.986	−0.977
	S	0.117	0.172	0.092	0.127
$(z/r)^{-1}$	A	4.757	4.366	4.614	
	B	−0.532	−0.619	−0.524	
	R	−0.966	−0.959	−0.974	−0.966
	S	0.146	0.187	0.126	0.153
$(z/r^2)^{-1}$	A	1.757	4.366	4.614	
	B	−0.502	−0.587	−0.504	
	R	−0.913	−0.910	−0.937	−0.920
	S	0.231	0.275	0.194	0.233
$-\Delta H$	A	4.757	4.366	4.614	
	B	0.456	0.546	0.418	
	R	0.829	0.846	0.777	0.817
	S	0.317	0.354	0.346	0.340
$-\Delta G$	A	4.757	4.366	4.614	
	B	0.455	0.545	0.417	
	R	0.827	0.815	0.775	0.816
	S	0.319	0.356	0.351	0.342

（二）探索未知　开创新域

20 世纪 70 年代，国际上公认压电传感器只能用于气相的检测，但在技术上迫切需要用于液相检测的压电传感器，姚守拙为了征服这一科技高峰，不断进行多角度、多侧面的试验，最终创立了压电液相振荡的系统理论，成为了 80 年代国际上首先在该领域实现突破的两个科研工作者之一[15,16]。1985 年，姚守拙研究组自行设计了石英晶体检测器，他们发现晶片在完全进入水中时可稳定振荡，而且对于特定的晶片在水及一些有机液体中的振荡均有截止温度[17]。1988 年，他们又用自行设计的适用于液相体系的振荡器研究了压电石英晶体在一系列不同浓度有机液体与水混合体系中的振荡性能[18]。同年，他们发表了题为《晶体管振荡器的压电晶体在电解质溶液中的频移特性及其化学应用》的论文，指出晶体频移与溶液电解质浓度有线性关系，接地可显著增宽频移线性关系的电解质浓度范围[19]。与此同时，他们还提出了压电石英晶体在电解质水溶液中的等效电路模型，并指出晶体在溶液中的振荡性能由晶体参数、振荡电路参数和溶液特性三者决定[20]。1994 年，小组在《压电石英晶体传感器在电化学研究中的应用——电化学石英晶体微天平》一文中指出，由于压电石英晶体方法简便、成本低，且对质量响应灵敏度高，因此具有研究复杂电极反应的能力[21]。

二、教育思想

大道至简　实干为要

姚守拙（1936—），上海松江人，分析化学家，压电液相振荡理论的开拓者，中国科学院院士。主要从事化学与生物传感研究。国际期刊 *Analytical Chemistry*、*Biosensor and Bioelectronics*、*Analytica Chimica Acta* 的特邀审稿人。已培养硕士50 多名、博士 40 多名、发表论文 300 余篇，出版《压电化学与生物传感》《电化学传感器与波谱计算机检索》等 6 部专著。曾获国家自然科学奖、国家教委科技进步奖一等奖、全国优秀科技工作者、机械部科技突出贡献奖、全国优秀教师、全国教育系统劳模等荣誉。

长安何处在，只在马蹄下。不驰于空想，不骛于虚声，久久为功地力行，一直是姚守拙所践行的科研准则。

他对青少年讲，"莫等闲，白了少年头，空悲切"，"理想即人生的目标，青少年拥有理想固然重要，但更可贵的是要一步一个脚印地走下去[22]”。针对科学研究，他告诫学生，“面对困难，应勇敢，要有担当，不要逃避[22]”，“要善于思考问题，要注重自身能力的培养和综合素质的提高[23]”，“知识面要宽，学会发展和利用交叉学科，取各科之长，再提出新的东西[23]”。心有所信，方能行远。姚守拙说，“除了要有创新思维与创新能力外，要成为真正的科学家，最应具备的还是要有坚定的信念和为科学献身的精神[23]”。

参 考 文 献

[1] 李远航, 徐炯权. 老专家 新院士——访新当选的中国科学院院士、全国政治委员、农工党中央常委姚守拙[J]. 前进论坛, 2000(01): 38-40.

[2] 姚守拙. 选择性药物电极[J]. 离子选择电极通讯, 1983(01): 11-16.

[3] 姚守拙, 沈国励. 用四间甲苯硼酸盐型离子缔合物为选择性药物电极的活性物质[J]. 科学通报, 1983(16): 988-989.

[4] 姚守拙, 沈国励, 徐小马. 维生素 B_1 选择性电极的研究[J]. 药学学报, 1983(08): 612-618.

[5] 姚守拙, 沈国励, 戴桂林. 辛可宁选择性电极的研究[J]. 科学通报, 1983(21): 1312-1314.

[6] 姚守拙, 沈国励, 邱细敏. 达克罗宁选择性电极的研制[J]. 药学学报, 1983(11): 871-874.

[7] 沈国励, 姚守拙, 孙穗. 一种新的马钱子碱液膜电极的研制与应用[J]. 高等学校化学学报, 1984(01): 136-138.

[8] 沈国励, 姚守拙, 谢德凯. 普鲁本辛选择性电极的研制与应用[J]. 分析仪器, 1984(01): 39-43.

[9] 姚守拙, 汤永强. 苯妥英选择性电极的研制[J]. 药学学报, 1984(06): 455-460.

[10] 姚守拙, 高光. 吗啉胍选择性电极的研制[J]. 药学学报, 1984(07): 550-554.

[11] 姚守拙, 刘建华. 关于变价态奎宁电极的研制与 pH 对电极斜率影响的探讨[J]. 化学学报, 1985(07): 611-619.

[12] Yao Shouzhuo, Xiao Jun, Nie Lihua. Studies on response characteristics of drug ion-selective electrodes(II)——sulpha-drug sensitive electrodes using quaternary phosphonium and arsonium compounds[J]. Science in China, Ser. B, 1988(10): 1222-1234.

[13] 姚守拙, 马万里, 聂利华. 药物离子选择性电极响应规律的系统研究——IV. 杂多酸型药物电极对金属阳离子选择性规律的探讨[J]. 中国科学, 1989(07): 736-743.

[14] 聂利华, 马万里, 汤胜修. 变价态离子电极的理论模型[J]. 化学学报, 1991(07): 700-705.

[15] 姚学文, 李瑾, 叶乐. 姚守拙: 压电液相振荡理论的开拓者[N]. 湖南日报, 2006-10-18(A02).

[16] 陈建生, 陈瑞清, 姚守拙. 学习十六大 主委谈体会[J]. 前进论坛, 2003(02): 7-9.

[17] 姚守拙, 周铁安. 石英压电振子在液体中的某些振荡特性研究[J]. 科学通报, 1985(15): 1153-1156.

[18] 姚守拙, 周铁安. 压电石英晶体在有机液体-水混合体系中的特性[J]. 湖南大学学报(自然科学版), 1988(01): 1-11.

[19] 姚守拙, 周铁安. 晶体管振荡器的压电晶体在电解质溶液中的频移特性及其化学应用[J].

高等学校化学学报, 1988(07): 749-751.

[20] 周铁安, 张文柳, 聂利华. 压电石英晶体在电解质水溶液中的振荡性能研究——起振特性与振荡区间[J]. 科学通报, 1988(15): 1154-1156.

[21] 谢青季, 姚守拙. 压电石英晶体传感器在电化学研究中的应用——电化学石英晶体微天平[J]. 化学传感器, 1994(03): 180-185, 202.

[22] 成舸, 史公军. 中国科学院院士姚守拙: 青少年唯有实干才能圆梦[N]. 中国科学报, 2013-09-10(001).

[23] 梁振华, 邓敏. "信念引导我攀登科学高峰"——访中国科学院院士姚守拙教授[J]. 科学启蒙, 2000(02): 4-5.

第十一例："把中国无机化学落后的时间抢回来"

一、案例内容

演绎最美化学人生

1980 年，游效曾作为国家教委选派的早期访问学者赴美进修。初到美国，他就感受到我国配位化学水平与世界的差距，立志要"把中国无机化学落后的时间抢回来"。1981 年，游效曾研究组发表了题为《无机化合物的光电子能谱》的论文，指出光电子能谱法已渗入化学的许多领域，它的应用前途是相当广阔的[1]。两年后，小组用 ^1H 和 ^{13}C NMR 研究了存在多个快速交换反应的(C-6)-$CoCl_2$-丙酮体系，同时，还建立了一套计算程序，最终确认位移机制是电子磁矩和共振核的核磁矩通过空间直接偶极-偶极相互作用[2]。同年，他们采用自旋非限制模型计算了 NiCO 在不同状态的能级差异[3]。与此同时，研究组采用了 X_a-SW 分子轨道方法对 CS、CS_2、HCN、CH_3OH 和 CH_3CN 等一系列分子的光电子能谱作了计算，结果表明，得到的理论结果和实验值相当符合[4]。1984 年，小组采用各种分析手段证实了 Cu(II)离子可以和苯并-15-冠-5 形成配合物，并且还进一步用 X 射线衍射法测定了它的晶体结构，其结构含有分立的 $Cu(Ⅱ)(C_{14}O_5H_2O)(H_2O)_2$ 离子，2 个 ClO_4^{2-} 和 3 个 H_2O[5]。次年，他们从量子化学的角度，对含有桥基的双核簇合物$[Co_2(\eta^5\text{-}C_5Me_5)_2(\mu_2\text{-}X)(\mu_2\text{-}Y)]^n$ 进行了计算，结果表明，HOMO 都具有反键的金属-金属作用特性[6]。同年，他们还研究了 trans-和 cis-$L_2Mo_2(\mu_2\text{-}S)_2$(t-O)$_2$[L=$C_5H_5$-,i-mnt 等]型双钼金属簇的合成方法及其结构[7]。与此同时，他们还合成了双席夫碱双核铜(II)配合物$(Cu_2(C_{20}H_{12}ClN_2O_3)OH)\cdot2H_2O$，并测定了它的单晶结构，进行了量子化学计算，结果表明，该晶体属于单斜晶系，而且还证实了 $C_{21}H_{17}ClN_2O_3$ 在 Cu(Ⅱ)离子的催化下，不仅分子构型发生了变化，而且出现了一个新的反应[8]。1986 年，研究组在特定的实验条件下制备了硫酸二（硫脲脲）合铜(Ⅱ)配合物$(Cu(NH_2NHCSNH_2)_2SO_4)$，并测定了它的结构，结果表明，该晶体属三斜晶系[9]。同年，他们提出了一套在态叠加微扰理论基础上的 INDO 近似计算方法，并把化学位移的计算推广到了包含 d 和 f 轨道的一般情况[10]。与此同时，他们还首次应用 MNDO 近似和规范不变的原子轨道(GIAO)计算了化学位移，并提出了 MNDO/GIAO 微扰计算法及单电子算符 $1/r_m$，L_m 及 L_m/r_m^3 的简单有效积分法[11]。次年，他们报道了以二甲亚砜为轴向加合的 HTTA(4,4,4-三氟-1-(2-噻吩基)-1,3-丁二酮)过渡金属铜(II)配合物的晶体结构，结果表明，二甲亚砜-二[4,4,4-三氟-1-(2-噻吩基)-1,3-丁二酮]合铜(II)晶体属于三斜晶系，配合物中分属 HTTA 配体的两个噻吩环位于配位平面的同一边，形成了顺式的配位结构，并且他们认为之所以可以在二甲亚砜溶液中顺利地制得单晶是由于 Cu(II)基本上以 dsp^3 杂化轨道和 β-二酮的四个氧原子形成平面结构，但由于空间有利的因素，二甲亚砜的配位会增加整个分子的稳定性（图 3.17）[12]。1987 年，研究组应用他们所设计的一套兼顾计算时间和精度的可调参数间略微分重叠核磁共振化学位移计算程序(INDO/σ)计算了文献上还没有人用 INDO 法计算过的、包含 d 轨道的化合物，结果表明，计算值和实验值有很好的线性关系[13]。同年，他们合成了双-(O,O-二正丁基二硫代磷酸酯)合镍-二吡啶加合物晶体，并测定了它的结构，结果表明，Ni 原子呈八面体配位，配位原子是 2 个二硫代磷酸丁酯分子的 4 个硫原子和 2 个吡啶分子的 2 个氮原子，且在二硫代磷酸酯配位基中，2 个硫原子和

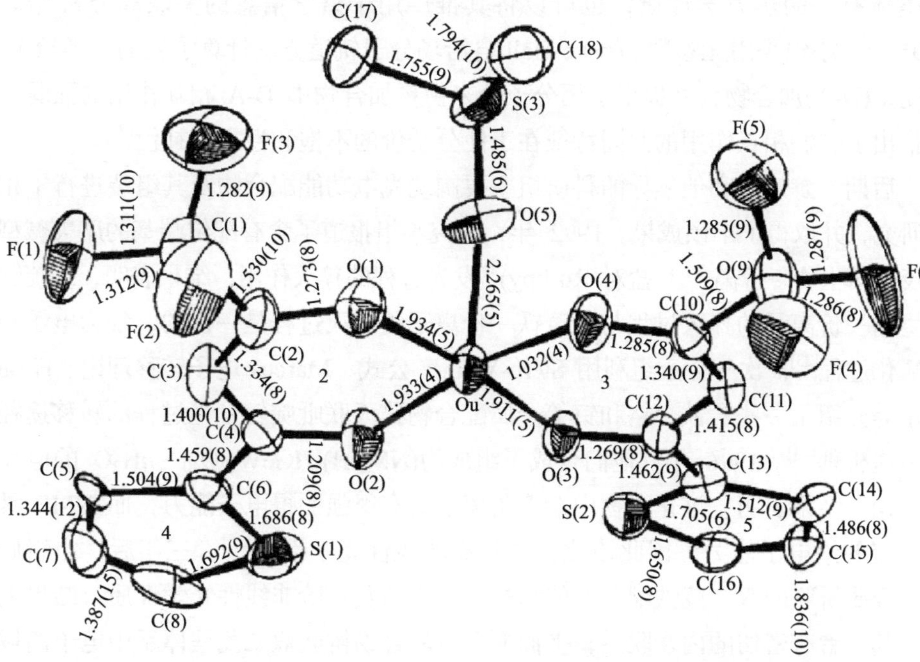

图 3.17　Cu(II)(TTA)$_2$·(CH$_3$)$_2$SO 配合物的 ORTEP 图[12]

2 个氧原子位于以磷原子为中心的四面体的顶点，除此之外，吡啶环上的 6 个原子共面性很好，吡啶环平面与 NiS_4 平面、PO_2 平面均互相垂直[14]。第二年，小组发表了以《双核钴簇合物的合成》为题的论文，文中指出，用炔烃 $RC_2R(R=R$ 或 $R≠R)$ 取代 $Co_2(CO)_8$ 中的 2 个 Co 所生成的新型簇合物 $(RC_2R)Co_2(CO)_6$ 就比 $Co_2(CO)_8$ 稳定得多[15]。与此同时，他们还报道了 $Cu[(C_6H_{11}O)_2PS_2]_2$ 配合物单晶在 X 波段室温下的电子顺磁共振(EPR)研究[16]以及 $[NH_3Pr^i]_6[Mo_8O_{28}(CHO)_2] \cdot 2H_2O$ 单晶在紫外光照辐射后的电子顺磁共振波谱[17]。1989 年，小组介绍了过渡金属配合物磁共振参数的一般表达形式，并且他们还由光照多钼酸盐 $(NH_3Pr^i)_6[(CHO)_2Mo_8O_{28}] \cdot 2H_2O$ 和 $Na_3(CrMo_6O_{24}H_6) H_2O$ 的单晶顺磁共振实验求出了自旋 Hamiltonian 参数 g 张量、a 张量和零场分裂参数 D[18]。第二年，研究组发表了题为《二维 NMR 波谱学及其在金属配位化学研究中的应用》的论文，文中介绍了二维 NMR 在金属配位化学研究中的典型应用[19]。1992 年，他们利用 2,2,2-三氨基三乙胺与二茂铁甲醛(FeCHO)的 Schiff 碱缩合产物(L)为配体合成了 10 个三角架型过渡金属配合物[20]。第二年，小组将键参数拓扑指数改进后，给出了一种新的键参数计算公式，结果表明，这种指数不仅适用于关联一些与分子整体有关的热力学性质，也可以将其推广用于谱学信息的关联和分析[21]。1995 年，小组采用无参数 Fenske-Hall 自洽场分子轨道方法计算了氨的三类给予-接受型(D-A)加合物，并提出了用分子价来衡量加合物中 D-A 相互作用的强弱，并指出了它们相互作用的共同特征在于使分子价的不饱和性得到补偿[22]。

后期，游效曾和他领导的科研组主要围绕光电功能配合物及其组装进行了相关研究，并取得了丰硕成果。1992 年，研究小组报道了含有配位端基的席夫碱型二茂铁衍生物一价离子 I_3 盐对 $Ru(bpy)_3^{2+}$ 发光过程的猝灭作用，结果表明，二茂铁衍生物一价离子的猝灭过程与二茂铁一价离子的猝灭过程是一样的，都为电子转移氧化过程[23]。次年，小组利用 Stern-Volmer 公式、Marcus 电子转移理论、Hush 理论等介绍了一些含铁、铬和钌等金属配合物猝灭联吡啶钌发光过程的转移途径及传递机理[24]。1996 年，他们合成了组成为 $(NMPH)_3HGeW_{12}O_{40} \cdot nH_2O$ 的电荷转移盐，结果表明，该化合物中杂多阴离子具有很强的得电子能力，而 NMP 具有一定的给电子能力，因此该化合物具有非线性光学性质[25]。三年后，小组研究了金属桥联的双二茂铁配合物的结构、电化学及三阶非线性光学性质，结果表明，其三者有密切的内在联系，平面型金属配合物桥联双二茂铁体系中电子离域程度高，在电化学上表现为两步连续单电子氧化过程，其三阶非线性光学效应较强，变形四面体型铜配合物桥联双二茂铁只有一个氧化还原过程，其三阶效应也较低[26]。2000 年，他们利用有限场/AM1 方法对具有 D-π-A 结构的 *N*-亚苄基苯胺衍生物的一阶极化率、非线性光学二阶和三阶极化率进行了计算，结果表明，计算值与实验值基本一致，而且设计的 *N*-亚苄基苯胺衍生物本身具有很好的光学特性，除此之外，在形成无机/有机杂化非线性光学方面具有潜在的应用[27]。2002 年，游效曾在中国化学会成立 70 周年暨 2002 年学术会议上做了《光电功能配合物及其组装》的报告，报告中指出，他带领的研究组成功地组装出第一个有光学活性且具有拆分功能的沸石类似物喹特镉类沸石，而且他们还对氨基酸进行了修饰，设计组装了第一个水溶性一维锌的磺酸苯丙氨酸手性配位聚合物。除此之外，他们利用扭曲的不对称配体构筑出了第一个发光手性二维具有三角孔洞的 2-丁醇嵌入手性铜配位聚合物[28]。2009 年，小组报道了两种含有咔唑基团的树枝状铽配合物的合成方法，并研究了它们的荧光性质，结果表明，这两种配合物都具有较宽的吸收范围，而且在不同的激发波长下都显示出良好的光致发光性能[29]。2014 年，游效曾在中国化学会第 29 届学术年会上报告了他们研究组研制出了一种具有高的发光量子产率和良好的紫外光耐受性的铽配合物。

二、教育思想

科学没有捷径可走

游效曾（1934—2016），江西吉安人，无机化学家，中国科学院学部委员（院士）。一生致力于无机化学的基础研究，特别是配位化合物的合成、结构、成键、性质和光电功能分子材料的研究。中国《无机化学学报》主编，《中国科学》编委，国际杂志 *J. Chem. Soc. Dalton Trans.*、*Inorg. Chem. Comm.*、*Comment Inorg. Chem* 等编委。已培养出上百名中青年学者和研究生，发表论文 1000 余篇，撰写了《配位化合物的结构和性质》《分子材料——光电功能化合物》等多部专著。曾获亚洲化学联合会基础研究报告奖，苏联科学院无机化学研究所丘加耶夫奖，何梁何利基金科学与技术进步奖，国家教委、教育部科技进步奖一等奖，国家自然科学奖三等奖、国家自然科学奖二等奖等多项奖励。

六十多年坚守科研岗位，只为缩短中国配位化学与世界的差距；半个世纪耕

耘在我国无机化学的杏坛上，只为推动培养新型人才。

在游效曾看来，"科学没有捷径可走"，一分耕耘，一分收获。游老非常喜欢鲁迅先生的一句名言，"我只不过把别人喝咖啡的时间用在工作上"，他也是这样践行着。他总说，"我的长寿秘诀，就是看文献！"无论是飞机上、火车上、汽车上，他手头都有一份文献资料、一支笔。在游老生命的最后二十年，他只有一只眼睛有视力，大量的论文、专著、译著都是靠一只眼睛完成的。六十年磨一剑，他把"科学"做到了极致，把"教"做到了极致。谈到成功，游老讲道，"成功是勤奋、天赋、环境和机会的配合物。"他奋斗一生，把全部生命都献给了科研、化学与教育事业。

参 考 文 献

[1] 游效曾, 周志华. 无机化合物的光电子能谱[J]. 化学通报, 1981(06): 8-15.

[2] 袁传荣, 李重德, 陆路德, 等. 在丙酮溶液中 18-冠-6 与 $CoCl_2$ 配位化合物的 NMR 研究[J]. 波谱学杂志, 1983(00): 75-84.

[3] 游效曾. NiCO 电子能级的自旋非限制 X_α-SW 法计算[J]. 结构化学, 1983(03): 183-188.

[4] 游效曾. 某些分子光电子能谱的 X_α-SW 法计算[J]. 武汉大学学报(自然科学版), 1983(04): 113-120.

[5] 游效曾, 李重德, 杨星水, 等. 铜(II)(苯并-15-冠-5)配合物的结构[J]. 科学通报, 1984(23): 1433-1436.

[6] 游效曾, L F Dahl, R F Fenske. $[Co_2 (\eta^5-C_5Me_5)_2 (\mu_2-X) (\mu_2-Y)]^n$ 簇合物的成键和结构[J]. 分子科学学报, 1985(01): 9-14.

[7] 朱忠和, 游效曾, C F Campana, 等. trans-和 cis-$(\eta\sim5-C_5Me_5)2Mo_2 (\mu_2-S)_2 (t-O)_2[Me=CH_3-]$ 的合成和结构[J]. 结构化学, 1985(04): 295-300.

[8] 徐正, 游效曾, 姚元根, 等. 双席夫碱双核铜配合物$[Cu_2 (C_{20}H_{12}CIN_2O_3) OH] \cdot 2H_2O$ 的晶体结构[J]. 化学学报, 1985(11): 1039-1042.

[9] 巢启荣, 李邨, 周精玉, 等. 硫酸二(硫胺脲)合铜(II)配合物的结构[J]. 科学通报, 1986(08): 594-596.

[10] 吴伟雄, 冯星洪, 朱龙根, 等. 核磁共振化学位移的态叠加微扰 INDO/σ 计算方法[J]. 高等学校化学学报, 1986(08): 725-728.

[11] 吴伟雄, 游效曾, 戴安邦. 核磁共振化学位移的 MNDO/GIAO 微扰法计算[J]. 化学学报, 1986(10): 1077-1079.

[12] 李重德, 游效曾, 姚元根, 等. 二甲亚砜-二[4, 4, 4-三氟-1-(2-噻吩基)-1, 3-丁二酮]合铜(II)的晶体结构[J]. 化学学报, 1987(03): 260-263.

[13] 吴伟雄, 游效曾, 戴安邦. 包括 d 轨道的 NMR 化学位移 INDO/σ 法计算[J]. 中国科学, 1987(05): 451-456.

[14] 刘世雄, 林墀昌, 徐正, 等. 双-(O, O-二正丁基二硫代磷酸酯)合镍-二吡啶加合物的晶体结构和分子结构[J]. 有机化学, 1987(05): 369-373.

[15] 孟庆金, 孙守恒, 步修仁. 双核钴簇合物 $(C_6H_5C_2R)Co_2(CO)_6$ 的合成[J]. 高等学校化学学报, 1988(08): 856-858.

[16] 韩世莹, 眭云霞, 金通政, 等. $Cu[(C_6H_{11}O_2PS_2]_2$ 配合物单晶的电子顺磁共振[J]. 化学学报, 1988(12): 1181-1185.

[17] 陈颉, 游效曾, 韩世莹. $[NH_3Pr^i]_6[Mo_8O_{28}(CHO)_2]\cdot2H_2O$ 单晶紫外光照后的电子顺磁共振研究[J]. 化学学报, 1988(12): 1186-1190.

[18] 游效曾. 过渡金属配合物的磁共振参数研究[J]. 结构化学, 1989(S1): 372-380.

[19] 毛希安, 游效曾. 二维 NMR 波谱学及其在金属配位化学研究中的应用[J]. 化学通报, 1990(08): 16-21.

[20] 苟少华, 徐正, Alyea E C, 等. 含二茂铁基为臂的三角架型过渡金属配合物的研究[J]. 化学学报, 1992(11): 1105-1110.

[21] 李林峰, 游效曾. 分子拓扑指数及其应用 I. $^{95}MoNMR$ 与 $^{119}SnMössbauer$ 谱的化学位移研究[J]. 科学通报, 1993(05): 421-425.

[22] 李林峰, 方维海, 游效曾. 含氨 D-A 加合物的自然杂化轨道研究[J]. 化学学报, 1995(01): 14-19.

[23] 段春迎, 朱龙根, 游效曾. 二茂铁衍生物盐猝灭 $Ru(bpy)_3^{2-}$ 发光的研究[J]. 科学通报, 1992(13): 1187-1190.

[24] 游效曾, 段春迎, 朱龙根. 一些铁(II)、铬(III)和钌(II)配合物猝灭联吡啶钌发光过程研究[J]. 武汉大学学报(自然科学版), 1993(06): 74-80.

[25] 牛景扬, 王敬平, 游效曾, 等. 电荷转移聚金属氧酸盐的合成、表征及非线性光学性质的研究[J]. 科学通报, 1996(04): 328-331.

[26] 田玉鹏, 卢忠林, 游效曾, 等. 金属桥联双二茂铁配合物的结构与三阶非线性光学性质研究[J]. 化学学报, 1999(10): 1068-1074.

[27] 孙振范, 朱小蕾, 游效曾. N-亚苄基苯胺衍生物的非线性光学有限场/AM1 计算[J]. 无机化学学报, 2000(03): 497-502.

[28] 游效曾, 熊仁根, 左景林. 光电功能配合物及其组装[J]. 化学通报, 2003(04): 219-227.

[29] 马倩, 吴静, 李红岩, 等. 含咔唑基团铕配合物的合成和荧光性能研究[J]. 中国稀土学报, 2009, 27(01): 151-155.

第十二例：宏才大略 不负科学

一、案例内容

（一）给导弹穿上外衣

以国家需要为己任，一直是严东生的信条。当中华人民共和国成立的消息传来时，他立即解除了博士后合约，放弃了在美国的优厚待遇，毅然踏上了归国之路。他曾说，"在建立新中国时，我们没有出什么力，现在建设新中国的时期已经到来，没有理由再留在美国[1]。"当时百废待兴，严东生结合我国工业建设的实际，立即开始了耐火材料的研究。1956 年，严东生在《科学通报》上发表了题为《关于发展耐火材料研究的一些意见》的论文，他指出，耐火材料在今后的年代里，不但要大大地增加产量，而更重要的是提高产品质量，陆续创造出许多优质耐火材料的新品种，这样才能满足工业需求[2]。当我国开始实施第一个五年计划时，严东生又带领科研人员针对"包钢"铁矿石含氟量高这个世界难题进行了研究[3]。1957 年，严东生研究组讨论了冶炼含氟矿石实验高炉炉衬的侵蚀问题，他们指出，炉缸砖衬的破坏主要是由于含氟炉渣的溶解作用，而含氟碱金属化合物熔融物质则可能是破坏炉腹以上砖衬的主要因素，他们认为氟的存在会加强侵蚀物对砖衬作用后的熔融程度，增加溶解度，降低黏度，因而加速了破坏过程。此外，他们发现高铝砖和炭砖都具有较好的抵抗含氟碱金属熔融物质侵蚀的能力[4]。在"两弹一星"工程中，无论是火箭发动机还是导弹，都需要穿上特制的"防热外衣"，自 1967 年起，严东生团队就已经能够批量制备这种"外衣"，并且成功用作我国多种型号火箭发动机的高温防热层，保证了火箭发动机的正常运行[5]。70 年代，他紧急受命，按照国家航空、航天及国防新技术发展的需求，开创性地研制出了一种碳纤维补强陶瓷基复合材料，成功地解决了新中国第一代洲际导弹端头防热的难题，之后，他也被称为"给导弹穿上外衣的人"[3,6]。20 余年后，严东生在中国空间科学学会空间材料专业委员会 2004 学术交流会上介绍了该成果，他提到，碳纤维补强石英复合材料的工艺是先将连续碳纤维束通过石英玻璃泥浆缠绕成型，然后热压烧结而成，它具有很好的抗热和抗机械冲击能力[7]。

（二）持之以恒 投身"相关系"

20 世纪 70 年代，严东生还带领研究团队开创性地在"相关系"基础上进行了复杂氮陶瓷系统的组分设计和晶界工程研究[3]。1985 年，严东生小组研究了 Y_2O_3-Al_2O_3-Si_2N_2O 系统的亚固相关系和 1550℃的等温面相关系，结果表明，在该系统中有 4 个四元相区，并且在近 Si_2N_2O-Al_2O_3 一边，1550℃时存在范围很大的液相区，其低共熔组成为 Y_2O_3:$2Si_2N_2O$:$2Al_2O_3$，最低共熔温度约为 1450℃（图 3.18）[8]。第二年，他们研究了 Si_3N_4-AlN-R_2O_3(R=Nd, Sm, Gd, Dy, Er, Yb)系统的 R-α-Sialons 的形成及其相平衡关系，结果表明，α-Si_3N_4 都同各个 $0.1R_2O_3$:$0.9AlN$ 分别形成有限固溶体，β-Si_3N_4 同各个 R-α-Sialons 固溶体在 1750℃处平衡，此外，他们还发现了一个具有四方结构的新的化合物，即 Nd_2AlO_3N[9]。

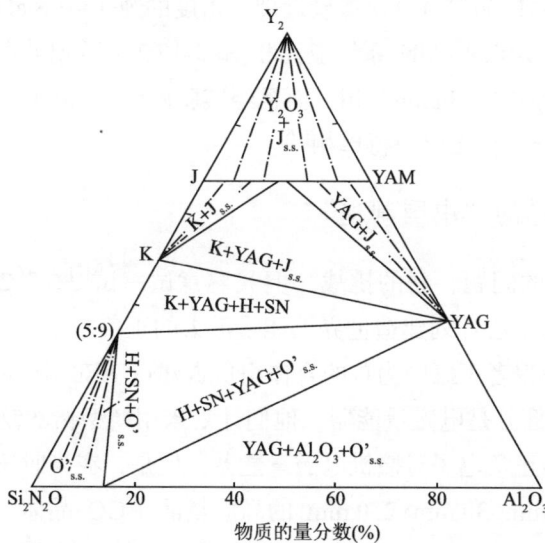

图 3.18 Y_2O_3-Si_2N_2O-Al_2O_3 系统亚固相关系图[8]

1987 年，研究组测定了 Si_2N_2O-Al_2O_3-La_2O_3 和 Si_2N_2O-Al_2O_3-CaO 两个三元系统的亚固相图，并且他们在后一个系统中发现一个未知结构的新化合物 CaO·Si_2N_2O，此外，他们发现在这两个系统的富 Si_2N_2O 区，过量的 Si_2N_2O 与 La_2O_3 和 CaO 分别反应生成了 Si_3N_4 及 $La_{10}[SiO_4]_6N_2$(H-相)或 $CaSiO_3$，从而在三

元系统中形成了数个四元相区[10]。同年，他们又提出了 $Si_2N_2O-AlN-Y_2O_3$ 系统的亚固相图，指出在该系统中共形成了 2 个三元相区和 8 个四元相容性四面体区，并且他们还修正了 O-βSialon 在 Y-Si-Al-O-N 系统中的相关系[11]。次年，他们建立了以 Si_3N_4、SiO_2、$CaSiO_3$、$2CaO \cdot Al_2O_3 \cdot SiO_2$、$CaO \cdot Al_2O_3$、$Al_2O_3$ 和 β_{60} 为边界的区域中的亚固相关系，并发现在该区域中存在一个新相（S 相），且与 $CaO \cdot 2Al_2O_3$ 形成了连续固溶体，他们还指出，在该区域中有 14 个相容性四面体，其中 5 个含有 S 相[12]。1989 年，小组提出了 $Si_3N_4-Y_2O_3-La_2O_3$ 三元系统的亚固相图，指出在该系统中包含了 4 个含固溶体的 2 个相和 8 个三相区，并且在富 Si_3N_4 区发现存在一个新相，即 $0.4Y_2O_3 \cdot 0.6La_2O_3 \cdot 3Si_3N_4$[13]。次年，他们测定了 Mg-Al-O-N 系统在 1800℃时的相关系，发现在 MgO-AlN-尖晶石三角形中，在富 AlN 处，与 AlN 一起出现的是 Mg-Al-O-N 混合多型体，并确定这种多型体主要由 9-层结构基块组成，但它们普遍与 8-层和 7-层的基块共生长[14]。1991 年，他们还研究了 $Li_2O-Si_3N_4-AlN$ 系统 1750℃的等温截面，指出系统中存在 Li-α-Sialon 固溶体区和富含 Li_2O 的液相区，发现从 1600℃才开始并快速地形成 Li-α-Sialon，在 1700℃时可获得接近理论密度的纯 Li-α-Sialon 相[15]。同年，他们还提出了 $MgO-Si_3N_4-AlN$ 系统亚固相图和 1750℃等温截面相关系，结果表明，存在一个"Mg-12H-Sialon"相，而且经实验确认，Mg 可以进入 α-Si_3N_4 晶格形成 Mg-α-Sialon，但难以获得单相[16]。

（三）不一样的"中国制造"

"这是一个新的问题，新的挑战，但我愿意试一试[5]。"20 世纪 80 年代初，欧洲核子研究中心计划建造世界上能量最大的正负电子对撞机（LEP），以诺贝尔物理学奖获得者丁肇中为首的合作组负责建造 LEP 中的一个探测器 L3，其中，L3 的核心部分是电磁量能器，他们计划采用新型锗酸铋（BGO）闪烁晶体来制作这种大型正负电子对撞机电磁量能器，但是，在当时还没有国家大批量生产出尺寸为 30 mm×30 mm×250 mm 的高质量的 BGO 晶体，年逾花甲的严东生参与了这个项目的国际评比，他带领团队全力以赴，昼夜奋战，不断改良工艺，终于在国际竞争中一举中标，铸就了首颗暗物质粒子探测卫星的"火眼金睛"，为我国材料科学在国际上赢得了巨大声誉（图 3.19）[6]。之后，欧洲核子中心又决定建造大型强子对撞机（LHC），计划寻找"上帝粒子"希格斯玻色子，但是需要新型钨酸铅（PWO）闪烁晶体来制造核心部件，于是便再次邀请严东生出马，在他的指导下，团队为 LHC 提供了 5000 多根新型 PWO 晶体[5]。

图 3.19　上海硅酸盐研究所研制的优质大尺寸 BGO 闪烁晶体[6]

（四）引领方向　预见纳米

20 世纪 90 年代初，严东生凭借他对国际科学发展的独到眼光，敏锐地觉察到纳米材料研究趋势，率先在国内提出进行纳米材料科学研究的计划[3]。1998年，严东生发表了以《介孔材料的自主装合成及其在纳米材料中的应用展望》为题的综述，文中指出，借助有机表面活性剂作为几何构型模板剂，通过有机-无机离子之间的静电作用，在分子水平上进行自组装合成，并形成规则有序的有机-无机纳米异质复合结构，是实现对材料进行设计及裁剪过程中的重要一环[17]。第二年，小组在室温碱性条件下合成了 Ti 掺杂的介孔硅材料，他们发现随 Ti 掺杂量的增加，可能导致介孔硅骨架趋向混乱，最终会导致结构一致性的破坏[18]。同年，他们分别在室温酸性、室温碱性、水热碱性条件下合成了介孔氧化硅材料 MCM-41，并发现在酸性条件下合成样品的孔径最小，还提出了无机盐离子通过影响表面活性剂胶团的电荷性质和尺寸而改变材料孔径尺寸的模型[19]。与此同时，他们还在室温碱性条件下合成了 Mn 掺杂的介孔氧化硅 MCM-41 材料，并指出 Mn 的掺杂可造成有序介孔结构发生扭曲并趋向混乱[20]。此外，他们以十六烷基三甲基溴化铵为表面活性剂，在其低浓度条件下，发现低温有利于合成不稳定的六方结构，而在较高温度下则可促使六方结构转化为稳定的立方 MCM-48 材料，他们认为六方向立方结构相转变的动力学过程可以归因于无机硅酸根离子的缩聚过程[21]。2000 年，小组利用 $PdCl_2$ 溶液与介孔结构硅酸铝合成原粉反应，把 Pd/PdO 多用途催化剂移植到了 MCM-41 材料孔表面，结果表明，这种液相移植方法不但可以防止孔道堵塞，而且改善了有序介孔材料骨的架结构[22]。次年，他们还在《硅酸盐学报》上报道了铈在介孔氧化锆中的液相移植[23]。与此同时，小组成功合成了钛-氧化锆有序孔材料，结果表明，钛能够很好地进入氧化锆骨架中，不会造成孔道结构的坍塌，但是随着掺量增加，孔道长程有序度会降低[24]。2002 年，他们利用醇溶液浸渍法及后续的热处理工艺成功实现了氧化锰团簇粒子在有序多孔氧化锆孔道中的组装[25]。第二年，严东生在全国第三届纳米材料和技术应用会议上介绍了纳米介孔材料及其组装与主-客体效应[26]。同年，小组利用表面活性剂辅助模板及后处理工艺成功实现了过渡金属钇在有序介孔氧化锆骨架中的掺杂改性[27]。

二、教育思想

着眼于科学发展的关键

严东生（1918—2016），祖籍浙江杭州，材料科学家，战略科学家，我国无机材料科学的奠基人和开拓者之一，中国科学院学部委员（院士），中国工程院院士，第三世界科学院院士。长期致力于材料科学研究。曾任《中国科学》与《科学通报》主编，*Journal of Solid State Chemistry* 和 *Materials Letters* 等国际期刊编委。发表论文 250 余篇。曾获日本陶瓷学会百年国际奖、桥口隆吉基金奖、欧洲核子研究中心 CMS 晶体奖、国家发明奖一等奖、国家自然科学奖三等奖、何梁何利基金科学技术进步奖等奖项。

统军持势者，将也；制胜败敌者，众也。严先生被称为是一位真正的战略科学家。在 20 世纪 60 年代初，严先生将中国科学院上海硅酸盐研究所的科研方向从原先传统的硅酸盐材料研究调整为与国际科学前沿接轨的新型无机材料研究，这一重大调整不仅奠定了研究所在此后六十多年的发展布局，更解决了国家的多项重大需求[28]。

明者见事于未萌，智者图强于未来。到了 90 年代，严先生敏锐地发现了纳米材料研究的国际趋势，在他的大力推动下，"纳米材料科学研究"成为了国家"攀登计划"的首批项目之一[28,29]。硅酸盐所曾华荣研究员说，"正是由于严东生能在中国材料学发展的每一个关键时刻牢牢把握住发展机会，才让中国的科技力量有机会登上世界舞台[28]。" 严先生还是我国材料学界的一张"国际名片"，他促进了我国与发达国家的友好科学交流与国际合作。他曾说，"要进行充分的国际交流，才能走到世界科学的前沿，让世界科技为我所用[5]。"

从"科学家"到"战略科学家"，严先生始终以"服务国计民生"为主线。心怀"国之大者"，担纲"国之重器"，严先生的一生充分展现了战略科学家的特质。

参 考 文 献

[1] 贾颖楠. 科技战略大家严东生的往事[J]. 中国人才, 2022, 579(03): 51-53.

[2] 严东生. 关于发展耐火材料研究的一些意见[J]. 科学通报, 1956(07): 61-66.

[3] 施剑林. 勇于探索攀高, 不断开拓创新: 深切缅怀严东生先生[J]. 科学通报, 2016, 61(31): 3401-3403.

[4] 郭祝昆, 严东生. 冶炼含氟矿石实验高炉炉衬的侵蚀问题的研究[J]. 矽酸盐, 1957(01): 53-60, 52.

[5] 董佳琦. 严东生院士: 行百里者 兢兢业业终不止[J]. 今日科苑, 2016(12): 15-25.

[6] 张蕾. 严东生的晶体情缘[J]. 新材料产业, 2016, 276(11): 71-73.

[7] 严东生, 郭景坤, 谢瑞宝, 等. 碳纤维补强石英复合材料及其在空间技术中的应用[C]. 空间材料专业委员会. 中国空间科学学会空间材料专业委员会 2004 学术交流会论文集. 2004: 1.

[8] Cao Guozhong, Huang Zhenkun, Fu Xiren, et al. Phase relations of the Y_2O_3-Al_2O_3-Si_2N_2O system[J]. Science in China, Ser. A, 1985(08): 891-896.

[9] 黄振坤, 严东生, 田增英. R-α-Sialon 的形成和 Si_3N_4-AlN-R_2O_3 (R=Nd、Sm、Gd、Dy、Er 和 Yb) 系统的亚固相关系[J]. 无机材料学报, 1986(01): 55-63.

[10] 曹国忠, 黄振坤, 符锡仁, 等. Si_2N_2O-Al_2O_3-La_2O_3 和 Si_2N_2O-Al_2O_3-CaO 系统的亚固相关系[J]. 无机材料学报, 1987(01): 54-60.

[11] 孙维莹, 黄振坤, 曹国忠, 等. O′-β′Sialon 在 Y-Si-Al-O-N 系统中的相关系[J]. 中国科学, 1987(10): 1087-1092.

[12] 孙维莹, 严东生, 田增英. Si-Al-Ca-N-O 系统部分亚固相关系[J]. 硅酸盐学报, 1988(02): 130-137.

[13] Cao Guozhong, Huang Zhenkun, Yan Dongsheng. Phase relationships in the Si_3N_4-Y_2O_3-La_2O_3 system[J]. Science in China, Ser. A, 1989(04): 429-433.

[14] Sun Weiying, Ma Litai, Yan Dongsheng. Phase relationships in the system Mg-Al-O-N[J]. Chinese Science Bulletin, 1990(14): 1189-1192.

[15] 匡绍凤, 黄振坤, 孙维莹, 等. Li_2O-Si_3N_4-AlN 系统相关系和 Li-α′-Sialon 的形成[J]. 无机材料学报, 1991(03): 375-379.

[16] 匡绍凤, 黄振坤, 孙维莹, 等. MgO-Si_3N_4-AlN 系统的相关系[J]. 无机材料学报, 1991(04): 444-448.

[17] 严东生. 介孔材料的自组装合成及其在纳米材料中的应用展望[J]. 世界科技研究与发展, 1998(06): 9-12.

[18] 王连洲, 施剑林, 禹剑, 等. 钛掺杂对介孔硅材料结构性能的影响[J]. 无机材料学报, 1999(01): 49-54.

[19] 王连洲, 禹剑, 施剑林, 等. 合成条件对介孔氧化硅材料孔径尺寸的影响[J]. 硅酸盐学报, 1999(01): 24-29.

[20] 王连洲, 施剑林, 禹剑, 等. Mn 掺杂的介孔氧化硅材料的合成与表征[J]. 硅酸盐学报, 1999(01): 91-96.

[21] 王连洲, 施剑林, 张文华, 等. 合成温度对介孔氧化硅材料相结构的影响[J]. 硅酸盐学报, 1999(06): 685-692.

[22] 禹剑, 施剑林, 王连洲, 等. Pd/PdO 在 MCM-41 介孔材料孔表面的溶液移植[J]. 化学学报, 2000(02): 157-161.

[23] 陈航榕, 施剑林, 汪霖, 等. 铈在介孔氧化锆中的液相移植[J]. 硅酸盐学报, 2001(01): 18-20, 30.

[24] 陈航榕, 施剑林, 张文华, 等. 钛掺杂有序多孔氧化锆的研究[J]. 无机材料学报, 2001(03): 465-469.

[25] 陈航榕, 施剑林, 闫继娜, 等. 氧化锰团簇粒子在有序多孔氧化锆孔道中的组装及其特殊性能研究[J]. 化学学报, 2002(01): 76-80, 10.

[26] 严东生. 纳米有序介孔材料及其组装与主-客体效应研究[C]. 中国材料研究学会, 江苏省科学技术协会. 纳米材料和技术应用进展——全国第三届纳米材料和技术应用会议论文集(上卷). 2003: 3.

[27] 陈航榕, 施剑林, 杨勇, 等. 钇掺杂介孔氧化锆材料的合成与表征[J]. 化学学报, 2003(09): 1441-1443.

[28] 耿挺. 严东生 既要做"将才", 也要当"良相"[N]. 上海科技报, 2021-06-30(007).

[29] 贾耀. 一生为国奋斗的科学家严东生[J]. 民主与科学, 2020, 185(04): 73-75.

第十三例："尖端技术是一点一滴钻研出来的"

一、案例内容

干一行、爱一行、钻一行、精一行

"国家的形势在不断地变化，我们的科研工作要适应国家形势的变化。" 从"水煤气合成石油"到"火箭推进剂"、从"激波管化学动力学"到"微波吸收材料"、从"激光化学"到"分子反应动力学"，每一次面对新的领域，沙国河都选择迎难而上，从头打拼[1]。从 20 世纪 50 年代末到 60 年代，沙国河秉着"一切为了国家的需要"的坚定信念对高能燃料合成、气相爆轰波及高温快速反应动力学进行了研究，并成功地研制出我国第一台化学激波管装置，完成了氯化碘的高温气相分解反应动力学研究[2]。1983 年，沙国河研究组在《力学学报》上发表了以《激波管研究——氯化碘高温气相分解反应动力学》为题的论文，文中指出，他们建立了一套激波管高温快速反应动力学实验装置，并利用双光路分光吸收技术研究了一氯化碘分子在 1000～2000 K 之间解离的动力学过程[3]。1969 年，国防科工委向大连化物所下达了尽快研制新型微波吸收材料的任务，沙国河临危受命。"只要国家需要，我一定努力完成任务"，最终，他带领团队在短短几年内研制出了一种宽频、100～300 MHz 范围、微波吸收率达 90%以上的吸波材料，他们的这项成果还填补了国内空白[2]。

根据工作需要和国家需求，1980 年，沙国河研究组设计和试验了一个电子束引发的脉冲化学激光装置，用一个脉冲电子束产生氟原子以引发氢和氟的链反应，由此获得 HF 分子的振动激发态布居反转[4]。1982 年，他们为了研究电子束引发的脉冲 HF 化学激光器中的动力学过程，在 Brau 等人工作的基础上设计制造了一个小型的、适合于激光动力学研究的毫微秒电子束发生器（图 3.20）[5]。第二年，小组对脉冲 HF 激光在固体表面产生的等离子体波进行了研究，结果表明，用气体爆震波理论可以成功地解释激光产生的表面等离子体波过程[6]。1985 年，他们报道了用 2.8 μm 脉冲 HF 激光辐照固体靶产生的新现象，结果表明，在激光功率密度为 10～1000 MW/cm^2 范围内，激光诱导产生的等离子体波可以用一维气相爆震波理论处理[7]。

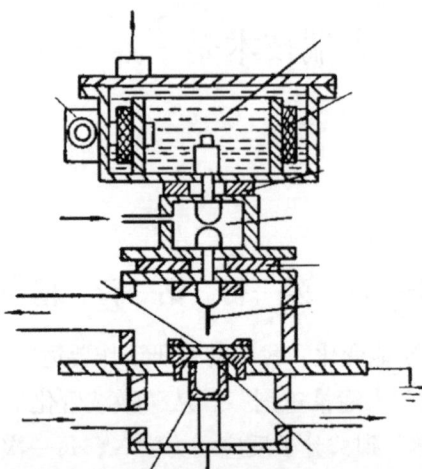

图 3.20　电子束发生器示意图[5]

在联邦德国时，沙国河"就地取材"，在国际上首次测得了 N_2 分子碰撞传能给 CO 的传能截面数据，并发现了一些传能规律，这项工作赢得了联邦德国同事的高度赞赏和信赖，当这些同事们对沙国河进行挽留时，他说，"我觉得祖国的利益高于一切，党的召唤重于一切[8]。"回国之后，他又投入到了"碰撞态-态传能动力学"的探索中，经过不懈努力，他成为了把双共振多光子电离方法发展成为一种强有力的研究激发态分子光谱和分子动力学方法的第一人。此外，他还首次观察到碰撞传能过程中的量子干涉效应，在国际上首次定义并实验测出干涉角，还发展了双共振多光子电离的变形，即离子凹陷光谱技术。1985 年，沙国河小组用两束脉冲染料激光进行了 CO 的光学双共振四光子电离，首次获得了这些过程的转动分辨的跃迁光谱，并得到了相应的选择定则、吸收截面以及 A 态的转动传能截面及影响传能速率的一些因素[9]。次年，他们用两个脉冲染料激光器研究了 $NH_3 \widetilde{C}' \to \widetilde{X}$ 的 3+1 多光子电离光谱和 $NH_3 \widetilde{X} \to \widetilde{C}' \to \widetilde{A}$ 的离子凹陷光谱，结果表明，离子凹陷光谱是一种用于研究快速预解离态的有效方法[10]。1987 年，小组得到了 CO 经过共振态 $A^1\Pi$ 态和 $e^3\Sigma$ 态的转动分辨的紫外双光子共振四光子电离光谱，并测量了它们的双光子吸收截面[11]。两年后，他们研究了以 $NH_3 \widetilde{A} ({}^1A_2'')$ 这个态为中间共振态的 2+1+1 双色双共振多光子电离过程，结果表明，以快速预解离态为中间共振态的双色双共振多光子电离光谱不仅可以用来研究上态，而且也可以用于研究快速预解离的中间态[12]。1990 年，研究组用双色共振多光子电离光谱方法，在 77K 温度下对 $^{12}CO(A^1\Pi)$ 与 $^{13}CO(X^1\Sigma^+)$ 之间的碰撞传能过程进行了研究，结果表明，$^{13}CO(A^1\Pi)$ 分子的布局总有 $\Pi^+ > \Pi^-$ 的规律，并指出传能是通过中间生成激基复合物进行的[13]。两年后，他们提出并实现了光学双共振荧光的偏正效应，以产生和探测激发态分子的一定取向分布的方法，并表明实验结果与理论计算相符合[14]。1993 年，他们还在该项研究成果的基础上，对气池中 $CO(A^1\Pi, V=3)$ 与基态 He 原子热碰撞诱导转动传能过程的角动量取向变化规律进行了研究[15]。1998 年，他们对双共振电离法研究激发态分子光谱和态分辨碰撞传能进行了综述[16]。次年，他们提出将分子激发到一个解离或预解离激发态，再用一束激光电离，将解离态上的波函数与离子基态的振动本征波函数作"投影"，并通过电子能谱的观测，得到分子在解离激发态上运动的信息，即一种新的基于 bound-free-bound 跃迁的多光子电离光电子能谱研究解离动力学方法[17]。2000 年，小组在《自然科学进展》杂志上发表了以《量子干涉效应的观测与干涉相位角的测定》为题的论文，文中指出，他们用实验证实了分子碰撞过程中量子干涉效应的存在，并且还总结出一个判定正干涉和负干涉效应的简单规则[18]。2004 年，他们在《分子单重/叁重混合激发态碰撞传能中的量子干涉效应》一文中指出，他们在国际上首次得到了单重/叁重混合激发态分子碰撞传能中的量子干涉的实验证据，从理论上导出了包括干涉相位角的传能截面公式，从实验上发展了激光双共振多光子电离光谱技术，并且发展了基于含时微扰的一级玻恩近似量子散射方法，还指出了气池实验测得的干涉角 θ_{ST} 是不同分子碰撞速度及碰撞参数的平均结果，其可以提供激发态分子碰撞相互作用势的信息[19]。

20 世纪 90 年代末，实验室拟开展"短波长化学激光新体系"，但在当时，中国人还没有发明自己的激光体系，沙国河以"不因成就而满足，不因困难而罢休"的态度成功带领研究团队研制出了轻型单重态氧 $O_2(^1\Delta)$ 发生兼化学方法脱水的小型装置。2002 年，沙国河研究组设计和实验了一个氯流量为 3～10 mmol/s 的射流式单重态氧发生器，结果表明，用纯化学反应可以得到分压高于 3.5 kPa 的 $O_2(^1\Delta)$，冷冻法脱水可使分压降至 4 Pa[20]。2005 年，研究组在第九届全国化学动力学会议上做了 "$O_2(^1\Delta)$ 气流中的水分在冷射流表面吸附的研究" 的报告，报告中指出，水分子在吸附到冷射流表面过程中所放出的热量使冷射流分子也同时蒸发出来，发生了水分子与冷射流分子的交换[21]。2013 年，研究组用五氧化二磷和硫酸射流进行了单重态氧气流中的水汽脱除实验，结果表明，P_2O_5 和 H_2SO_4 是极佳的常温射流除水剂[22]。

二、教育思想

用童心永驻播撒科学之光

沙国河（1934—），四川成都人，物理化学家，"科普院士"，中国科学院院士，中国科学院大连化学物理研究所研究员。主要从事激光化学、分子动态学及化学激光研究。曾任《化学物理学报》顾问委员会委员。先后培养硕士、博士30多人，发表论文百余篇。曾获国家自然科学奖二等奖、国防科委颁发的重大科技成果奖二等奖、中国科学院自然科学奖一等奖、何梁何利基金科学与技术进步奖、中国科学院科普工作先进个人、全国科普工作先进工作者、"最美科技工作者"等荣誉。

"中国科学的未来在青少年，让青少年对科学产生兴趣，不断激发他们的创造性，提高他们的动手能力，是每一个科学家的责任，实现高水平科技自立自强，必须有一大批创新型科技人才，而创新型科技人才的培养就得从小抓起[23]。"沙国河凭借这样的信念，"耄耋之年不言退，用童心永驻播撒科学之光"。他常说，"我只要还能做得动，就会继续发挥余热，做更多的科普工作[8]。"他用极"朴素"的方式，承担着科学家的历史使命，书写着科技报国的决心。他说，"是国家培养了我，所以我要回报国家，科学家报国有许多种方式，激发起孩子们热爱自然科学的兴趣也是一种，从事科普教育，既是国家需要，也是院士的责任，更是我的快乐[24-25]。""让中国的科技力量强大起来，是我成长过程中逐渐明晰的梦想，相信也是全体科技工作者的梦想，现在，这一梦想需要传承，娃娃爱科学，学科学，就是我的中国梦[24]。"

参 考 文 献

[1] 胡婧怡. 沙国河：尖端技术是一点一滴钻研出来的[N]. 人民日报，2022-05-20（006）.

[2] 沈黎明. 沙国河：从士兵到院士，科研路上写春秋[J]. 中关村，2020，201（02）：68-71.

[3] 张荣耀，沙国河，韩登龙，等. 激波管研究一氯化碘高温气相分解反应动力学[J]. 力学学报，1983（02）：197-202.

[4] 沙国河，尹厚明，周大正，等. 电子束引发的脉冲 HF 化学激光器的研究[J]. 激光，1980（Z1）：85.

[5] 解笑湘, 汪汝清, 沙国河, 等. 小型毫微秒电子束发生器[J]. 激光, 1982(01): 12-16.

[6] 周大正, 沙国河, 杨德政, 等. 脉冲 HF 激光在固体表面产生的等离子体波研究[J]. 中国激光, 1983(Z1): 504.

[7] 周大正, 沙国河, 杨德政, 等. 2.8μm 氟化氢激光脉冲在固体表面上产生的激光支持爆震波和冲量[J]. 中国科学, 1985(02): 156-162.

[8] 孙爱民. 中国科学院院士沙国河: 从"党外布尔什维克"到优秀党员[N]. 中国科学报, 2012-10-19(001).

[9] 沙国河, 钟宪, 赵申, 等. 一氧化碳的双共振多光子电离研究[J]. 物理化学学报, 1985(01): 66-75.

[10] 解金春, 沙国河, 张晓原, 等. 转动分辨的 $NH_3 \tilde{X} \to \tilde{C}' \to \tilde{A}$ 跃迁的离子凹陷光谱[J]. 物理化学学报, 1986(04): 371-381.

[11] 钟宪, 沙国河, 赵申, 等. $CO(A^1\Pi \leftarrow X^1\sum^+$ 和 $e^3\sum^- \leftarrow X^1\sum^+)$ 双光子共振电离光谱的归属和双光子吸收截面的测量[J]. 原子与分子物理学报, 1987(04): 595-606.

[12] 姜波, 解金春, 沙国河, 等. 以快速预解离态为共振中间态的双色双共振多光子电离光谱[J]. 物理化学学报, 1989(03): 39-44.

[13] 何晋宝, 沙国河, 张晓原, 等. $^{12}CO(A^1\Pi)$ 与 $^{13}CO(X^1\sum^+)$ 电子传能的多光子电离光谱研究[J]. 物理化学学报, 1990(05): 24-30.

[14] 孙维忠, 沙国河, 姜波, 等. 双共振多光子电离光谱的偏振效应及非弹性碰撞过程的分子取向变化规律——激发态 CO 分子取向的产生及探测方法[J]. 自然科学进展, 1992(05): 395-401.

[15] 孙维忠, 沙国河, 姜波, 等. 双共振多光子电离光谱的偏振效应及非弹性碰撞过程的分子取向变化规律——碰撞诱导转动传能过程中分子角动量取向变化规律的研究[J]. 自然科学进展, 1993(02): 145-152.

[16] 姜波, 沙国河, 解金春, 等. 双共振电离法研究激发态分子光谱和态分辨碰撞传能[J]. 中国科学院院刊, 1998(04): 292-295.

[17] 许继君, 沙国河, 韩登龙, 等. 通过中间解离态的共振增强多光子电离光电子能谱研究解离动力学[J]. 中国科学(B 辑), 1999(02): 135-140.

[18] 陈翔凌, 沙国河, 姜波, 等. 量子干涉效应的观测与干涉相位角的测定[J]. 自然科学进展, 2000(01): 27-32.

[19] 沙国河, 张存浩. 分子单重/叁重混合激发态碰撞传能中的量子干涉效应[J]. 物理化学学报, 2004(S1): 1010-1016.

[20] 王香丹, 杨何平, 邓列征, 等. 射流式单重态氧发生器研究[J]. 化学物理学报, 2002(04): 241-246.

[21] 邓列征, 石文波, 杨何平, 等. $O_2(^1\Delta)$ 气流中的水分在冷射流表面吸附的研究[C]. 中国化学会. 第九届全国化学动力学会议论文摘要集. 2005: 1.

[22] 邓列征, 石文波, 杨何平, 等. P_2O_5 和 H_2SO_4 射流脱除单重态氧气流中的水汽[J]. 强激光与粒子束, 2013, 25(07): 1648-1650.

[23] 卜叶. 沙国河 种星星的人[J]. 科学大观园, 2021, 631(23): 32-33.

[24] 乐羊羊. 沙国河: 种星星的人[J]. 学苑创造(3-6 年级阅读), 2022, 863(04): 10-11.

[25] 方近月. 科普院士沙国河[J]. 创新世界周刊, 2022(10): 67.

第四章

花开不并百花丛 独立疏篱趣未穷

第一例：梅花香自苦寒来

一、案例内容

（一）为实际服务有无穷动力

"为什么我们不能自己进行前沿的开发，而眼看着外国人赚走我们的钱呢？"20世纪60年代，我国还没有自己的稀土分离工业，只能把混合稀土原料卖给国外，国外再做高精尖的开发，最后将制成品以高价卖给我国[1]。到70年代初，根据国家需要，黄春辉开始从事稀土元素的分离化学及配位化学的研究。1979年，黄春辉研究组根据络合交换体系的特点，摆脱了串级萃取中传统的启动方式及操作方法，用季铵盐络合交换萃取体系，以人工配制的含75% Nd_2O_3 和25% Pr_6O_{11} 混合稀土为原料，用10级萃取10级洗涤的分馏萃取，第一次用萃取法实现了镨钕的全分离[2]。黄春辉除研究稀土分离问题外，还对稀土萃合物结构和萃取机理进行了研究。1985年，黄春辉研究组合成了四（三苯基氧膦）合硫氰酸钕配合物，并确定了该配合物的化学式为 $Nd(NCS)_3 \cdot 4ph_3P=O$，并指出这是个含90个非氢原子的、结构上有特点的分子[3]。同年，他们还合成了二（三苯基氧膦）合硝酸钕络合物，并对结构进行了测定，他们确定了其化学式为 $Nd(NO_3)_3 \cdot 2Ph_3P=O \cdot C_2H_5OH$，指出其晶体属单斜晶系[4]。两年后，他们报道了 $La(NO_3)_3 \cdot 3ph_3PO \cdot C_2H_5OH \cdot CHCl_3$ 的合成及结构研究，指出La与9个氧直接配位，其中6个氧来自三个双卤配位硝酸根，另三个氧分别由三个苯基氧膦上的膦酰基所提供[5]。与此同时，他们报道了络合物 $Nd(ClO_4)_3 \cdot 4Ph_3PO \cdot 2CH_3COCH_3$ 的合成和结构，鉴定数据表明，钕与8个氧配位，其中4个氧来自4个三苯基氧膦的膦酰基，另外4个氧则由两个双齿配位的高氯酸根提供，组成了 $[Nd(ClO_4)_2 \cdot 4Ph_3PO]^+$ 络阳离子，以静电相互作用与外界的高氯酸根形成分子，该络合物配位多面体虽可视为三角十二面体，但有一定程度的扭曲（图4.1）[6]。1989年，研究组在1-苯基-3-甲基-4-三氟乙酰基吡唑啉酮-5萃取钴(II)的研究中发现，其与1,10-菲咯啉作用有极为显著的协萃作用，于是合成了 $Co(PMTFP)_2 \cdot 2C_2H_5OH$ 和 $Co(PMTFP)_2 \cdot phen$ 单晶，并对它们的晶体及分子结构进行了研究[7]。两年后，小组以环己酸为配体，合成了环己酸钕配合物 $(Nd(C_6H_{11}COO)_3 \cdot 2C_2H_5OH$ 和 $Nd(C_6H_{11}COO)_3 \cdot 2H_2O)$，结构测定数据表明，每个钕原子都通过 2 个双齿和 2 个三齿羧基与另 2 个钕原子相连形成线状聚合物，另有一个双齿螯合的羧基和 2 个乙醇分子与其配位[8]。

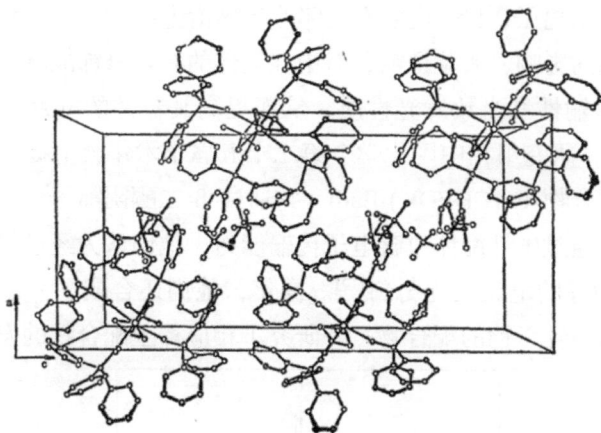

图 4.1　络合物分子在晶胞中的排列[6]

　　20 世纪 80 年代末，在稀土分离的实际问题基本解决后，黄春辉进入了稀土功能材料领域。1993 年，黄春辉小组发表了题为《Research Advances of LB Films Based on Metallic Function Complexes》的论文，提出功能性良好的金属配合物 LB 膜（非线性光学膜 Langmuir-Blodgett）的研制，一般是先从大量的非成膜的金属配合物的研究中，通过比较、筛选、改性，最终制备得到 LB 膜[9]。1996 年，黄春辉带领的团队合成了一种强绿荧光的两亲配合物 $Tb(PMIBP)_4 \cdot HDP$，并研究了它在固态、溶液及 LB 膜三种状态下的荧光性质，结果表明，该配合物的荧光发射光谱无论在 LB 膜、固态还是在 $CHCl_3$ 溶液中均为 Tb^{3+} 特征荧光[10]。两年后，小组利用激光诱导荧光技术在室温条件下研究了稀土配合物 $Gd(DBM)_3 \cdot 2H_2O$、$La(DBM)_3 \cdot 2H_2O$、$Lu(DBM)_3 \cdot 2H_2O$ 和 $Eu(DBM)_3 \cdot 2H_2O$ 的发光特性及其能量传递动力学过程，得到了稀土中心离子 Eu^{3+} 的激发光谱和配体的单线态、三线态发射光谱，并且还观察到由于中心离子 Eu^{3+} 的 $^5D_2 \leftarrow {}^7F_0$ 跃迁吸收造成的配体发射光谱中的凹陷行为（图 4.2）[11]。2001 年，研究小组以具有不同程度的两亲配合物二[2-(N-十六烷基氨基甲酰基)-8-羟基喹啉]合镧 $[La(HQ)_2Cl]$ 的 LB 膜为发光层，PBD 为电子传输材料，制备了双层结构的电致发光器件，结果表明，不同层数 LB 膜为发光层时，器件的电流密度、驱动电压阈值和器件的击穿电压均有较大的差别[12]。2004 年，研究组在《影响稀土配合物电致发光性能的几个重要因素》一文中指出制约稀土配合物电致发光效率的主要瓶颈是其载流子传输性能相对较差或者输运不平衡[13]。同年，小组通过分子修饰、设计、合成了三个邻菲咯啉衍生物及其相应的铕混配配合物，Eu(DBM)₃LN（DBM 为二苯甲酰甲烷阴离子，LN 代表不同邻菲咯啉衍生物），并比较了不同的中性配体对材料性能的影响，实验证明，对中性配体的有效修饰能够改善材料的热稳定性、载流子传输性和光致发光性质，从而提高其器件的电致发光的亮度和效率[14]。2006 年，研究组在中国化学会第二十五届学术年会上提到他们设计合成了一个新的铕配合物 Eu(CHFDK)₃Bath，它通过 β-二酮阴离子引进咔唑基团改善空穴传输能力，通过中性配体改善电子传输能力，他们认为经过修饰后的该配合物有望能够成为好的电致发光材料[15]。同年，他们还合成了一系列吡唑啉酮类稀土铽、铕、钐、钆、镝的配合物，并研究了相应稀土配合物的发光性质[16]。

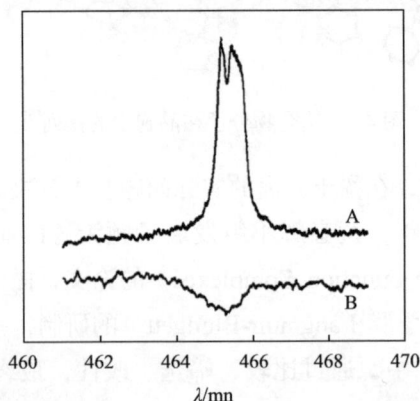

图 4.2　稀土配合物 Eu(DBM)₃·2H₂O 的荧光光谱中的凹陷与中心离子 Eu³⁺的激发光谱对比图[11]

（二）能解决问题就是贡献

"科学研究就是要解决一个又一个的难题，能解决问题就是贡献"[1]。世纪之交，开发利用太阳能已成为世界各国持续发展新能源和可再生能源的战略决策。而早在 20 世纪 90 年代初，黄春辉就开始涉足光电功能材料领域。1994 年，黄春辉组报道了四种具有较大二阶非线性极化率性质稳定的稀土配合物（镧配合物、钕配合物、镝配合物、镱配合物）的合成及非线性光性质的研究，结果表明，这 4 种稀土配合物的二阶极化率 β 值均达到文献报道的最大值附近，是很有前途的二阶非线性光学材料[17]。次年，研究组报道了一种含稀土半菁的二阶非线性光学材料的研究，结果表明，该配合物分子具有很好的二阶非线性光学性质[18]。1996 年，小组考虑到半菁分子的成膜性和二阶非线性光学性质对其阴离子的变化极其敏感，于是将疏水性强且体积大的配阴离子引入，最终获得了增大的二阶非线性光学性质[19]。2002 年，团队在《染料敏化纳米晶太阳能电池》一文中提到，与基于硅材料的固态太阳能电池相比，染料敏化纳米晶太阳能电池具有独特的优越性[20]。第二年，他们制备了 N₃ 染料敏化的稀土离子表面修饰二氧化钛纳米晶电极，发现稀土修饰二氧化钛纳米晶电极可以有效地改善电极的光电转化能力，但是铈离子与其他稀土离子具有不同的修饰性质，它会降低注入电子扩散到导电基底的能力（图 4.3）[21]。2006 年，研究组设计合成了一种席夫碱及其锌的配合物，发现将该配合物作为光敏剂应用在染料敏化纳米薄膜太阳能电池中，配合物染料比席夫碱配体的光电转化效果更好[22]。

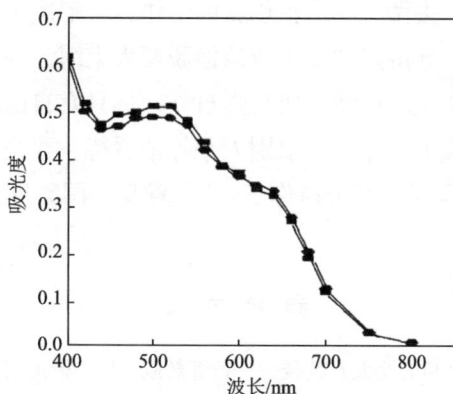

图 4.3　N₃ 敏化 TiO₂ 和 TiO₂/Yb 电极的 IPCE 曲线[21]

二、教育思想

向下扎根　勤能补拙

黄春辉（1933—），祖籍江西吉安，无机化学家，中国科学院院士。主要从事稀土配位化学和分子基功能膜材料方面的研究。任《中国稀土学报》常务编委。已培养 20 余位博士研究生，发表论文 500 余篇，著有《稀土配位化学》、《光电功能超薄膜》、《电致发光材料和器件导论》、*Rare Earth Coordination Chemistry：Fundamentals and Applications* 等。曾获国家自然科学奖二等奖、国家自

然科学奖三等奖、国家教委科技进步奖二等奖、何梁何利基金科学与技术进步奖等奖项。

　　"有机会做自己喜欢的事，辛苦也就不算什么了。" 黄春辉就是凭着这样的执着，怀着这样深深的挚爱，一步一个脚印地一路走来。在黄教授的字典里，开启科学研究的钥匙唯有"勤奋"。"我历来持这样一种观点，就是要做出成绩首先需要的是勤奋，其次才是所谓的领悟能力"。"勤奋是第一位的，科研的领悟能力可以说也是来自勤奋，来自日常知识的积累"，"随着研究的逐步深入，一个看似'山穷水尽疑无路'的问题，往往出现'柳暗花明又一村'的情景"。教书育人是她最大的乐趣，她告诫青年人，成长不仅限于"向上"，向下扎根才能向上成长。"必须选择国家亟需的、有强应用背景的项目来研究，另外要耐得住寂寞，坐得住冷板凳，去做一些真正创新的工作，去解决重大的问题"。在谈及女性从事科研工作时，她讲到"女生应该挣脱两大束缚，一个是具体困难带来的束缚，还有就是传统文化的束缚，要自强自立，你只有自己看得起自己，把自己和别人摆在一条起跑线上，才能要求别人平等地看待，要是这也不能做，那也不能做，那恐怕就不能怪别人不选择你了。" 置身中国，欣逢盛世，巾帼竞芳，当焕发巾帼力量。

参 考 文 献

[1] 金伯莉. 智慧闪烁光电间的北大女教授——黄春辉院士[J]. 稀土信息, 2007(09): 23-25.

[2] 徐光宪, 黄春辉, 金天柱. 季铵盐萃取分离镨钕及其机理的研究(Ⅱ)——硝酸甲基三烷基铵-DTPA络合交换萃取分离镨钕[J]. 北京大学学报(自然科学版), 1979(03): 81-89.

[3] 黄春辉, 徐荣芳, 徐小杰, 等. 中性磷(膦)类稀土萃合物的结构研究——Ⅱ. 四(三苯基氧膦)合硫氰酸钕的合成及结构测定[J]. 无机化学学报, 1985(00): 103-112.

[4] 黄春辉, 李根培, 周永芬, 等. 中性磷(膦)类稀土萃合物的研究(Ⅰ)——二(三苯基氧膦)合硝酸钕的合成及结构测定[J]. 北京大学学报(自然科学版), 1985(06): 12-20.

[5] 黄春辉, 徐荣芳, 周永芬, 等. 中性磷(膦)类稀土萃合物的结构研究(Ⅲ)——三(三苯基氧膦)合硝酸镧的合成及结构测定[J]. 物理化学学报, 1987(05): 491-500.

[6] 黄春辉, 徐荣芳, 李标国, 等. 中性磷(膦)类稀土萃合物的结构研究(Ⅳ)——四(三苯基氧膦)高氯酸钕合二丙酮的合成和结构[J]. 中国稀土学报, 1987(04): 1-8.

[7] 王科志, 黄春辉, 翁诗甫, 等. 协萃络合物结构的研究——二(1-苯基-3-甲基-4-三氟乙酰基吡唑啉酮-5)-(1, 10 菲咯啉)合钴(Ⅱ)的合成、表征与晶体结构的测定[J]. 物理化学学报, 1989(01): 22-28.

[8] 张德龙, 黄春辉, 徐光宪, 等. 环己酸钕配合物的合成和结构研究[J]. 中国稀土学报, 1991(01): 1-4.

[9] Huang Chunhui, Wang Kezhi, Gan Liangbing, et al. Research advances of LB films based on metallic function complexes[J]. Progress in Natural Science Communication of State Key

Laboratories of China, 1993(04): 305-313.

[10] 李琴, 周德建, 姚光庆. 强绿荧光铽-异丁酰基吡唑啉酮配合物的合成、荧光性能及 LB 膜[J]. 高等学校化学学报, 1996(07): 1016-1018.

[11] 于安池, 应立明, 赵新生, 等. 稀土配合物的发光特性及其能量传递研究[J]. 物理化学学报, 1998(09): 811-816.

[12] 欧阳健明, 林伟汉, 黄春辉, 等. 8-羟基喹啉铕两亲性配合物 LB 膜的双层电致发光器件[J]. 高等学校化学学报, 2001(11): 1781-1784.

[13] 卞祖强, 黄春辉. 影响稀土配合物电致发光性能的几个重要因素[J]. 中国稀土学报, 2004(01): 7-16.

[14] 卞祖强, 高德青, 关敏, 等. 不同邻菲咯啉衍生物作为中性配体的三元铕配合物电致发光性质研究[J]. 中国科学(B 辑化学), 2004(02): 113-120.

[15] 刘志伟, 卞祖强, 龚泽亮, 等. 功能铕配合物的电致发光研究[C]. 中国化学会第二十五届学术年会论文摘要集(下册). 2006: 557.

[16] 沈莉, 石梅, 石恩娴, 等. 吡唑啉酮类稀土配合物的发光性质研究[J]. 高等学校化学学报, 2006(08): 1413-1417.

[17] 李辉, 王科志, 夏文胜, 等. 稀土配合物 LB 膜二阶非线性光学性质的研究[J]. 科学通报, 1994(20): 1876-1879.

[18] 李辉, 王科志, 黄春辉, 等. 一种含稀土半菁的二阶非线性光学材料的研究[J]. 物理化学学报, 1995(02): 167-170.

[19] 王科志, 黄春辉, 徐光宪, 等. 双吡唑啉酮(BPMPHD)和半菁与镧、镝的两亲性配合物的合成、表征与 Langmuir-Blodgett 膜的二阶非线性光学性质[J]. 化学学报, 1996(03): 266-270.

[20] 杨术明, 李富友, 黄春辉. 染料敏化纳米晶太阳能电池[J]. 化学通报, 2002(05): 292-296.

[21] 杨术明, 李富友, 黄春辉. 染料敏化稀土离子修饰二氧化钛纳米晶电极的光电化学性质[J]. 中国科学(B 辑化学), 2003(01): 59-65.

[22] 夏江滨, 杨红, 李富友. 新型席夫碱锌配合物的合成及其在染料敏化太阳能电池中的应用[J]. 高等学校化学学报, 2006(02): 204-207.

第二例：明月清风荃在怀

一、案例内容

芬芳高分子

"橡胶是一种重要的工业原料，但天然橡胶在我国很少，那时候国外又对我们进行封锁，我们必须自力更生[1]。"打破西方技术封锁和产品垄断迫在眉睫，而发展人工合成橡胶工业的关键是研制催化剂。20世纪60年代初，沈之荃小组开展了镍、稀土元素新型催化剂的探索研究，最终成功研制出镍系顺丁橡胶[2]。"中国稀土不稀，我就想能不能用稀土作催化剂，促成小分子聚合成高分子"，沈之荃凭借着这样一份执着，开展了稀土络合催化聚合学科及其橡胶的研究工作[1-2]。1964年，沈之荃研究组首次在国际上报道了稀土化合物在丁二烯定向聚合中催化活性的学术论文，研究了9种无水稀土（钇、镧、镨、钕、钷、钐、钆、铒、镱）氯化物与三乙基铝组成的体系的催化效应，发现 YCl_3-$Al(C_2H_5)_3$ 体系具有较大的活性[3]。第二年，他们进一步试探应用不同稀土元素的 β-二酮类稀土螯合物[苯（甲）酰丙酮、苯（甲）酰三氟丙酮、噻吩甲酰三氟丙酮等]与三烷基铝的均相体系对丁二烯定向聚合的催化活性及一些聚合规律，发现这些均相催化体系的活性远比非均向稀土氯化物体系的高，这是他们在国际上报道稀土螯合物在定向聚合中催化活性的第一篇学术论文（表4.1）[4]。

表4.1 丁二烯在各种含镨螯合物-三乙基铝催化体系中的聚合反应速率常数[4]

催化体系 k'值 $(分)^{-1}$ 稀土螯合物浓度（mol/L）	PrB₃-Al(C₂H₅)₃	PrB-Al(C₂H₅)₃	PrBTA-Al(C₂H₅)₃	PrTTA-Al(C₂H₅)₃
5.0×10^{-5}	3.6×10^{-4}	—	5.85×10^{-5}	5.1×10^{-4}
8.75×10^{-5}	5.3×10^{-4}	6.3×10^{-4}	5.5×10^{-4}	7.6×10^{-4}
11.25×10^{-5}	6.9×10^{-4}	8.2×10^{-4}	14.2×10^{-4}	11.1×10^{-4}
15×10^{-5}	—	10.0×10^{-4}	17.4×10^{-4}	13.4×10^{-4}

1980 年，沈之荃在《稀土与橡胶》一文中提出，为了合成高顺-1,4 聚丁二烯橡胶（顺丁橡胶）及高顺-1,4 聚异戊二烯橡胶（人工合成的天然橡胶）就必须采用定向聚合的方法，并且经过多年的探索，已经明确了稀土络合催化剂在丁二烯和异戊二烯等双烯烃的均聚和共聚中具有的相当高的催化活性及特别良好的定向效应[5]。次年，研究组详细研究了丁二烯和异戊二烯在组成简单且活性较高的氯化稀土-醇-三烷基铝催化体系中共聚合的规律[6]。1988 年，小组报道了 $Nd(P_{204})_3$-$Al(i$-$Bu)_3$-H_2O 甲苯体系聚合环氧乙烷的特征，结果表明，稀土络合催化剂是制备高分子量聚环氧乙烷的新型催化剂[7]。同年，研究组报道了使用 14 种稀土（La、Ce、Pr、Nd、Sm、Eu、Gd、Dy、Ho、Er、Tm、Yb、Lu、Y）环烷酸盐-三异丁基铝络合催化体系，在室温下均能使苯乙炔于混合溶剂中直接成膜聚合，而且苯乙炔的直接成膜聚合具有连锁反应的聚合特征，不同稀土环烷酸盐的催化活性次序为：Gd>Lu>Nd-Ce>Ho>Sm>Dy-Eu>Er>Pr>>La>Y-Tm>Yb，除此之外，各种稀土聚苯乙炔膜有球状堆砌的表面形貌和较高的片层结晶性[8]。1982 年，他们首次应用稀土络合催化剂于苯乙烯、二乙烯基苯均聚及共聚，主要研究了苯乙烯、二乙烯基苯在环烷酸钕盐$[Nd(naph)_3]$及膦酸钕盐$[Nd(P_{204})_3]$络合催化体系中聚合的反应特征，结果表明，这两种催化体系能使二乙烯基苯均聚及与苯乙烯共聚，在共聚反应中，二乙烯基苯显示更高的反应活性[9]。1990 年，他们还首次研究了稀土络合催化环硫丙烷开环聚合，发现稀土化合物、烷基铝和水所组成的络合催化剂是环硫丙烷开环聚合的优良催化剂[10]。第二年，小组首次报道了应用 $Nd(P_{204})_3$-$Al(i$-$Bu)_3$ 稀土配位催化剂聚合甲基丙烯酸甲酯(MMA)，结果表明，催化剂的配体种类、铝比大小、聚合反应温度、聚合反应的溶剂等对聚合反应速度、聚合物分子量及分布都有较大影响，但对 PMMA 的立构规整性并无多大影响，而且聚合反应体系中可能有两个活性中心存在[11]。1993 年，他们还报道了稀土络合催化甲基丙烯酸丁酯，结果表明，La、Pr、Nd、Eu、Gd、Er、Yb、Lu 等 8 种稀土元素的磷酸酯化物都具有较高的聚合催化活性，活性次序为：Nd≈Pr≈Gd>La≈Yb≈Lu> Er>Eu，而且稀土络合催化可能属配位自由基聚合机理[12]。第二年，小组合成了一系列烷氧基稀土化合物，首次系统地研究了单组分烷氧基稀土化合物催化 ε-己内酯聚合的规律，研究发现，以异丙氧基稀土化合物为催化剂，以四氯化碳为溶剂对 ε-己内酯进行催化聚合，具有很高的催化活性，活性次序为：La>Pr>Nd>Gd>Dy>Y（表 4.2）[13]。

表 4.2　不同稀土元素对 ε-己内酯聚合的影响[13]

序号	Ln(O-*i*-Pr)₃	Ln 离子半径（pm）	转化率（%）	数均分子量（$\overline{M_n}\times10^{-4}$）	分子量分布
1	La	106.1	100	14.9	2.04
2	Pr	101.3	97	14.8	1.97
3	Nd	99.5	94	14.6	1.92
4	Gd	93.8	90	13.7	1.77
5	Dy	90.8	84	12.6	1.37
6	Y	88.0	80	11.7	1.20

　　20 世纪 70 年代，国内外出现了研究有机导体的热潮，其中，聚乙炔被称为"合成金属"，人们便致力于合成高顺式聚乙炔，沈之荃也全身心地投入到此研究中。1983 年，沈之荃小组首次报道了应用稀土化合物做乙炔定向聚合催化剂的研究。他们发现除钷外所有的镧系元素的环烷酸盐、2-乙基己基膦酸盐以及三异丙氧（基）化合物分别与三烷基铝组合成的络合催化剂都可以使乙炔聚合，而且在室温下聚合便能得到高顺（80%～100%）、具有金属光泽的银灰色聚乙炔薄膜[14]。同年，他们采用稀土络合催化剂，在 30℃使乙炔聚合，制得顺式含量在 90%以上的聚乙炔薄膜（表 4.3）[15]。

表 4.3　不同稀土体系聚乙炔掺杂膜的电导率[15]

Ln	材料	电导率/$(\Omega^{-1}\cdot cm^{-1})$(20℃)
La	CiS(CHI₀.₁₃)ₓ	7.6×10^2
Pr	CiS(CHI₀.₁₂)ₓ	4.0×10^2
Nd	CiS(CHI₀.₁₃)ₓ	9.9×10^2
Gd	CiS(CHI₀.₁₂)ₓ	7.2×10^2
Dy	CiS(CHI₀.₁₃)ₓ	5.2×10^2
Tm	CiS(CHI₀.₁₃)ₓ	4.0×10^2
Yb	CiS(CHI₀.₁₃)ₓ	7.2×10^2
Lu	CiS(CHI₀.₁₃)ₓ	4.3×10^2
Y	CiS(CHI₀.₁₃)ₓ	8.7×10^2

　　第二年，团队研究了乙炔在三异丙醇钕盐[Nd(O-*i*-Pr)₃]-三烷基铝(AlR₃)-第 I 组分络合催化体系中定向聚合的规律，结果表明，三异丙醇钕盐络合催化体系是乙炔高度顺式定向聚合的催化体系，所得聚乙炔膜是具有金属光泽的银色薄膜，并且是一种具有顺磁性和导电性的有机半导体材料[16]。1984 年，小组报道

了稀土聚乙炔的形貌与结构，研究表明，稀土聚乙炔膜都是由 200～650 Å 宽而长度不等的混乱微纤维束堆叠组成，并且，一般来说，随着聚合温度升高与聚合时间的延长，纤维束会加宽，绞合程度会加深，除此之外，结果表明，高顺式聚乙炔属于斜方晶系[17]。次年，研究组在《稀土聚乙炔的发展前景》一文中表示，稀土聚乙炔是一种制备方便、性能良好、应用潜力很大的新型导电聚合物[18]。1986 年，小组报道了稀土聚乙炔可以进行电化学和化学掺杂，掺杂后的电导率比原膜增加 11 个数量级，进入金属导电范围，而且稀土聚乙炔可以做电池的阴极，组成水溶液体系和有机电解质体系的电池[19]。第二年，他们又报道了在 AM、RD、H、264 这 4 种抗氧剂中，AM 是能添加入聚乙炔膜内的一种有效抗氧剂，它不仅使聚乙炔膜具有良好的耐氧化性和抗异构化能力，而且化学掺杂后仍有较高的电导率[20]。1988 年，小组以稀土化合物为催化剂，制备了稀土聚乙炔原膜，然后利用液相法进行了化学掺杂，结果发现稀土聚乙炔的电导率提高了11～12 个数量级[21]。

杯芳烃在化学物质的分离提纯、功能材料的研制及催化方面有广阔的应用前景，许多化学家对它们进行了研究，沈之荃对此也进行了相关研究。1998 年，沈之荃小组对杯芳烃的催化性质作了研究报告，他们认为杯芳烃及其衍生物由于能与金属离子作用可以表现出较好的催化性能[22]。两年后，他们选用廉价易得的三异丁基铝作为助催化剂，与杯[4]芳烃钛组成二元体系催化乙烯聚合，最终得到的聚乙烯的重均分子量为 94 万左右，而且催化活性比较高[23]。与此同时，他们还首次报道了杯芳烃稀土配合物与三异丁基铝等构成均相催化体系在丁二烯聚合反应中的催化性能，结果表明，对于杯[6,8]芳烃钕(C[n]Nd$_x$Cl$_y$)/Al(i-Bu)$_3$/汽油体系，当 n(Al)/n(Nd)=40～100，50℃具有中等催化聚合活性，添加适量 Al(i-Bu)$_2$Cl 能提高催化活性[24]。2005 年，沈之荃小组在全国高分子学术论文报告会上报告了他们以对叔丁基杯[4]与 NaH 的反应物为引发剂，原位聚合噁唑啉取代的手性 N-苯基马来酰亚胺，合成了一类新型的多臂旋光高聚物，并进行了相关结构表征，而且还初步考察了其光学活性[25]。两年后，小组报道了对叔丁基杯[6]芳烃(C[6])作为给电子体可以提高三（2,6-二叔丁基-4-甲基苯氧基）稀土配合物催化 ε-己内酯低温开环聚合活性，并指出适量加入杯芳烃，促进作用和阻止作用的影响会达到一个平衡，而使聚合反应的活性最高[26]。2007 年，小组发表了题为《杯[6]芳烃钪配合物催化 DTC 开环聚合动力学及其机理》的论文，文中指出，对叔丁基杯[6]芳烃钪配合物能有效地引发 DTC 溶液聚合，并且在温和的条件下能够制备较高分子量和窄分布的聚合产物。此外，他们还指出 DTC 单体的开环机理为酰氧键断裂配位开环聚合（图 4.4）[27]。

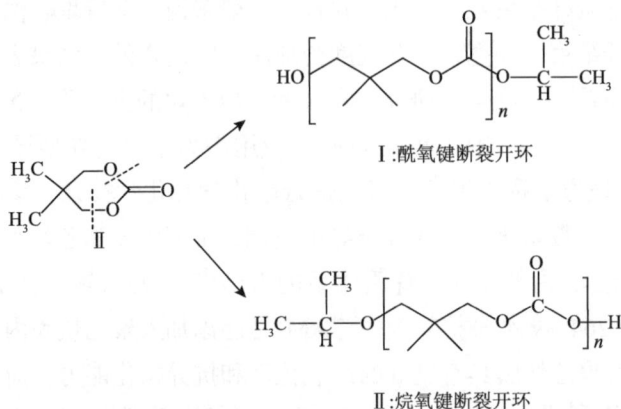

I：酰氧键断裂开环

II：烷氧键断裂开环

图 4.4　DTC 两种开环聚合方式的链结构[27]

二、教育思想

以"科学"的态度对待科学

沈之荃（1931—），上海人，高分子化学家，稀土催化聚合高分子研究创始人，镍系顺丁橡胶和稀土双烯烃橡胶开拓者之一，中国科学院院士，中国科学院长春应用化学研究所研究员。长期从事高分子化学和材料、稀土和过渡金属催化聚合研究。曾任《中国科学》（中、英文版）等 10 余杂志编委会委员或顾问委员。已培养 80 余名博士和硕士，发表论文近 500 篇，编写出版《工业化学》等专著。曾获国家科技进步奖特等奖、国家自然科学奖二等奖、国家自然科学奖三等奖、何梁何利基金科学与技术进步奖、全国教育系统劳动模范和人民教师奖章、第二届"中国十大女杰"、"全国三八红旗手"等荣誉。

"做科学研究最要紧的是要有科学态度，必须实事求是"，科学态度是所有拓荒者的特质。在锁定科学问题后，产出往往要经历长期的积累和沉淀，"要允许失败，失败是成功之母"。当在未知的科学世界里摸索前行时，"勤奋是最重要的，同时要会做事，讲究效率"，一步一个脚印，在岁月静好中与创新邂逅，当然，"科技创新既需要热情，也需要坐冷板凳"。

在长期投身科研战斗，在攀登世界顶峰之时，"我觉得有两点很重要，一是实践，有些文献看不懂，我就动手实践，有点体会了再看就容易理解，看了再做、做了再看，理论与实践紧密结合；二是抓住主要矛盾，也就是要牵住牛鼻子，不能对什么都感兴趣，要集中精力解决最重要的问题。"然而，成功登顶，成就巅峰时刻，绝非偶然。沈教授把成功归纳为：志向与目标、决心与毅力；勤奋加效率；旺盛的精力与强健的体魄；灵感与创新精神；重视方法；心理健康；重视外语与计算机。

她讲道，"目标、方向、方法正确，重在行动，贵在坚持，不断努力耕耘，总是有望获得成功。"

参 考 文 献

[1] 吴雅兰, 杨懿, 施懿真. 沈之荃: 为学生洗烧瓶的院士[N]. 中国科学报, 2019-07-24(005).

[2] 杨柏, 高长有, 张先正. 庆祝沈家骢、沈之荃和卓仁禧院士 80 华诞专刊[J]. 中国科学: 化学, 2011, 41(02): 171-181.

[3] 沈之荃, 龚仲元, 仲崇祺, 等. 稀土化合物在定向聚合中的催化活性[J]. 科学通报, 1964(04): 335-336.

[4] 沈之荃, 龚仲元, 欧阳均. 稀土化合物在定向聚合中的催化活性——Ⅱ. 稀土螯合物与三烷基铝组成的均相体系对丁二烯定向聚合的催化活性[J]. 高分子通讯, 1965(03): 193-200.

[5] 沈之荃. 稀土与橡胶[J]. 自然杂志, 1980(09): 658-660, 711.

[6] 沈之荃, 宋襄玉, 肖淑秀, 等. 丁二烯和异戊二烯在氯化稀土-醇-三烷基铝催化体系中的共聚合[J]. 中国科学, 1981(11): 1340-1349.

[7] 张一烽, 沈之荃. 稀土络合催化环氧乙烷聚合[J]. 高分子学报, 1988(06): 469-473.

[8] 赵健, 杨慕杰, 袁永明. 稀土络合催化苯乙炔直接成膜聚合 Ⅲ. 各种稀土环烷酸盐络合催化苯乙炔直接成膜聚合[J]. 中国稀土学报, 1988(04): 17-24.

[9] 杨慕杰, 郑豪, 赵健. 稀土络合催化——苯乙烯、二乙烯基苯均聚及共聚[J]. 浙江大学学报(自然科学版), 1989(03): 154.

[10] Shen Zhiquan. Zhang Yifeng, Peng Jiande. Ring opening polymerization of propylene sulfide by rare earth coordination catalysts*[J]. Science in China, Ser. B, 1990(05): 553-561.

[11] 王征, 王文, 林龙平, 等. 稀土配位催化聚合甲基丙烯酸甲酯[J]. 浙江大学学报(自然科学版), 1991(01): 119-124.

[12] 张一烽, 胡美仙, 张勤, 等. 稀土络合催化甲基丙烯酸丁酯聚合[J]. 高分子材料科学与工程, 1993(04): 9-12.

[13] 沈之荃, 申有青, 孙俊全, 等. 稀土化合物催化内酯开环聚合——Ⅰ. 烷氧基稀土催化 ε-己内酯聚合规律[J]. 科学通报, 1994(11): 1005-1007.

[14] 沈之荃, 杨慕杰, 蔡一平, 等. 稀土络合催化乙炔定向聚合[J]. 中国科学, 1983(02): 119-130.

[15] 杨慕杰, 蔡一平, 王征, 等. 高电导卤素掺杂稀土聚乙炔膜[J]. 应用化学, 1983（00）: 79-86.

[16] 杨慕杰, 蔡一平, 沈之荃. 乙炔在三异丙醇钕盐络合催化体系中的定向聚合[J]. 中国稀土学报, 1984（01）: 8-17.

[17] 杨慕杰, 张一烽, 沈之荃, 等. 稀土聚乙炔的形貌与结构[J]. 浙江大学学报, 1984（04）: 53-59.

[18] 杨慕杰, 沈之荃. 稀土聚乙炔的发展前景[J]. 今日科技, 1986（11）: 2-3.

[19] 乔亦男, 张一烽, 俞陆平, 等. 稀土聚乙炔电化学[J]. 中国科学, 1986（09）: 897-902.

[20] 杨慕杰, 余小春, 刘明, 沈之荃. 聚乙炔膜的稳定化[J]. 高等学校化学学报, 1987（11）: 1038-1043.

[21] 乔亦男, 程胜松, 王征, 等. 稀土聚乙炔水溶液电池[J]. 浙江大学学报（自然科学版）, 1988（01）: 163-164.

[22] 郑炎松, 沈之荃. 杯芳烃的催化性质[J]. 化学通报, 1998（04）: 28-33.

[23] 陈耀峰, 张一烽, 沈之荃, 等. 杯[4]芳烃钛-Al（iBu）$_3$催化乙烯聚合[J]. 高分子学报, 2000（02）: 239-241.

[24] 倪旭峰, 李维实, 张一烽, 等. 杯芳烃钕配合物均相体系催化丁二烯聚合[J]. 高等学校化学学报, 2000（12）: 1936-1938.

[25] 娄丽萍, 刘建钊, 江黎明, 等. 以杯[4]芳烃为核的光学活性聚合物的合成与表征[C]. 2005年全国高分子学术论文报告会论文摘要集. 2005: 136.

[26] 朱蔚璞, 凌君, 沈之荃. 杯[6]芳烃在芳氧基稀土（镧、钕）催化 ε-己内酯低温开环聚合中的活化作用[J]. 浙江大学学报（理学版）, 2007（01）: 71-72, 84.

[27] 苟鹏飞, 朱蔚璞, 沈之荃. 杯[6]芳烃钪配合物催化 DTC 开环聚合动力学及其机理[J]. 中国科学（B 辑: 化学）, 2007（02）: 186-191.

第三例：与国同行　非凡探求

一、案例内容

（一）赤子之心

20 世纪 50 年代，朝鲜战争爆发。高小霞认为"科学是没有国界的，但科学家有祖国，我们要用学到的知识为祖国服务"。1951 年，她义无反顾地回到了祖国，率先在国内开展了电分析化学研究。1955 年，高小霞报道了极谱定量分析和定性分析的原理，文中指出，所谓定量分析基本原理是从扩散电流的大小求得溶液中可还原离子的浓度，因为不同电解质有不同的分解电势，利用这一性质可以作定性分析[1]。第二年，高小霞研究组发表了题为《钨精砂中的钨及辉钼矿中的钼的测定——氯化亚铬电位滴定法》的论文，报道了他们用氯化亚铬的电位滴定法来代替传统的重量法，结果表明，该方法的分析结果与重量法基本符合，而且全部分析时间缩减为 3 个小时[2]。与此同时，研究组还提出在使用极谱分析法时配合采用电流滴定法会有很大的实用价值，而且电流滴定法适宜分析微量组，它能达到灵敏、准确和快速的要求（图 4.5）[3]。

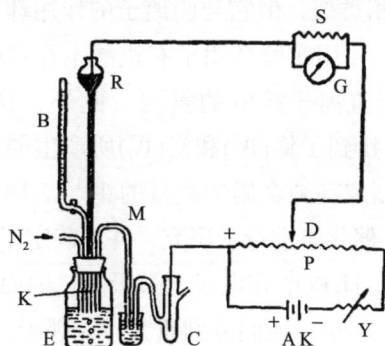

图 4.5　电流滴定装置[3]

1957 年，高小霞，庄文德介绍了一种锌和镉共存时的同时测定方法，他们以亚铁氰化钾为试剂，用双铂极电流法在一个试样中可以同时测定锌和镉，从而解决了海绵镉试样中锌镉的快速分析问题，而且分析每一试样所需时间在两个小时以内[4]。同年，高小霞组首次报道了采用乙二胺四乙酸二钠（EDTA）为滴定试剂，并利用 EDTA 在铂片电极上的氧化反应可以测定电解液中微量锌的含量，随后还提出了利用该方法也可以用来测定与 EDTA 螯合的其他金属离子，而且利用这一方法分析一个试样所需要的时间为 40 分钟，测定的平均偏差为±2%[5]。第二年，高小霞报道了电流滴定曲线的理论分析，并且推导出考虑线路电阻的且能适用于各滴定阶段的一般公式，此外，她还提出可以根据这些公式计算出不同实验条件下的理论滴定曲线[6]。随后，她用铈和亚铁离子的滴定验证了这些理论公式[7]。1959 年，高小霞组提出利用砷、锑与硫酸铈反应的不可逆性与可逆性，用双铂极电流滴定法可以在同一溶液中测定锑和砷的含量，并且时间可以缩减为两三个小时，而且结果准确[8]。

（二）报国为怀

20 世纪 50 年代后期，由于国家需要发展更高灵敏度和更快速简洁的分析检测方法，高小霞便从国家急需的目标出发，带领科研团队开拓了具有中国特色的、在国际上具有领先地位的极谱催化波分析方法[9]。1961 年，她在《北京大学学报》上发表了第一篇极谱催化波论文《钛的极谱催化波》[10]。1963 年，高小霞组研究了钼的 4 种催化波，他们认为 $Mo(VI)-H_2O_2$ 在磷酸缓冲液中的催化波是由于络合离子的吸附，而 $Mo(IV)-HClO_4$ 和 $Mo(III)-HNO_3$ 中的催化波是由于 ClO_4^- 和 NO_3^- 对电极反应产物即低价钼离子的氧化反应，而 $Mo(IV)-KClO_3$ 催化波的化学反应与 ClO_4^- 的相类似，但它与阴离子的作用却不一样[11]。第二年，小组报道了砷的氢催化波，并用实验证明了有机酸不存在时也能得到催化波，表示它是钴-砷络合物催化氢离子放电的氢波，此外，锑和钼也有相似的催化波[12]。1965 年，他们还找到了锡(IV)和钒(IV)所产生的催化波，灵敏度达到了 $1×10^{-7}$ mol/L，可以用来测定高纯金属中微量的锡[13]。1973 年，小组对 V(V)在 NaH_2PO_4 底液中的 H_2O_2 催化波进行了研究，并且确定了催化波的分析条件，他们认为催化电流是由 $VO_3·H_2PO_4^{2-}$ 在电极上被吸附，因而催化了过氧化络合物的形成和在电极上放电[14]。次年，他们分别研究了在邻苯二胺-乙酸-乙酸钠底液中铂、铑的氢催化波行为，他们认为铂与邻苯二胺络合后吸附在滴汞上产生了氢催化波，而铑在底液中产生的氢催化波可能是由于邻苯二胺的氮上的孤对电子与铑所形成的配位络合物催化氢离子放电[15]。1979 年，高小霞在《我国极谱催化波的进展》一文中提到，催化波对诊断早期癌症有参考价值，尤其是钴盐-蛋白质

（血清、氨基酸）催化波[16]。

（三）突破禁区

当时，稀土元素被认为是电化学分析的一个禁区，但是高小霞考虑到我国是名副其实的稀土大国，不仅储量居世界之首，而且产量也跃居世界第一位，将极谱这一方法应用于稀土元素分析，是国家建设所需的研究。于是她便带领科研团队勇闯禁区，经过多年的努力，终于打破稀土电化学分析的禁区[17]。1981 年，研究组提出只有 Eu、Yb 和 Sm 的离子在–1.7～2.0V 还原电位之间有较好的极谱还原波，其中以 Eu^{3+} 的还原电位最正，不受其他稀土离子的干扰，因此在大量稀土元素存在下测定少量的 Eu 时，极谱法是个很好的办法[18]。第二年，他们首次应用稀土元素的极谱络合吸附波测定了植物中稀土总量，主要测定了菠菜、茶叶及某些植物叶中的稀土含量，表明极谱方法的灵敏度比较高，而且取样量较少，可以用于一般植物中微量稀土的测定（表 4.4）[19]。

表 4.4 江西省寻乌矿区植物叶分析结果[19]

样品	测定次数	样品干重(g)	测得稀土量(μg)	干样中平均稀土含量(μg/g)
马尾松*①	1	1.0000	38.2	37.8
	2	1.3770	51.6	
马尾松②	1	1.0000	15.0	14.9
	2	0.6894	10.2	
马尾松③	1	1.0000	1.86	1.74
	2	1.1770	1.92	
马尾松④	1	1.0000	7.92	8.46
	2	0.8253	7.44	
假黄杨	1	1.0000	10.8	9.64
	2	1.3090	11.1	
紫果冬青	1	1.0000	3.6	3.9
	2	0.7990	3.3	

1983 年，小组在《极谱催化波法分析农作物中微量稀土元素》一文中还表示，极谱催化波法有助于指导农田施肥和促进农业发展[20]。同年，研究组还报道了稀土钇、铒、镧、钐和钆的极谱络合吸附波，指出稀土离子可以借助于能发生电化学反应的有机试剂与它络合，生成有吸附性的络合物，在示波极谱上，从配位体的还原峰的降低或新生的络合物中配位体还原峰的增高与离子浓度之间的线性关系来作分析[21]。两年后，他们首次报道了偶氮硝羧的极谱性质以及它

作为稀土络合剂用于稀土元素的极谱分析[22]。1986 年，他们着重研究了钕-偶氮硝羧的示波极谱络合吸附波和镧-偶氮硝羧的微分脉冲极谱波，并提出钕-偶氮硝羧的示波极谱络合吸附波可以测出 $5×10^{-7}$～$8×10^{-6}$ mol/L 的钕，镧-偶氮硝羧的微分脉冲吸附波可以测出 $1×10^{-8}$～$1×10^{-6}$ mol/L 的镧，并且已经用于测定水培黄瓜叶样品中的镧[23]。第二年，研究小组尝试用偶氮氯膦 I 作为稀土极谱分析试剂，结果表明，在氨性缓冲溶液中，偶氮氯膦 I 与稀土离子能够形成极谱络合吸波，而且这种方法可以用于测定黄瓜样品中的微量铈[24]。同年，他们提出了稀土-间硝基偶氮氯膦的极谱络合吸附波，并指出络合物中氯膦一侧偶氮基的还原形成了络合吸附峰[25]。

二、教育思想

与祖国同向同行

高小霞（1919—1998），浙江萧山人，分析化学家，中国电化学分析研究的开拓者与组织者之一，中国科学院学部委员（院士）。一生致力于分析化学的教学与研究。曾任《分析化学》《中国稀土学报》《高等学校化学学报》等期刊编委。培养近 40 名博士和硕士，发表论文 200 余篇，出版《电分析化学导论》《极谱催化波》等 5 部专著。曾获国家自然科学奖三等奖、国家教委科技进步奖二等奖等多项重大荣誉。

她心胸里装着家国，眉宇中深藏志气，衣袖间挥得出学问。当祖国需要的时候，高小霞义无反顾地踏上了归途，这是一场科学家与祖国的双向奔赴。

她说，"我们一点都不后悔，不但不后悔，而且很欣慰，虽然我们在国内的物质条件比留在美国差，虽然我没能拿到博士学位，但我们却能为自己的国家工作，人各有志，我们的志向就是为自己国家做一点贡献[17]。"高先生与徐（光宪）先生，有着相同的信念和理想，就像木棉和橡树一样，既彼此独立，又终身相依。要"独立、自强，有点真本领"，这样的信念伴随了高先生的一生。"享受的快乐已经融进我们的工作之中，我们已很满足了。"高先生用自己的生命和行动，践行了"生命不息，奋斗不已"的人生格言，是"将个人命运融入国家和民族命运"最好的诠释。

她讲道，"在科学的不平坦道路上，人的智慧，指数、理、化基础占三分；机遇也占三分，指当前科技兴国的盛世机遇；而自己的勤奋努力，不畏困难的献身精神却占四分[17]。"

参 考 文 献

[1] 高小霞. 极谱分析法的基本原理[J]. 化学通报, 1955(02): 78-91.

[2] 高小霞, 戴树桂, 郑淑蕙. 钨精砂中的钨及辉钼矿中的钼的测定——氯化亚铬电位滴定法[J]. 化学学报, 1956(05): 327-334.

[3] 高小霞, 恽瑛. 电流滴定[J]. 化学通报, 1956(09): 18-25, 6.

[4] 高小霞, 庄文德. 双铂极电流滴定法同时测定锌和镉[J]. 科学通报, 1957(09): 282.

[5] 高小霞, 恽瑛. 电流滴定法测定钴电解液中微量的锌[J]. 北京大学学报(自然科学), 1957(02): 217-222.

[6] 高小霞, 徐光宪. 双指示电极滴定法——Ⅰ. 电流滴定曲线的理论分析[J]. 化学学报, 1958(01): 1-12, 16-18.

[7] 高小霞, 徐光宪, 田青娟. Ⅱ. 电流滴定理论曲线的验证[J]. 化学学报, 1958(01): 12-15, 18.

[8] 杨南生, 田青娟, 高小霞. 双铂极电流滴定法同时测定锑和砷[J]. 化学学报, 1959(02): 106-109.

[9] 王治浩. 著名化学家和教育家——院士伉俪徐光宪和高小霞[J]. 化学通报, 2012, 75(07): 669-672, 647.

[10] 高小霞. 极谱催化波的研究[J]. 高等学校化学学报, 1980(01): 121-130.

[11] 高小霞, 史殿久. 钼的四种催化波及其应用[J]. 科学通报, 1963(07): 53-54.

[12] 华惠珍, 黄薇文, 高小霞. 砷的氢催化波[J]. 化学学报, 1964(05): 488-491.

[13] 高小霞, 陈月团, 陈兆梗. 锡的催化波及其应用[J]. 科学通报, 1965(08): 727-728.

[14] 李南强, 高小霞. 钒极谱催化波的研究Ⅰ. 钒-磷酸盐体系中过氧化氢极谱催化波的研究[J]. 分析化学, 1973(04): 40-48.

[15] 鲍琪儿, 姚修仁, 陈惠仙, 等. 铂族元素的极谱催化波研究及其在矿石分析中的应用[J]. 分析化学, 1974(04): 255-260.

[16] 高小霞. 我国极谱催化波的进展[J]. 化学通报, 1979(04): 9-10.

[17] 王丽媛. 作为科学家和教育家的新女性——高小霞的化学人生[J]. 今日科苑, 2019(03): 17-24.

[18] 李瑞樑, 高小霞. 稀土元素的电分析化学研究(Ⅰ)——铕的极谱研究[J]. 高等学校化学学报, 1981(01): 25-36.

[19] 焦奎, 张曼平, 高小霞. 应用稀土元素的极谱络合吸附波测定植物中微量稀土总量[J]. 北京大学学报(自然科学版), 1982(06): 77-84.

[20] 高小霞, 焦奎, 张曼平. 极谱催化波法分析农作物中微量稀土元素[J]. 高等学校化学学报, 1983(02): 269-270.

[21] 高小霞, 李南强, 焦奎, 等. 稀土钇、铽、镧、钐、钆的极谱络合吸附波[J]. 科学通报, 1983(15): 914-917.

[22] 焦奎, 高小霞. 稀土元素的电分析化学研究——偶氮硝羧(CNA)作为稀土络合剂的极谱研

究[J]. 中国科学, 1985（04）：306-315.

[23] 焦奎, 高小霞. 稀土-偶氮硝羧的极谱络合吸附波[J]. 中国科学, 1986（01）：20-27.

[24] 高小霞, 施明连. 稀土-偶氮氯膦Ⅰ极谱络合吸附波的研究（Ⅰ）[J]. 北京大学学报（自然科学版）, 1987（04）：8-12.

[25] 施明连, 高小霞. 稀土-间硝基偶氮氯膦极谱络合吸附波的研究[J]. 北京大学学报（自然科学版）, 1987（06）：46-52.

第四例："能为祖国建设事业贡献自己全部力量将是我一生最大的幸福"

一、案例内容

（一）不坠青云之志

"国家这么穷，工业不发达，你应该学化工啊！"自此，陈茹玉便开启了她的科研救国路。20 世纪 50 年代，国内农田中果树、蔬菜蚜虫成群，小麦锈病蔓延成灾，使农业生产受到了极大的限制，急需农药进行防治。为了国家的需要，陈茹玉开始从事农药化学研究工作[1]。1958 年，陈茹玉研究组报道了有机磷杀虫剂马拉赛昂的简便制法，具体来说就是，将 Cassaday 的两步法合并为一步法，以缩短制备过程[2]。第二年，他们又将马拉塞昂分子中的丁二酸酯部分改为丙二酸酯，同时将磷酸酯中的 R 部分加以改变，合成了 5 种新化合物，并且在初步昆虫试验结果中发现，R 为乙基的化合物对拟谷盗有毒杀作用[3]。1965 年，陈茹玉与其他科研人员一起成功创制了中国第 1 个除草剂，即"除草剂 1 号"[4]。1970 年，在对新型除草剂的研究中，陈茹玉等又成功研制了防除野燕麦专用的新型除草剂"燕麦敌 2 号"[5]。1980 年，研究组根据我国的实际情况并参考国外的工作，采用氯甲酸甲酯与甲醇直接回流的方法合成了除草剂黄草灵，最终产品的纯度和收率达到了 90%[6]。同年，小组报道了农药创制研究中结构与活性关系的定量解析法，指出药物分子结构中的电子性、空间性及亲脂性与生理活性之间的密切关系[7]。1984 年，他们为了筛选出具有强除草活性的杂环取代脲类化合物，合成了 21 个此类化合物，其中有 7 个是由他们进行首次报道的[8]。与此同时，他们还比较了相转移催化剂在合成黄原酸酯类除草剂上的应用，并进行了生物活性的测定，结果表明，黄原酸酯衍生物作土壤处理时，对稗草和油菜均没有表现出活性作用，而对马唐多数有表现出活性[9]。1985 年，小组用 O,O-二甲基二硫代磷酸的铵盐与 α-氯乙酰代-N-异丙基对氯苯胺在丙酮溶剂中进行了缩合反应，合成了新型有机磷除草剂 83301，即 S-[N-(4-氯苯基)-N-异丙基-甲酰甲基]-O,O-二甲基二硫代磷酸酯，并且发现 83301 在水稻移栽田防除稗草、鸭舌草、异型莎草、牛毛草和节节草效果好，而且对瓜皮草也有一定的抑制作用；在旱田对旱稗、异型莎草、马唐、狗尾草、画眉草、野苋菜、马齿苋等都有良好的防除效果，且对石胡荽、荠菜有一定的抑制作用[10]。同年，他们还研究了具有除草活性的 *O*-乙基-*O*-芳基-*N*-异丙基硫代磷酰胺酯类化合物的结构与活性的定量关系[11]。1992 年，小组报道了紫背金盘地上部分的提取物中杀虫活性的研究，结果表明，该植物提取物有突出的拒食活性和抑制害虫生长发育的作用（表 4.5）[12]。1992 年，他们设计并合成了含双磷的二肽和含单磷的二肽，经生物活性测定发现这两类化合物具有除草活性[13]。同年，他们还用 α-氨基次膦酸酯与 *N*-氯乙酰基氨基酸酯进行了亲核取代反应，合成了新型含磷二肽，生物活性试验表明，这类膦二肽具有一定的除草活性[14]。与此同时，小组还提出了紫背金盘提取物对菜青虫、小菜蛾、斜纹叶蛾和黏虫的幼虫均有显著的抑制生长发育和拒食作用，并针对此作用特点首次进行了报道，他们认为这种"缓效型"植物质杀虫剂的毒理特有别于常用的化学杀虫剂[15]。

表 4.5　紫背金盘粗提物对菜青虫五龄幼虫的拒食作用[12]

样品	浓度（%）	试虫数（条）	取食率（cm²/昆虫）	拒食率（%）[b]	化蛹时畸形蛹数（条）
提取物 A[a]	1.0	10	2.99	80.6[a]	5
提取物 B	0.2	10	7.87	43.3[b]	0
提取物 C	0.2	10	8.29	40.3[b]	8
	0.5		3.32	78.9[a]	7
提取物 D	0.5	10	11.93	14.1[c]	4
	1.0		9.92	28.6[c]	7
对照	—	10	13.89		0

a）在这个对照组中，虫子平均吃掉的面积 15.45 cm²。

b）DMRT 在 5%水平下，紫背金盘粗提物对菜青虫无显著作用。

（二）坚持开拓创新

为了发现高活性的有机磷化合物，20 世纪 80 年代后期，陈茹玉又开始对功能 α-氨基膦酸衍生物进行了研究。1993 年，陈茹玉研究组新合成了 11 个 1,2-二苯基-3,3-二烷基-2,5-二硫-1,4,2-二氮磷杂环戊烷化合物，并对该化合物分子离子各种类型的开环反应和重排反应进行了研究讨论，指出该类化合物分子离子的亚稳解离反应以开环断裂为主，除此之外，分子离子还可发生骨架重排和 H 重排，一些碎片离子还可发生苯基重排[16]。1995 年，陈茹玉组在《Phosphorus Chemistry》一文中指出，由他们填补了由低配位转化成高配位有机磷化学反应的空白，并且还用磷硫双键四配位磷化合物与邻苯二酚和邻氨基酚反应，使磷硫双键断裂转化成五配位磷化合物，此外，他们通过研究还发现五配位磷很容易转化成三配位磷、四配位磷、五配位磷和六配位磷[17]。1996 年，小组将 α-氨基膦酸引入到了 PFA 和 PAA 的磷原子上，合成了 16 个化合物，他们希望这种设计一方面可以增加 PFA 和 PAA 的脂溶性，改善其活性，另一方面希望通过膦酰化来激活 α-氨基膦酸，通过测试，他们发现其中部分化合物具有较好的抑制植物烟草花叶病毒（TMV）活性，有的化合物还表现出一定的抑制癌细胞的活性[18]。2002 年，小组还采用活性子拼接原理，设计合成了一类含 α-氨基膦酸的脱落酸酰胺类似物[19]。2008 年，小组报道了不对称合成光学活性的氨基膦酸及其衍生物的主要方法，即由光学活性化合物为原料的不对称诱导合成法和催化不对称合成法（图 4.6）[20]。

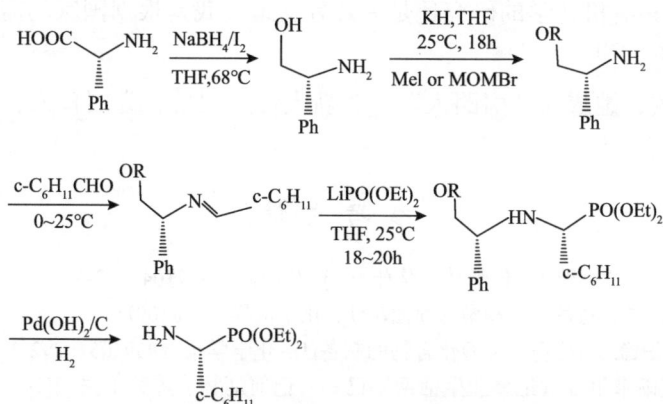

图 4.6　Smith 等不对称合成-氨基膦酸酯的方法[20]

二、教育思想

爱国是科学家的精神底色

陈茹玉（1919—2012），福建闽侯人，有机合成化学家，合成农药化学家，教育家，中国农药化学和有机磷化学的开拓者与倡导者之一，中国科学院学部委员（院士）。主要从事有机磷化学及农药化学的教学和科研工作。已培养 25 位博士、26 位硕

士，发表论文 250 余篇，出版《有机磷化学》《农药化学》等专著 6 部。曾获国家自然科学奖二等奖，中华人民共和国成立 60 周年农药行业突出贡献奖，何梁何利基金科学与技术进步奖，英国皇家化学会会士，全国优秀归侨、侨眷知识分子，"全国三八红旗手"，全国高等学校先进科技工作者等荣誉奖励。

苟利国家生死以，岂因祸福避趋之。爱国是陈茹玉一生的主题。

战争年代，她追寻救国理想，远渡重洋，潜心苦读。她说，"一个国家如果想屹立于世界强国之林，没有知识分子是不行的，我们这帮人早晚会有用武之地"。

中华人民共和国成立，她冲破重重阻力，抛弃富裕生活，她说，"没有护照我也要回国"。

困难时期，她实现多项"从 0 到 1"的突破，为国家立下不世功勋，她说，"当时国内元素有机化学的研究还是一片处女地，我是根据国家的需要确定自己的研究方向的"[21]。

改革开放，她成为"引路人"，为新人铺路架桥，为国育人，她告诫学生"爱国要放在第一位"。

参 考 文 献

[1] 汪敏华, 孔悦. 伉俪院士：何炳林与陈茹玉[J]. 科技潮, 1997 (04)：32-33.

[2] 陈茹玉, 杨华铮. 制备马拉赛昂的简便法[J]. 化学世界, 1958 (09)：8.

[3] 陈茹玉, 杨华铮. 马拉赛昂类型化合物的制备[J]. 化学学报, 1959 (05)：292-294.

[4] 温丽丽. 风雨牵手半世纪事业生活两知己——记何炳林、陈茹玉夫妇[J]. 中国科技信息, 1998 (12)：7-8.

[5] 周其林, 杜杰明. 纪念我国著名有机化学家、中国科学院院士陈茹玉先生诞辰 100 周年[J]. 有机化学, 2019, 39 (08)：2106.

[6] 陈茹玉, 杨华铮, 李复信, 等. 除草剂黄草灵合成方法的研究[J]. 农药工业, 1980 (02)：1-7.

[7] 陈茹玉, 杨华铮, 鲜于玉琼. 农药创制研究中结构与活性关系的定量解析法[J]. 化学通报, 1980 (06)：1-7.

[8] 陈茹玉, 刘增勋, 郭玉平, 等. 新脲类除草剂的合成和除草活性[J]. 农药, 1984 (01)：2-5.

[9] 陈茹玉, 刘增勋, 曹世东, 等. 相转移催化合成黄原酸酯类除草剂[J]. 农药, 1984 (02)：6-9.

[10] 陈茹玉, 谭惠芬, 黄兴盛, 等. 除草剂 83301 的研究[J]. 农药, 1985 (04)：8-9.

[11] 陈茹玉, 杨华铮, 张岳军, 等. 硫代磷酰胺酯类化合物的合成及其结构与除草活性的定量关系[J]. 中国科学, 1985 (05)：394-400.

[12] Liu Zhun, Shang Zhizhen, Li Zongqin, et al. Preliminary investigation on insecticidal activity of Ajuga nipponensis[J]. Progress in Natural Science Communication of State Key Laboratories of China, 1992 (03)：251-257.

[13] 陈茹玉, 张跃华, 程慕如. 含磷二肽的合成及其除草活性的研究（Ⅱ）[J]. 高等学校化学学

报, 1992(05): 611-616.

[14] 陈茹玉, 张跃华, 程慕如. 含磷二肽的合成及其除草活性的研究(Ⅲ)[J]. 高等学校化学学报, 1992(08): 1075-1079.

[15] 张业光, 邱宇彤, 赵善欢, 等. 紫背金盘提取物对四种鳞翅目害虫作用活性的初步研究[J]. 华南农业大学学报, 1992(04): 63-68.

[16] 邱丰和, 宋凤瑞, 刘淑莹, 等. 有机磷化合物的质谱研究Ⅻ. 二氮磷杂环戊烷化合物的开环断裂和重排反应[J]. 分析测试学报, 1993(04): 10-15.

[17] Chen Ruyu, Liu Lunzu. Phosphorus chemistry[J]. Progress in Natural Science, 1995(01): 18-23.

[18] 陈茹玉, 李慧英. N-(烷氧羰基或烷氧羰甲基-烷氧膦酰基)-α-氨基膦酸二苯的合成及其生物活性[C]. 中国化工学会农药专业委员会第八届年会论文集. 1996: 330-332.

[19] 石德清, 陈茹玉. 含 α-氨基膦酸酯的脱落酸酰胺类似物的合成与生物活性[J]. 应用化学, 2002(08): 780-782.

[20] 张建锋, 崔占伟, 苗志伟, 等. α-氨基膦酸(酯)不对称合成研究进展[J]. 有机化学, 2008(06): 946-953.

[21] 朱志远, 王目阔, 卜令通. 当科学"研究"出爱情[J]. 中国研究生, 2018(02): 72-74.

第五例：寄情生命科学　攻坚创新不止

一、案例内容

开拓创新　笃行不怠

20 世纪 50 年代初期，治疗高血压病的药物需要从国外进口，国内不能生产有效降压药。1958 年，黄量带领青年科研工作者从国产萝芙木中分离出了降压成分利血平和其他有效成分，从而研制出治疗高血压的国产新药降压灵[1]，并于 1963 年在《药学学报》上发表了《国产萝芙木成分的研究Ⅰ.》[2]。1959 年之后，黄量开始从事抗肿瘤、抗癌以及抗病毒药物的研究。1964 年，黄量在《抗肿瘤药物的设计》一文中指出了设计新药的方法和依据[3]。第二年，黄量研究组报告了他们为进行抗病毒和抗肿瘤的化合物筛选工作，合成了芳香 α-酮醛的水合物、醇合物及亚硫酸氢钠加成物共 21 个化合物[4]。同年，他们设计合成了一些取代苯与脂肪族的溴代甲基酮、单取代苯 α-酮醛及其与对氨基苯甲酸的缩合物等，根据抗病毒筛选结果，大部分化合物在鸡胚绒毛尿囊膜组织培养中，对流感病毒有抑制作用[5]。1978 年，他们报道了几种芳香己酮醛及以 β-乙氧-α-丁酮与肼、羟胺及芳胺缩合的 52 个化合物的合成，其中部分做了抗肿瘤及抗病毒的筛选，结果表明，一部分化合物对瓦克癌肉瘤-256、吉田腹水瘤、Jensen 肉瘤、肉瘤-180、Rous 肌肉瘤、K_2 腹水癌以及流感病毒 PR-8 有一定的抑制率[6]。1979 年，小组报道了他们在海南粗榧树皮中分离出了两种新的化合物，即海南粗榧内酯和海南粗内酯醇，其中，海南粗榧内酯经各种表征分析后被证实是一种新的结构类型的抗癌化合物，动物试验结果表明，它对 L_{616}、S_{180}、W_{256}、Lewis 肺癌 P_{388} 和 L_{121U} 有明显的活性[7]。同年，小组经过药理试验后发现，β-乙氧-α-正丁酮醛双缩氨硫脲虽然对多种动物肿瘤有明显的抑制作用，却存在水溶性很差、在动物体内不易吸收、对肠胃有不良的副作用等缺点。于是，他们便改变了该化合物的结构，合成了 29 个类似物，以便寻找更好的抗肿瘤药物，之后他们还对所有合成的化合物作了抗肿瘤和抗流感病毒的筛选，结果表明，不同烷氧基衍生物对移植性大鼠肿瘤瓦克癌肉瘤-256 有抑制作用，经过分析，他们还认为分子中双缩氨硫脲部分对抑制肿瘤来说是最重要的[8]。与此同时，由于三尖杉酯碱对小鼠白血病 L$_{615}$、L$_{7812}$、L$_{615}$ 耐 6-MP 株及肉瘤 180、P-388、瓦克癌 256 等有一定的抑制作用，而且临床观察证明，它对急、慢性粒细胞白血病有较好的疗效，因此黄量研究组对三尖杉酯碱进行了半合成研究[9]，这一研究在我国首先获得成功，并领先美国同行三年。1980 年，小组还从治疗皮肤癌的农吉利中分离出两个生物碱(Ⅰ、Ⅱ)，经测定后表明碱Ⅰ为一野百合碱，并且对小鼠肉瘤 180、白血病 615、瓦克癌 256 有抑制作用[10]。同年，他们还报道了消旋 β-邻苯二甲酰亚氨-α-正丁酮醛及衍生物的合成，还进行了生理活性筛选和临床试验，结果表明消旋 β-邻苯二甲酰亚氨-α-正丁酮醛双缩氨硫脲(Ⅴ 6133)是一种新型结构的抗沙眼病毒药[11]。1981 年，小组合成了 27 个维甲酸酯和酰胺衍生物，经重复实验证明，维甲酰（4-乙氧羰基苯胺）的效果最好，毒性很低，可能是一个有希望的防癌化合物[12]。1984 年，研究组为提高靛玉红在体内的吸收及其治疗白血病的疗效，他们设计合成了 16 个 N_1-取代的靛玉红衍生物，并进行了抗肿瘤活性试验[13]。

20 世纪 70 年代，男性节育药全国协作组的研究发现粗制棉籽油中抗生育成分是棉酚，并且在临床试用消旋棉酚中发现少数服药者产生了低血钾的症状，这一现象引起了世界卫生组织的高度关注，同时也引起了黄量的注意。1978 年，黄量开始进行消旋棉酚的拆分，以期能够获得(+)、(−)棉酚。1983年，黄量研究组报道了以消旋棉酚与 d-苯异丙胺缩合，经后者的六乙酰物的色层分离、重结晶，得到了异构体之一，即(−)棉酚[14]。1990 年，小组报道了他们用中压柱色谱快速分离 S 或 R-α-甲基苯乙胺和 S 或 R-α-甲基苄胺(±)-棉酚的方法，该法可以得到光学活性胺缩(+)或(−)-棉酚非对映体，经水解后可以分别得到(+)或(−)-棉酚[15]。同年，他们还将消旋棉酚与 15 种光活胺缩合，然后对缩合物的两个非对映异构体在薄层色谱上 Rf 值的差异和光学稳定性以及核磁共振谱进行了考察[16]。此外，他们还介绍了以光学活性苏-1-(对硝基苯基)-1,3-二羟基丙胺-2 为拆分剂的消旋棉酚的拆分研究，最终得到了(+)和(−)棉酚[17]。1992年，小组发表了题为《棉酚及其相关化合物的分子力学和分子图形学研究》的论文，文中首次报道了棉酚及其有关化合物立体构象的理论分析（图 4.8）[18]。第二年，黄量作了以《棉酚的研究进展》为题的综述，文中反驳了棉酚无深入研究价值的观点，她指出，棉酚是具有研究价值的，它除抗生育活性外，还显示了抗肿瘤、抗病毒等多种作用[19]。

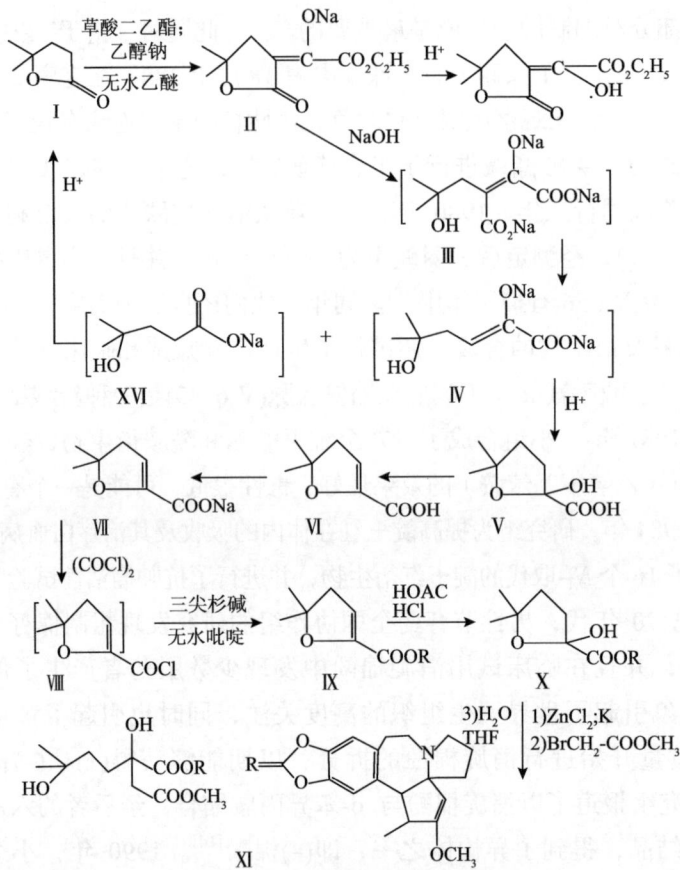

图 4.7　三尖杉酯碱的合成路线[8]

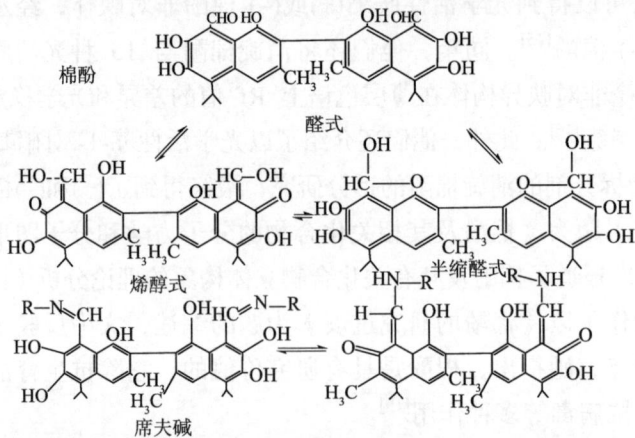

图 4.8　棉酚的化学结构[18]

二、教育思想

学高为师　身正为范

黄量（1920—2013），上海人，有机化学家，药物化学家，中国科学院学部委员（院士），中国医学科学院药物研究所研究员。主要从事天然产物及抗肿瘤、计划生育、抗病毒等新药研究。曾担任 *Chinese Chemical Letters* 副主编，《肿瘤杂志》《中国医学论坛报》等学术刊物编委。已培养36 名硕士、博士研究生，发表论文近 80 篇，出版《手性药物的化学与生物学》《紫外光谱在有机化学中的应用》等多部专著。曾获国家发明奖三等奖、国家科技进步奖一等奖、国家科技进步奖三等奖、全国科学大会奖、何梁何利基金科学与技术进步奖、中国医学科学院/北京协和医学院科技大会"终身成就奖"、"全国三八红旗手"等奖项。

捧着一颗心来，不带半根草去。黄量以赤诚之心投身教育事业。她是可以信任和依靠的"大国良师"，只要有机会，她总是听取学生们的学术报告，与他们进行学术上的交流；她笃信"青出于蓝而胜于蓝"的格言，总是毫无保留地把自己的知识、思想方法全部教给年轻人，让他们去伪存真，在前人的优点上发展，以胜过前人；她用自己的实际行动诠释着"学为人师、行为世范"，她一生恪守科学标准，倾心科研，辛勤耕耘。最后一次病魔袭来时，她说，"一个人要是一直都在认认真真做事，一生其实并不长"。荣耀加身、载誉前行时，她讲到"我个人只起了微薄的作用，一切成就都归功于共同工作的同志。"

世之楷模，师之典范，先生远行，精神永存。

参 考 文 献

[1] 姜达衢, 黄量, 陈淑凤, 等. 国产萝芙木成分的研究 I. [J]. 药学学报, 1963(10): 614-617.

[2] 黄量. 抗肿瘤药物的设计[J]. 天津医药杂志. 肿瘤学附刊, 1964(03): 183-203.

[3] 吴元鎏, 王琳, 蒋湘君, 等. 抗病毒药物的研究——Ⅲ. 芳香 α-酮醛的合成[J]. 药学学报, 1965(04): 254-266.

[4] 黄量, 王琳. 抗病毒药物的研究Ⅱ. 乙酰苯衍生物的合成[J]. 药学学报, 1965(10): 667-671.

[5] 吴元鎏, 王琳, 蒋湘君, 等. 抗肿瘤及抗病毒药物的研究——Ⅳ. α-酮醛与肼、羟胺及芳胺缩合化合物的合成[J]. 化学学报, 1978(01): 23-34.

[6] 孙南君, 薛智, 梁晓天, 等. 新抗癌有效成分海南粗榧内酯(Hainanolide)结构的研究[J]. 药学学报, 1979(01): 41-46.

[7] 黄量, 吴元鎏, 席与珪, 等. 抗肿瘤及抗病毒药物的研究——V. β-乙氧基-α-正丁酮醛双缩氨硫脲类似物的合成[J]. 药学学报, 1979(06): 368-373.

[8] 黄量, 席与珪, 郭积玉, 等. 三尖杉酯碱的半合成[J]. 中国科学, 1979(10): 1028-1038.

[9] 黄量, 吴克美, 薛智, 等. 农吉利抗癌有效成分的分离及其衍生物的合成[J]. 药学学报, 1980(05): 278-283.

[10] 吴元鎏, 黄量. 抗肿瘤及抗病毒药物的研究——VI. 消旋 β-邻苯二甲酰亚氨-α-正丁酮醛衍生物的合成[J]. 药学学报, 1980(10): 598-602.

[11] 徐世平, 郭宗儒, 袁占亮, 等 防癌药物的研究——维生素甲酸衍生物的合成[J]. 药学学报, 1981(09): 678-686.

[12] 吴克美, 张曼云, 方正, 等. 抗白血病药物靛玉红的 N_1-取代物的合成[J]. 药学学报, 1984(07): 513-518.

[13] Si Yikang, Zhou Jin, Huang Liang. Resolution of racemic gossypol[J]. A Monthly Journal of Science, 1983(11): 1574.

[14] 郑多楷, 司伊康, 孟佳克, 等. 消旋棉酚拆分的研究——II. 手性 α-甲基苯乙胺及 α-甲基苄胺为拆分剂[J]. 药学学报, 1990(06): 417-422.

[15] 司伊康, 郑多楷, 黄量. 消旋棉酚拆分的研究——III. 胺缩棉酚理化性质的研究[J]. 药学学报, 1990(06): 423-429.

[16] 郑多楷, 孟佳克, 司伊康, 等. 消旋棉酚拆分的研究——IV. 苏(-)或(+)-1-(对硝基苯基)-1, 3-二羟基丙胺-2 为拆分剂[J]. 药学学报, 1990(06): 430-434.

[17] 胡文祥, 恽榴红, 司伊康, 等. 棉酚及其相关化合物的分子力学和分子图形学研究[J]. 中国药物化学杂志, 1992(02): 28-30.

[18] 黄量. 棉酚的研究进展[J]. 中国计划生育学杂志, 1993(03): 182-187.

[19] 张扬. 力斡春回竟是谁?——记著名抗癌药物专家黄量教授[J]. 中级医刊, 1981(01): 1-4.

第六例：为生命起舞

一、案例内容

解读生命密码 追求科学真知

对于生命的起源，科学界一直存在着"先有鸡还是先有蛋"的争论，一派认为先有核酸，核酸是遗传信息分子，没有核酸的密码，就无法进行蛋白质的生物合成；另一派认为先有蛋白，蛋白质是执行功能的分子，没有蛋白，DNA 和 RNA 就无法自我复制或相互转录[1]。就在两派争论之际，20 世纪 80 年代末，赵玉芬发现了磷在生命演化中所起的作用，并提出了"磷是生命化学过程的调控中心"的崭新的学术观点[2]。她提到，"我们建立这个系统，认为核酸和蛋白不能独立生存，一开始就必须是合二为一的，有个共同的起源或起始点，这个共同的起始点就是磷酰化氨基酸，它可以同时生成核酸、蛋白[3]。"至此，这个多少年来一直争论不休的科学难题终于得到破解。

1992 年，赵玉芬为了了解磷酰基在蛋白质前生物合成中的作用，她带领研究团队以 N-磷酰氨基酸及二肽为模型，从化学角度研究了其性质，结果表明，磷酰基的参与作用导致 N-磷酰氨基酸和二肽自身活化，在无活化剂的情况下能成肽和使肽链延长[4]。第二年，研究组讨论了氨基酸的侧链对 N-磷酰氨基酸的调控作用，他们认为六配位磷的特异活化与识别作用有赖于与氨基酸侧链上各官能团的协同作用[5]。1994 年，小组报道了 N-磷酰氨基酸的分子内磷酰基迁移与结构的关系，他们指出磷酰基的 N→O 分子内迁移反应除了要有分子内一个游离的羧基活化磷酰基外，氨基、羧基、羟基、磷酰基同时存在与合适的立体构型是必不可少的[6]。1999 年，赵玉芬在《磷酰化氨基酸与生命系统——核酸与蛋白相互作用的基本规律研究》一文中指出，磷酰化-α-氨基酸系统具有自催化、自组装的功能，它提供了一个能把蛋白质合成和核酸合成这两个过程偶联起来的最小分子模型[7]。2006 年，赵玉芬在《生命起源的现代探讨》的论文中再一次报道了"生命进化的最小系统"，她提到，α-丙氨酸与磷结合后可以自主装成多肽，而且可以使核苷转化成核苷酸，但是同分异构体 β-丙氨酸就没有这种活性，因此基于磷酰化氨基酸的核酸和蛋白质共进化学说，提出了一个生命进化的最小系统，它与已有的生命起源学说相比，更能符合生命的本质特征[8]。第二年，赵玉芬就"生命进化的最小系统"在第五届全国化学生物学学术会议上作了报告，指出磷酰化氨基酸能同时生成核酸及蛋白，又能生成 LB-膜及脂质体，因此可以假设它为生命进化的最小系统[9]。而在此之前，小组还采用量子化学计算研究了磷酰化氨基酸的反应性质，并从理论上解释了自然界选择 α-氨基酸而不是 β，γ-氨基酸的实验事实[10]。2022 年，赵玉芬研究组在《N-磷酰化氨基酸的研究进展和试剂化前景展望》中提到，N-磷酰化氨基酸在药物合成中产生了一系列具有良好药效的磷酰化药物分子（图 4.9）[11]。

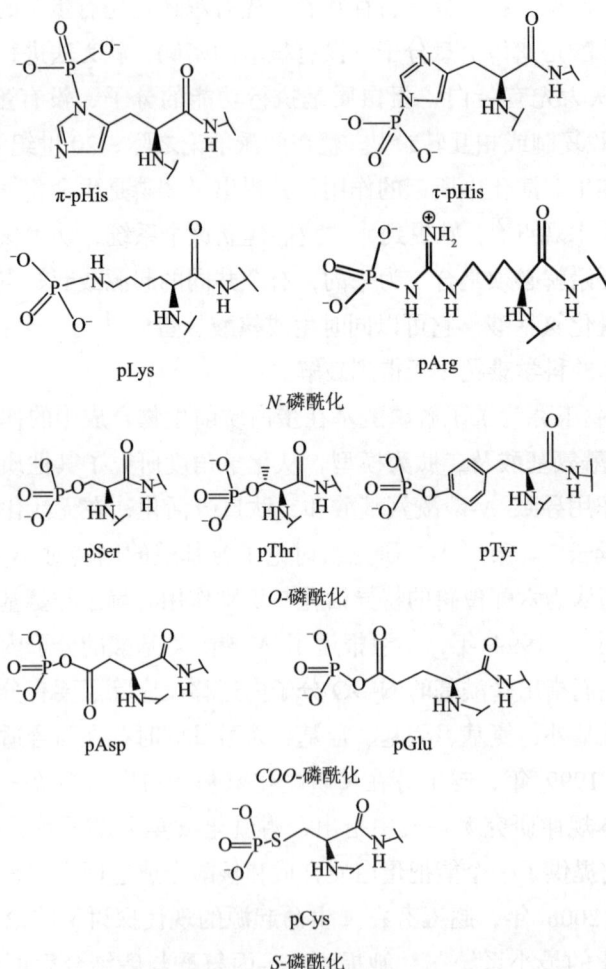

图 4.9　蛋白质磷酰化的修饰类型[11]

2011 年，赵玉芬在空间生命与生命起源暨航天医学工程学术研讨会上作了《磷酰化氨基酸与丙谷二肽》的报告。他们研究组将 "N-磷酰化氨基酸是生命起源过程中核酸和蛋白质起源的共同种子" 的这一学术观点发展为合成丙谷二肽的新方法，并发展为丙谷二肽原料药及制剂的工艺[12]。同年，小组研究了丙谷二肽在失血休克、氧糖缺失情况下对机体的保护作用，结果表明，丙谷二肽对细胞缺氧缺糖损伤有明显的保护作用，能够增强细胞活力，减少细胞凋亡，降低细胞 LDH、AST、ALT 的分泌，并且其在失血性休克时对凝血功能有保护作用，此外，它具有促进免疫活性的作用，而这种免疫活性的增强也对失血性休克的救治有重要意义[13]。

丝组二肽（L-丝氨酰-L-组氨酸）是在 N-磷酸化氨基酸的成肽反应过程中产生的。2019 年，赵玉芬研究组报道了从 N-磷酸化氨基酸到丝组二肽（Ser-His）发现的研究历程[14]。而在此之前，他们就进行了大量关于 Ser-His 的研究。1998年，研究组在国际磷化学会议上首次报道了丝氨酰组氨酸对 DNA 具有切割活性，并且证实了其切割机理为水解机理[15]。2001 年，小组进一步确认了 Ser-His 对 DNA 的切割活性，并且在实验中他们发现其切割 DNA 产生的碎片可以被连接酶连成更大的片段，因此进一步证实了 Ser-His 是首例不含金属离子的 DNA 水解型人工切割试剂[16]。小组为了使 Ser-His 具有底物识别作用和更高的催化活性，在 1999 年，他们将它通过碳链与典型的 DNA 扦插剂吖啶连接，形成了丝组二肽-吖啶缀合物（图 4.10）[17]。

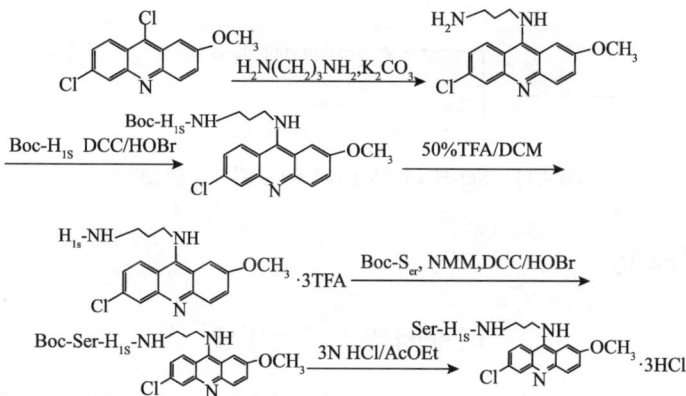

图 4.10 丝组二肽-吖啶缀合物合成路线[17]

2000 年，小组还研究了 Ser-His 所含的氨基、羟基、咪唑基和羧基在其切割 DNA 的反应中所起的作用，他们发现氨基和羟基是具有切割活性的必需基团，而羧基不是，对于咪唑基的存在，他们认为尽管咪唑基不是必需基团，但却可以提高 Ser-His 的切割活性[15]。第二年，研究小组首次报道了在一定的 pH 值范围内，Ser-His 对牛血清白蛋白有比较明显的切割作用[18]。2004 年，小组运用 QM-MM 的方法从理论上解释了丝组二肽与 DNA 通过氢键作用形成五配位磷中间体而切断 DNA 的作用机理[19]。2006 年，他们利用 Fmoc 手工固相合成法合成了以多聚赖氨酸为骨架，表面结合丝组二肽的四分支和二分支树状多肽，并研究了其对 λDNA 的切割活性，结果表明，结合丝组二肽的树状多肽达到一定浓度以后也具有切割 λDNA 的能力，但是等当量丝组二肽的树状多肽相对于丝组二肽单体的切割活性较低[20]。2011 年，小组系统地阐述了他们对 Ser-His 的生物活性的研究，指出 Ser-His 是迷你的磷酸酯酶和蛋白水解酶，是现代蛋白酶分子进化过程中的原始雏形（图 4.11）[21]。

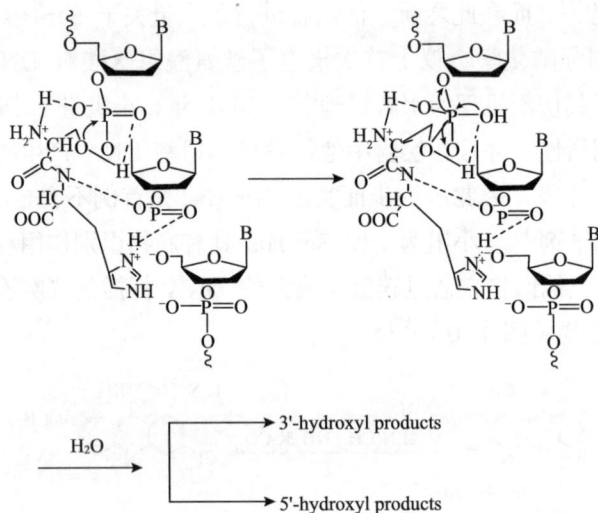

图 4.11　Ser-His 切割 DNA 的可能分子机制[21]

二、教育思想

艰难困苦，玉汝于成

赵玉芬（1948—），祖籍河南淇县，有机化学家，中国科学院学部委员（院士），俄罗斯国际科学院外籍院士。主要从事生命有机化学、有机磷化学、生命起源、药物化学、化学生物学领域的研究。担任国际期刊 *Heteroat.Chem.*

等编委，国内《科学》《中国科学》《高等学校化学学报》杂志编委。已培养多位博士、硕士，发表论文500多篇，出版《前生源化学条件下磷对生命物质的催化与调控》《磷与生活》等专著9部。曾获中国青年科学家奖、第二届新世纪巾帼发明家、科技部"十大杰出跨世纪人才"、国际阿布佐夫奖、卢嘉锡化学奖、南强杰出贡献奖、中国科学院科技进步奖二等奖等多项荣誉。

将"不可能"变为"可能"，靠的是在黑暗中"杀出一条血路来"。赵玉芬讲道，"化学是一门实验的科学，没有实验的结果就没有发言权，在做实验发生困难的时候，有人可能中途放弃了，而我坚持下来了，得到了结果，因此取得了成功[3]"。同困难作斗争，也是精神的对垒，胜者成才。"你们年轻人在学习时不要怕困难，不能怕苦，困难就是锻炼人的机会，遇到困难不要怕，人生在世就是来解决问题、克服困难的，困难越多，越能锻炼我们，每个人遇到的困难都不同，但自己不要怕，要想办法，不会就要去学，要去做，这样才能进步，才能成才[22]。"

将"不可能"变为"可能"，靠的是以实事求是为标尺。"做学问要诚实，学问面前来不得半点虚假[22]，" "我在实验研究中坚持以诚实的态度对待实验，认真观察实验中出现的正常或非正常现象，从不轻易忽视实验中哪怕是最微不足道的现象，并分析各种现象产生的原因，积极探索现象背后的本质[23]。"

将"不可能"变为"可能"，靠的是在实践中探究真理、发现新知。"学习要学真本领，要多想，多动脑，要开发思维，要创新，不能完全依赖于书本，别人没有提出的、书上没有的，不一定自己不能想，不能做，要自己动手去实践，实践出真知[22]。"

将"不可能"变为"可能"，靠的是集智攻关。"团结很重要，合作很重要，任何一项科研硕果的取得，任何一个难题的解决都离不开团队精神[22]。"

参 考 文 献

[1] 李艳梅, 杨增家, 赵玉芬. 鸡与鸡蛋, 孰先孰后——RNA 作为催化剂及与磷化学的关系研究[J]. 大学化学, 1994(01): 1-5.

[2] 赵玉芬. 新学部委员的主要科技成就(二) 我与生命磷化学[J]. 中国科学院院刊, 1992(03): 242.

[3] 宋先锋, 赵佳, 赵玉芬. 读出生命的美丽[J]. 创新科技, 2006(10): 22-24.

[4] 李艳梅, 马晓波, 赵玉芬. N-磷酰氨基酸和二肽的自身活化成肽[J]. 生物化学杂志, 1992(04): 434-437.

[5] Zhao Yufen, Li Yanmei, Yin Yingwu, Li Yuanchao. The regulation effect of phosphoryl group on amino acid side chain[J]. Science in China, Ser. B, 1993(12): 1451-1458.

[6] 尹应武, 陈益, 赵玉芬, 等. N-磷酰氨基酸的分子内磷酰基迁移与结构的关系[J]. 科学通报, 1994(04): 333-336.

[7] 赵玉芬. 磷酰化氨基酸与生命系统——核酸与蛋白相互作用的基本规律研究[J]. 厦门大学学报(自然科学版), 1999(S1): 207.

[8] 赵玉芬. 生命起源的现代探讨[J]. 科技导报, 2006(10): 1.

[9] 赵玉芬. 磷与生命化学[C]. 第五届全国化学生物学学术会议论文摘要集. 2007: 22.

[10] 杜进堂, 李艳梅, 陈忠周, 等. 磷酰化氨基酸反应性质的理论研究[J]. 高等学校化学学报, 2005(03): 540-545.

[11] 罗建红, 赵玉芬, 倪锋. N-磷酰化氨基酸的研究进展和试剂化前景展望[J]. 化学试剂, 2022, 44(04): 485-494.

[12] 赵玉芬, 唐果, 许鹏翔, 等. 磷酰化氨基酸与丙谷二肽[C]. 2011 年空间生命与生命起源暨航天医学工程学术研讨会论文集. 2011: 9.

[13] 唐果, 赵玉芬. 丙谷二肽生物实验研究[C]. 2011 年空间生命与生命起源暨航天医学工程学术研讨会论文集. 2011: 18.

[14] 赵玉芬. 从磷酰化氨基酸到丝组二肽[J]. 大学化学, 2019, 34(12): 86-90.

[15] 万荣, 王宁, 赵刚, 等. 丝组二肽所含基团在其切割 DNA 反应中的作用[J]. 高等学校化学学报, 2000(12): 1864-1866.

[16] 万荣, 王宁, 赵玉芬. 丝组二肽对 DNA 的切割作用的研究[J]. 高等学校化学学报, 2001(04): 598-600.

[17] 曹胜利, 万荣, 张琼, 等. 丝组二肽-吖啶缀合物的合成[J]. 厦门大学学报(自然科学版), 1999(S1): 199.

[18] 陈晶, 万荣, 刘海, 等. 丝组二肽对牛血清白蛋白的切割作用研究[J]. 高等学校化学学报, 2001(08): 1349-1351.

[19] 钟儒刚, 赵丽娇, 赵玉芬. 丝组二肽对 DNA 切割作用的 QM-MM 研究[J]. 化学学报, 2004(24): 2444-2446, 2368.

[20] 何骏, 麻远, 赵玉芬. 结合丝组二肽的树状多肽对 λDNA 的切割[J]. 高等学校化学学报, 2006(10): 1891-1893.

[21] 刘艳, 林铭堂, 陈培燕, 等. 丝组二肽——现代蛋白酶分子进化过程中的原始雏形[J]. 中国科学: 化学, 2011, 41(04): 579-586.

[22] 侯相华. 赤子心 爱国情——拜访赵玉芬院士[J]. 课堂内外(高中版), 2003(Z1): 102.

[23] 赵玉芬. 院士挚语[J]. 中学生数理化(八年级物理), 2010(06): 41.

第七例：石化王国的巾帼英雄

一、案例内容

白手起家 从无到有

根据国民经济发展需要，陆婉珍成为了新中国石油化工领域的首批拓荒者之一。随着工作的深入开展，陆婉珍逐渐认识到，"自己的任务就是建立一个能够对石化产品及各种催化剂、添加剂进行质量控制和质量保证的平台[1]。"而在石油分析平台上，分析仪器是至关重要的，为此，在20世纪50年代，陆婉珍在我国率先开展了气相色谱技术研究。1987年，陆婉珍研究组报道了利用气相色谱分析汽油族组成，他们对 Ury 提出的对汽油中烯烃定量的方法做了进一步的改进[2]。第二年，小组采用高分辨毛细管气相色谱法分析了200多个国产汽油样品的组成，数据结果表明，该方法可能不适于对汽油质量指标的标定，但可以用于产品的调和[3]。2003年，陆婉珍研究团队还综述了气相色谱-原子发射光谱联用技术在石油馏分硫化物、氮化物、氧化物、有机金属化合物分析中的应用[4]。同年，他们采用 PONA（甲基聚硅氧烷）柱，建立了对催化汽油中硫化物的分析方法，定性和定量分析了催化汽油中的60余种硫化物，结果表明，该方法是一种很好的研究不同来源汽油中各种硫化物类型分布的方法（表 4.6）[5]。次年，小组综述了气相色谱法测定汽油烃类组成分析技术的应用现状与发展，他们指出，气相色谱测定汽油组成的方法在汽油组成分析方面的作用，在相当长的时期内还很难被其他技术完全取代[6]。2005年，他们采用气相色谱-氢火焰离子化检验器-硫化学发光检测联用技术，建立了催化柴油中各种硫化物类型分布的分析方法，并指出该方法可以对柴油中120多种硫化物进行定性及定量分析，并且在一次进样过程中可以同时获得柴油正碳分布的信息[7]。

20世纪70年代后期，我国原有的色谱技术已经不能满足发展需求，陆婉珍便指导团队开发了弹性石英毛细管色谱柱，并且在当时达到了国际先进水平[8]。1983年，小组以国产熔融天然石英为原料拉制成了弹性石英毛细管，并制备出了涂有4种固定液的色谱柱，性能评定结果表明，柱子不经去活处理就有良好的

表 4.6　不同来源的汽油馏分中含硫化合物的分布[5]

硫化物	石家庄油	胜利油	大庆油	中东油
甲硫醇	2.3			1.5
乙硫醇	6.7	1.2		25
二甲硫醚	5.1			1.6
异丙硫醇	1	2		34.8
叔丁硫醇	2.7			1.8
正丙硫醇	0.9	4.7		15.7
噻吩	72.1	47.5	23	102
正丁硫醇	4.8	3.8		5.2
二甲基二硫化物	0.4	4.3		4
2-甲噻吩	93.9	109	32	142
3-甲噻吩	104.1	119	40	151
四氢噻吩	11.4	15.6	3.3	25
甲基乙基二硫化物	3.6			
2-甲四氢噻吩	10.6	25.9	3.3	39
乙基噻吩	37.4	56.2	12.9	71
2,5-二甲基噻吩	26.3	26	9.8	36
碳六硫醇	17.7	27.7	2	35
2,4-二甲基噻吩	54.3	53	29	68
碳六硫醚	0.8	8.1	4	12
2,3-二甲基噻吩	82.7	88.7	24	102
3,4-二甲基噻吩	21.6	24.4	21	28
3,3-二甲基四氢噻吩	2	5.5	1.1	10.5
2,4-二甲基四氢噻吩	3.3	9.6	1.2	14.2
甲基环己硫醚	2.1	6.8	4.5	15.1
碳三噻吩	112.9	123	61	186
碳四噻吩	72	87	15	130
碳七硫醚	2.8	6.3	4.0	22
碳八硫醚	1	5.6	8.5	19
苯并噻吩	10.4	13.7	0.7	11

惰性（表 4.7）[9]。对于许多复杂混合物的分析，往往需要多根石英毛细管柱串联接成长柱，有时由于操作不慎，可能会使价格比较昂贵的石英毛细管柱折断，因此，在 1984 年，他们介绍了一种简便的石英毛细管色谱柱的联接方法，即"套管黏结法"[10]。1986 年，研究团队还发表了题为《目前国际石英毛细管色谱柱的一些生产情况》的论文[11]。

表 4.7 熔融石英毛细管柱的柱效率及有关参数[9]

序号	编号	固定液	柱长（m）	内径（mm）	测试组分	柱容量比	柱效率		涂渍效率（%）	平均液膜（μm）
							每米理论塔板数	每米有效塔板数		
1	07	OV-101	29	0.2	$n\text{-}C_{12}$	3.4	3700	2400	59	0.35
2	32	OV-101	37	0.2	$n\text{-}C_{12}$	5.8	3900	2850	67	0.35
3	48	OV-101	30	0.25	$n\text{-}C_{12}$	3.9	3150	1820	63	0.44
4	44	OV-101	30	0.27	$n\text{-}C_{12}$	4.0	3300	2100	73	0.47
5	17	OV-101 PEG-20M 去活	31	0.2	$n\text{-}C_{12}$	3.4	5050	3020	81	0.35
6	23	SE-30	31	0.2	$n\text{-}C_{12}$	3.5	4200	2600	70	0.35
7	11	PEG-20M	30	0.2	1,2,4 三甲苯	3.0	5300	2900	83	0.35
8	4	PEG-20M	31	0.2	1,2,4 三甲苯	3.4	3830	2100	62	0.35
9	61	PEG-20M	22	0.2	1,2,4 三甲苯	4.7	4000	2700	67	0.35

20 世纪 90 年代，陆婉珍决定基于国内的研发力量，开发成套的近红外光谱分析技术。她以 71 岁的高龄，在四年内成功研发出我国第一台现代近红外光谱仪，成为我国近红外光谱技术的领路人[12]。1999 年，陆婉珍研究组在《近红外光谱法测定柴油中的芳烃含量》一文中指出，采用近红外光谱技术测定柴油的芳烃总含量是完全可行的，与其他分析手段相比，该方法具有操作方便、不消耗样品、分析速度快、重现性好等特点[13]。同年，他们采用固定光路和以线阵 CCD 为检测器的技术路线，开发了短波近红外光谱仪专利产品，经过长期运行测试后，结果表明，该仪器对汽油辛烷值、柴油十六烷值等的测定结果与国家标准测试方法的要求一致[14]。与此同时，他们还介绍了近红外光谱技术直接测定柴油十六烷值的方法，结果表明，与标准方法相比，该方法具有重复性好，测样速度快，分析成本低，样品需求量小且不消耗样品的优点[15]。同一年，他们还发表

了以《近红外光谱技术正在掀起一场分析效率革命》为题的论文，指出近红外光谱分析的应用已经给工业带来了巨大的经济效益和社会效益，随着技术和市场经济的不断发展，近红外光谱分析技术正在掀起一场分析效率的革命[16]。2001年，研究团队介绍了现代近红外光谱技术在乙烯工业中的应用及对工艺条件优化所起的作用，他们认为该技术的采用对提高乙烯收率、延长裂解管使用周期、维持装置的平稳运行都将起到重要的作用[17]。同年，他们以硅胶吸附法为参比，利用近红外分析方法测定了润滑油基础油的化学族组成，结果表明，近红外分析技术可以代替传统分析方法进行基础油化学族组成的快速分析[18]。与此同时，他们利用近红外光谱进行了与柴油性质的相关性分析，并指出该技术可以作为一种研究组成与性质关系的便利工具[19]。2004 年，研究组研制了一种具有准确性高、稳定性好、测量速度快、安全性强、自动化程度高和分析测试项目扩展性宽等特点的新型电荷耦合器件在线近红外光谱分析仪[20]。第二年，他们还详细介绍了我国自行研制的 NIR-6000 在线近红外成套分析技术及其在我国石化工业领域中的应用情况和推广前景[21]。2012 年，小组发表了题为《原油的快速评价》的论文，文中指出，近红外光谱或中红外光谱结合化学计量学方法是实现原油快速评价较为理想的手段（图 4.12）[22]。同年，他们在第五届中国在线分析仪器应用及发展国际论坛暨展览会上作了《汽、柴油近红外光谱数据库的建立》的报告，他们认为有必要针对我国的汽、柴油构成情况，建立专有的近红外光谱数据库[23]。

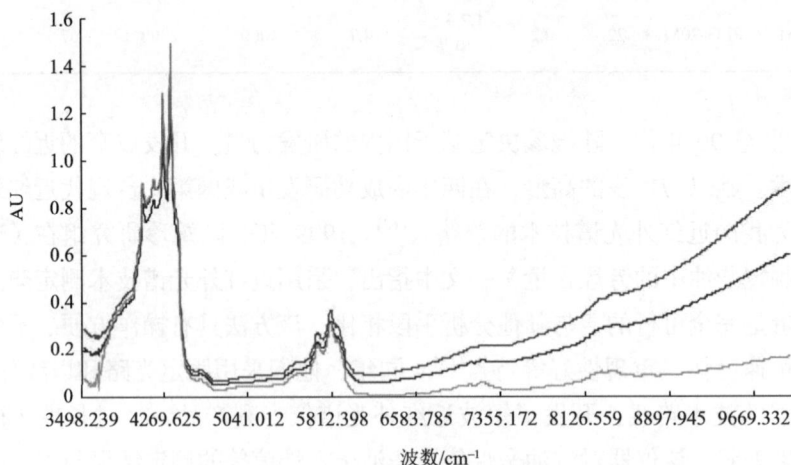

图 4.12　原油的近红外光谱图[22]

二、教育思想

心如水澄明

陆婉珍（1924—2015），祖籍上海，分析化学与石油化学家，我国石油分析领域的开拓者和奠基人，我国近红外光谱分析技术的领路人，"近红外光谱之母"，中国科学院学部委员（院士）。长期从事分析化学及石油化学的研究工作。曾任《分析化学》《色谱》《分析测试技术及仪器》等学术期刊的编委。发表论文 200 多篇，编写《近红外光谱仪器》《工业水处理》等多部著作。曾获"国家级有突出贡献的专家""全国三八红旗手"等荣誉。

取真经，真取经，去功利，是陆婉珍一直恪守的科学准则。

陆先生坚信犯其至难方能图其至远。她讲道，"森林中的树木是笔直的，沙漠中的骆驼是最耐饥渴的，那都是在困难中世世代代练出了令人羡慕的基因，在我的记忆中，每一次大的困难都会推动我的成长，或者说学会一点本领[2]"，"从困难中才能学到真本领，这才是实实在在的成长[2]"。陆先生常说，"人不能被物降住，物应该为人所用[24]"。在陆先生看来，拂去功利主义，抖落浮躁的尘埃，甘坐冷板凳，科研才能行高致远。她告诫年轻人，"科学成绩是常年的累加，而不是一朝一夕的辉煌"，"要想成功，必须抛却功利心，不论做学问、做人，都不要太功利，不要太浮躁，要顺其自然，从点滴做起，功夫到了，自然会积涓流以成大海[24]。"

斯人远去，但先生"新青胜蓝唯所盼"的心愿将一直激励着我们取真经。

参 考 文 献

[1] 王志羚. 耕耘苦久仍从容[N]. 经济日报, 2011-03-27(007).

[2] 杨美炎, 傅文慧, 由源鹤, 等. 气相色谱分析汽油族组成[J]. 色谱, 1987(02): 100-102.

[3] 程桂珍, 邹乃忠, 陆婉珍, 等. 高分辨气相色谱法测定汽油辛烷值[J]. 石油炼制与化工, 1988(10): 14-20.

[4] 杨永坛, 杨海鹰, 陆婉珍. 气相色谱-原子发射光谱联用技术及其在石油分析中的应用[J]. 现代科学仪器, 2003(02): 46-51.

[5] 杨永坛, 杨海鹰, 宗保宁, 等. 催化裂化汽油中硫化物的气相色谱-原子发射光谱分析方法

及应用[J]. 分析化学, 2003(10): 1153-1158.

[6] 李长秀, 刘颖荣, 杨海鹰, 等. 气相色谱法测定汽油烃类组成分析技术的应用现状与发展[J]. 色谱, 2004(05): 521-527.

[7] 杨永坛, 王征, 杨海鹰, 等. 气相色谱法测定催化柴油中硫化物类型分布及数据对比[J]. 分析化学, 2005(11): 1517-1521.

[8] 陈贵信. 此爱绵绵无尽期——记石化分析专家陆婉珍院士[J]. 中国工程师, 1995(02): 27-30.

[9] 邹乃忠, 于尔果, 汪燮卿, 等. 国产天然石英制作弹性毛细管色谱柱[J]. 石油炼制与化工, 1983(01): 51-56, 44.

[10] 武杰, 陆婉珍. 石英毛细管色谱柱的联接方法[J]. 分析化学, 1984(09): 863-864.

[11] 陆婉珍, 孙加和. 目前国际石英毛细管色谱柱的一些生产情况[J]. 色谱, 1986(03): 188-189.

[12] 卢祁. 近红外技术——敲响精细管理的大门——访中国科学院院士、著名分析化学、石油化学专家陆婉珍教授[J]. 中国仪器仪表, 2010, 221(01): 26-27, 29.

[13] 徐广通, 陆婉珍, 袁洪福. 近红外光谱法测定柴油中的芳烃含量[J]. 石油化工, 1999(04): 51-53.

[14] 袁洪福, 龙义成, 徐广通, 等. 近红外光谱仪的研制[J]. 分析化学, 1999(05): 608-613.

[15] 徐广通, 陆婉珍, 袁洪福. 近红外光谱测定柴油十六烷值[J]. 石油学报(石油加工), 1999(04): 65-69.

[16] 袁洪福, 陆婉珍. 近红外光谱技术正在掀起一场分析效率革命[J]. 现代仪器, 1999(05): 19-24.

[17] 徐广通, 杨玉蕊, 陆婉珍, 等. 近红外光谱在线分析技术将优化乙烯生产工艺[J]. 化工进展, 2001(01): 22-25.

[18] 王艳斌, 郭庆洲, 陆婉珍, 等. 近红外分析方法测定润滑油基础油的化学族组成[J]. 石油化工, 2001(03): 224-227.

[19] 徐广通, 陆婉珍. 柴油近红外光谱与性质的相关性分析[J]. 石油学报(石油加工), 2001(02): 91-95.

[20] 袁洪福, 褚小立, 陆婉珍, 等. 一种新型在线近红外光谱分析仪的研制[J]. 分析化学, 2004(02): 255-261.

[21] 袁洪福, 褚小立, 陆婉珍, 等. 在线近红外光谱成套分析技术及其在石油化工中的应用[C]. 中国化工学会 2005 年石油化工学术年会论文集. 2005: 63-66.

[22] 陆婉珍, 褚小立. 原油的快速评价[J]. 西南石油大学学报(自然科学版), 2012, 34(01): 1-5.

[23] 褚小立, 许育鹏, 陆婉珍. 汽、柴油近红外光谱数据库的建立[C]. 节能、减排、安全、环保——第五届中国在线分析仪器应用及发展国际论坛暨展览会论文集. 2012: 176-182.

[24] 刘学明. 人不要被物降住[J]. 作文与考试, 2019(14): 40.

第八例：修饰泰斗　电极英雄

一、案例内容

聚焦化学修饰电极　铸就辉煌成果

20 世纪 80 年代，董绍俊面向国家需求，率先在国内开拓了"化学修饰电极"(CMEs)这一领域的研究[1]。1981 年，董绍俊在《化学修饰电极》一文中表示，化学修饰电极实现了许多人们渴望的电极功能设计，通过修饰剂的剪裁，使电极有了某种特定需求的功能[2]。第二年，董绍俊研究组用等离子体聚合法成功地研制出了聚乙烯二茂铁化学修饰电极[3]，同年，他们还用新极谱法研究了该化学修饰电极[4]。1983 年，他们用表面有机合成法，在玻碳电极表面上通过酰胺键合成功地制备出四-邻氨基苯基铁卟啉修饰电极(FeTAPP-CME)[5]。次年，小组用电化学聚合法制备出了聚合物不渗透的修饰电极，实验结果表明，无论是用等离子体聚合还是电化学聚合的方法都能够制备出二茂铁的羟基、酰基衍生物的聚合膜电极，并表示这是一类新型的二茂铁金属有机化合物聚合膜电极，可以作为电位传感器[6]。1986 年，研究组用电化学方法在 Pt 基体上制备出了更稳定的无机物修饰电极，即普鲁士蓝(PB)修饰电极[7]。第二年，小组还首次报道了一种新的具有良好电色效应的化学修饰电极——六氰亚铁钒(VHF)。结果表明，该薄膜的电化学稳定性良好，颜色变化可逆，并且响应迅速[8]。1988 年，董绍俊在《分析化学》期刊上发表了题为《化学修饰电极在分析化学中的作用》的综述，她分别从电催化、电化学传感等六个方面介绍了化学修饰电极用于分析的实例[9]。次年，研究组报道了 1：12 磷钼杂多阴离子(PMo_{12})薄膜修饰电极的制备及其电化学行为。结果表明，玻碳电极表面电荷对 PMo_{12} 薄膜修饰电极的电化学性能有较大的影响，此外，他们认为阴离子基本上不参与 PMo_{12} 薄膜修饰电极的电化学氧化还原过程[10]。1991 年，小组报道了他们成功制备了六氰亚铁铜胶体微粒掺杂的聚吡咯(PPy-CuHCF)修饰电极[11]。次年，研究组采用电聚合方法成功地制备了聚天青 A(AZA)薄膜修饰电极，并提出了肌红蛋白于聚 AZA 薄膜修饰电极上的异相电子传递过程机理[12]。

　　20 世纪 60 年代出现了光谱电化学交叉学科，为了填补国内空白，董绍俊以特有的胆识和目光，开展了光透光谱电化学的研究[1]。1987 年，董绍俊小组研制成功了一种电解池组装简单、电极配置合理，而且便于洗涤的金网栅光透薄层电解池。结果表明，该电解池对光信号和电化学激发信号响应良好[13]。同年，他们首次采用光透薄层光谱电化学法研究了紫脲酸铵的电还原过程。结果表明，紫脲酸阴离子的电还原机理为双电子转移不可逆过程[14]。1990 年，小组指出，长光程薄层光谱电化学池（LOPTLC）不仅具有较高的光谱测试的灵敏度，而且具有较大的电极表面积与溶液体积比及薄的液层厚度，并先后报道了利用 LOPTLC 法研究茜素红 S 在酸性条件下于 GC 电极上的电化学行为和茜素红 S 的氧化产物与茜素红 S 形成分子间氢键的快速化学反应的热力学平衡常数和动力学反应速率常数[15]。同年，研究组首次报道了采用现场光透薄层光谱电化学研究灿烂甲酚蓝（BCB）的电化学过程，结果表明，BCB 在铂电极上反应为单电子转移过程[16]。第二年，小组还设计了一种以石英比色槽为光学窗，聚四氟乙烯块为电极支持体，玻碳片为工作电极的薄层厚度可调的插入式长光程薄层光谱电化学池[17]。此外，在 1992 年，小组又设计了一种以石英片为光谱窗口，工作电极、对极及插入式参比电极均置于薄层内的夹心型光透薄层紫外-可见光谱电化学池[18]。1999 年，小组发表了题为《抗坏血酸自加速的圆二色谱电化学研究》的论文，他们首次用现场圆二色谱电化学方法研究了抗坏血酸在玻碳电极上的电极反应过程[19]。同年，小组将圆二色光谱与电化学相结合，研究了去甲肾上腺在玻碳电极上的氧化还原过程，结果表明，圆二色谱电化学方法是研究手性分子电化学过程的灵敏方法[20]。

　　进入 90 年代，董绍俊面向国际科学发展前沿，及时地开展了分子自组装有序膜修饰电极的研究[21]。1995 年，研究组比较全面系统地综述了一种新型有序超薄有机膜，即自组膜（SAMs）[22]。第二年，小组在《自组膜技术在分子器件方面的应用研究》一文中指出，自组装技术比较简单和经济方便，且具有可修饰粗糙、任意形状的表面等特点，在超薄材料制备、薄膜光学器件等方面具有广阔的应用前景[23]。2000 年，他们以 $K_3Fe(CN)_6$ 作为探针分子，利用电流滴定法对自组装膜（巯基十一酸自组装膜）的表面酸碱性进行了研究，结果表明，其表观的表面 pK_a 值明显小于在溶液体系的 pK_a 值[24]。次年，小组在 4-氨基苯甲酸修饰的玻碳电极上制备了过渡金属取代杂多酸$[ZnW_{11}O_{39}Mn(H_2O)]^{8-}$（$ZnW_{11}Mn$）多层膜。实验证明，该多层膜的增长均匀，对 BrO_3^- 和 H_2O_2 的还原及抗坏血酸的氧化具有良好的电催化性能[25]。2002 年，他们首次制备了四铁取代的夹心型钨砷酸盐，并通过自组装将其修饰到了玻碳电极表面，形成了多层膜，实验证明，该修饰电极对 NO_2^- 和 H_2O_2 具有电催化活性[26]。

二、教育思想

祖国和科学　永远的依恋

董绍俊（1931— ），山东青岛人，分析化学家，我国化学修饰电极领域的创始人和开拓者之一，第三世界科学院院士，中国科学院长春应用化学研究所研究员。长期从事电分析化学研究。任国际期刊 *Bioelectrochemistry & Bioenergetics*、*Electrochemistry Communication* 等编委，国内期刊《电化学》《分析化学》等编委或顾问。已培养 100 余名研究生，发表论文 1000 多篇，出版《化学修饰电极》《光谱电化学方法——理论与应用》等多部专著。曾获第 16 届霍拉兹米国际科学奖一等奖、国家自然科学奖二等奖、国家自然科学奖三等奖、中国科学院自然科学奖一等奖、中国电化学成就奖、电分析化学终身成就奖等多种奖励。

"祖国和科学，是我永远的依恋"，正是这种对生于斯长于斯土地的深情和满怀对科学的信仰，成就了董绍俊从"科学救国"再到"科学报国"的愿望。

董先生说，"是祖国培育了我，祖国是我动力的源泉[1]"，这亦是我国一代代科学家不变的奋斗底色。多年来，她积极活跃在国际科研论坛上，先后在美、欧、亚洲等的二十多个国家几十所大学、研究所访问讲学一百多次，所到之处，皆为掌声。"科学无国界，但科学家有祖国"，这是董先生一生信奉的格言[1]。在群英荟萃的国际科学的讲坛上，她凭借扎实的科学底蕴、创新的学术观点和出色的表达能力，让世界更好地认识了中国、了解了中国，知道了"学术中的中国"，展示了中国女性科学家的巾帼风采[1]。

参 考 文 献

[1] 柏林. 祖国和科学 永恒的依恋——记新当选的第三世界科学院院士长春应化所博士生导师董绍俊[J]. 科学新闻, 2000, 160 (40): 19-20.

[2] 董绍俊. 化学修饰电极[J]. 化学通报, 1981 (12): 9-17.

[3] 董绍俊, 刘柏峰. 化学修饰电极的研究——Ⅰ. 等离子体聚合法制备聚乙烯二茂铁膜电极[J].

化学学报, 1982(11)：1061-1065.

[4] 董绍俊. 化学修饰电极的研究Ⅱ. 聚乙烯二茂铁膜修饰电极的新极谱循环图[J]. 分析化学, 1982(06)：338-342.

[5] 董绍俊, 许莉娟, 马跃. 化学修饰电极的研究Ⅴ. 铁卟啉修饰电极对氧的催化还原[J]. 化学学报, 1983(09)：809-816.

[6] 董绍俊, 刘柏峰, 毕军. 一种新型的化学修饰电极电位传感器[J]. 科学通报, 1984(06)：348-351.

[7] 李凤斌, 董绍俊. 化学修饰电极的研究——Ⅸ. 普鲁士蓝修饰电极的制备和性能[J]. 应用化学, 1986(02)：42-47.

[8] 董绍俊, 李凤斌. 六氰亚铁钒薄膜修饰电极——一种新的电色薄膜[J]. 科学通报, 1987(01)：36-38.

[9] 董绍俊. 化学修饰电极在分析化学中的作用[J]. 分析化学, 1988(10)：951-960.

[10] 董绍俊, 金哲. 化学修饰电极的研究——1：12 磷钼杂多阴离子薄膜修饰电极的电化学性质[J]. 化学学报, 1989(09)：922-925.

[11] Zhang Wenbin, Li Yijun, Dong Shaojun. Polypyrrole film-modified electrode doped with colloidal cupric hexacyanoferrate[J]. Chinese Science Bulletin, 1992(04)：346-347.

[12] 董绍俊, 褚庆辉. 肌红蛋白在聚天青 A 薄膜修饰电极上电极过程的研究[J]. 化学学报, 1992(06)：589-593.

[13] 宋士华, 程广金, 董绍俊. 光透薄层光谱电化学电解池[J]. 分析化学, 1987(05)：461-464.

[14] 董绍俊, 宋士华, 程广金. 光透薄层光谱电化学法研究紫脲酸铵电还原过程[J]. 物理化学学报, 1987(04)：368-374.

[15] 朱永春, 董绍俊. 长光程薄层光谱电化学法测定茜素红 S 的快速化学反应参数[J]. 物理化学学报, 1990(02)：70-76.

[16] 董绍俊, 朱毅瞀. 光透薄层光谱电化学法研究灿烂甲酚兰的电极过程[J]. 分析测试通报, 1990(03)：43-47.

[17] 朱永春, 程广金, 董绍俊. 一种简易长光程可见紫外、圆二色薄层光谱电化学池[J]. 高等学校化学学报, 1991(12)：1588-1591.

[18] 牛建军, 程广金, 董绍俊. 新式夹心型光透薄层光谱电化学电解池[J]. 应用化学, 1992(06)：11-15.

[19] 吕玉娟, 朱永春, 程广金, 等. 抗坏血酸自加速的圆二色谱电化学研究[J]. 分析化学, 1999(02)：153-157.

[20] 吕玉娟, 朱永春, 程广金, 等. 去甲肾上腺素电极过程的圆二色谱电化学研究[J]. 物理化学学报, 1999(10)：900-904.

[21] 王振新, 杨帆. 祝贺董绍俊先生九十华诞[J]. 分析化学, 2021, 49(06)：847-848.

[22] 李景虹, 程广金, 董绍俊. 一种新型有序超薄有机膜——自组膜[J]. 化学通报, 1995(10)：11-18.

[23] 李景虹, 程广金, 董绍俊. 自组膜技术在分子器件方面的应用研究[J]. 化学传感器, 1996(04)：247-254.

[24] 罗立强, 赵健伟, 杨秀荣, 等. 电流滴定法对自组装膜表面酸碱性的研究[J]. 高等学校化学学报, 2000(03)：380-382.

[25] 刘建允, 程龙, 董绍俊. 锰取代 Keggin 型杂多酸[ZnW$_{11}$O$_{39}$Mn(H$_2$O)]$^{8-}$在化学修饰玻碳电极上的多层组装及电催化性能研究[J]. 高等学校化学学报, 2001(10): 1641-1644.

[26] 毕立华, 刘建允, 申燕, 等. 四铁取代的夹心型钨砷酸盐的合成及玻碳电极表面多层膜组装与电催化性质研究[J]. 高等学校化学学报, 2002(03): 472-474.

第九例："我要打起精神，来一场新的奔跑"

一、案例内容

专注"绿色"12 年，破解世界难题

"我从事这项研究，是有强烈的使命感，我们世世代代生活在这片黄土地上，所以我们只有一条路，就是尽我们所能建设好这个国家[1]。"

纤维素和甲壳素都是自然界中安全且永不会枯竭的原材料，然而，它们很难溶解也无法熔融加工，如何开发利用堪称世界难题。耳顺之年的张俐娜开始她科研生涯中最重要的一战——纤维素新溶剂和材料的研究。2000 年，张俐娜研究组用几种方法评价了聚氨酯/壳聚糖涂层的再生纤维素膜在土壤中的生物降解性。结果表明，在土壤中微生物直接进攻防水涂层表面，然后进入纤维素并迅速代谢，因此，蓖麻油型聚氨酯/壳聚糖涂层的纤维素防水膜是可完全生物降解的膜[2]。两年后，他们以 6wt%NaOH/4wt%尿素为纤维素的新溶剂，通过溶液共混法制备出了纤维素/甲壳素共混膜。结果表明，在纤维素中加入适量的甲壳素可以提高共混膜的抗张强度以及抗水性，此外，当甲壳素含量达到 50wt%时，该共混膜具有良好的抗凝血性能[3]。2004 年，他们在第四届全国高聚物分子表征学术讨论会上作了题为《新型再生纤维素纤维的制备和表征》的报告，他们首次开发了一种纤维素新溶剂，即 NaOH/尿素水溶液，可使纤维素迅速溶解制得纤维素浓溶液，并成功制备了高强度的再生纤维素纤维，而且还表示他们的制备技术具有低成本、工艺简单、无污染的优点，所得到的纤维具有优良的结构和性能（图 4.13）[4]。此外，他们还在国际期刊 *Macromolecular Rapid Communications* 上发表了题为《Novel Fibers Prepared from Cellulose in NaOH/Urea Aqueous Solution》的论文，首次在国际上对该成果进行了报道[5]。同年，他们以自己研制出的这种无污染纤维素新溶剂为反应介质均相合成了甲基纤维素，结果表明所制备的试样具有更加均一的结构[6]。第二年，小组发表了题为《Rapid Dissolution of Cellulose in LiOH/Urea and NaOH/Urea Aqueous Solutions》的论文，阐明了纤维素在 LiOH/尿素、NaOH/尿素 和 KOH/尿素水溶液中的溶解行为

和溶解度[7]。他们在参加全国高分子学术论文报告会时指出，他们将纤维素直接溶解在了 NaOH/尿素水溶液中，并以环氧氯丙烷为交联剂，通过一步法直接由纤维素合成出了无色透明、高强度的新型纤维素水凝胶[8]。与此同时，他们还在该报告会上再一次报告了新溶剂，即 NaOH/尿素水溶液，他们利用预冷的 7wt%NaOH/12wt%尿素水溶液溶解纤维素制备了纤维素纺丝原液，并进行了中试连续纺丝，发现这种新型纤维素纤维具有优良的力学性能和均匀的结构，这种制备工艺有望取代黏胶法[9]。除此之外，他们还在此次报告会上报告了纤维素/NaOH/尿素水溶液的溶液-凝胶行为，结果表明，该纤维素溶液在加热时形成凝胶，而且显示出不可逆行为，并且在冷冻后仍不能恢复为液态，此外，他们还发现这种纤维素在加热和冷却条件下都会形成凝胶[10]。同年，他们还提出以再生纤维素膜为模板吸附 Fe^{2+}，通过原位沉淀在膜微孔内原位生成磁性纳米粒子，由此可以制得纤维素磁性复合膜[11]。

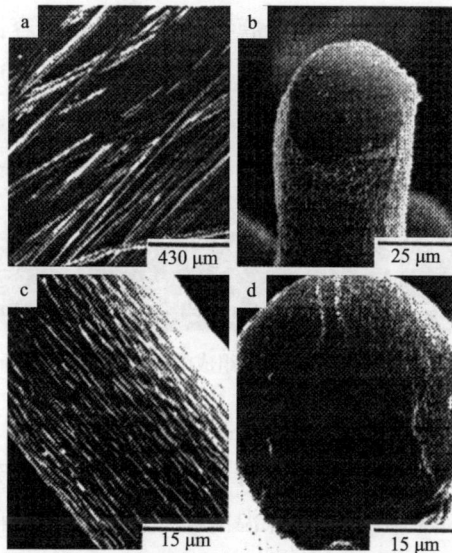

图 4.13 新型纤维在 SEM 下的表面和截面形态[4]

2005 年，他们提供了一种制备稳定的纤维素水凝胶的新途径，即将纤维素溶于预冷的 9.5wt%NaOH/4.5wt%硫脲水溶液中形成透明的纤维素浓溶液，然后再升高温度或 25℃以上存放足够长的时间后形成凝胶[12]。2007 年，研究组在全国高分子学术论文报告会上指出，他们以再生纤维素微孔膜为模板，物质的量比为 1∶2 的 Fe(II)和 Fe(III)离子溶液为反应前驱体，原位合成了一系列含四氧化三铁纳米粒子的纤维素复合膜[13]。同年，小组发表了题为《纤维素溶剂研究进展》的综述，文中指出，将 NaOH/尿素、NaOH/硫脲和 LiOH/尿素水溶液体系预冷至–5～–12℃后可以迅速溶解纤维素，这主要是通过低温产生小分子和大分子间新的氢键网络结构，导致纤维素分子内和分子间氢键的破坏而溶解，同时尿素或者硫脲作为包合物客体阻止纤维素分子自聚集使纤维素溶液较稳定，他们认为这种低温溶解技术不仅突破了加热溶解的传统方法，而且可推进化学"绿色化"进程[14]。2009 年，他们又提出了制备高强度纤维素/纳米复合气凝胶材料的"绿色"新途径[15]。同时，他们首次制备出用纤维素晶须增强的再生纤维素膜，即自增强纳米纤维素复合膜[16]。此外，他们还为创建天然高分子-量子点水凝胶开辟了新途径，即以纤维素和水溶性量子点为原料，环氧氯丙烷为交联剂，通过化学交联在 6wt%NaOH/4wt%尿素水溶液中可以制备出荧光水凝胶[17]。2011 年，研究组通过一种绿色的方法在 NaOH/尿素水体系中制备得到纤维素和明胶组成的复合膜，并用戊二醛作为交联剂对该复合膜进行了化学交联。结果表明，交联前后复合膜都具有良好的相容性和力学性能，但交联后的复合膜的力学性能及耐水性都进一步提高（图 4.14）[18]。

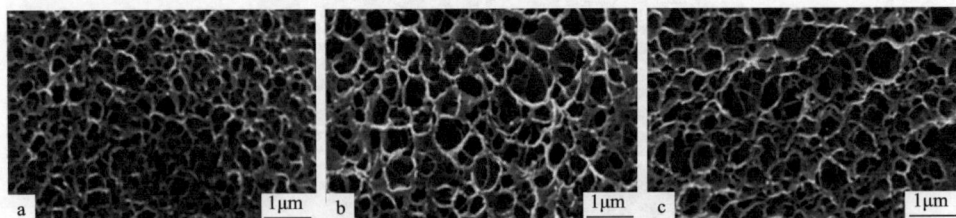

图 4.14 再生纤维素（RC）膜与纤维素和明胶组成的复合膜（C/G）断面的扫描电镜形貌图[18]

同年，他们在全国高分子学术论文报告会上作了题为《难溶性大分子的低温溶解及新材料的构筑》的报告，报告中指出，他们首次建立了低温溶解新技术和理论，开辟了一条利用水体系低温溶解难溶性大分子的新途径，并指出该途径具有价廉、环保及简单的优点[19]。此外，他们还用 NaOH/尿素水溶液在–20℃下冷冻-解冻循环溶解甲壳素，最终制备出用于吸附染料的再生甲壳素水凝胶[20]。与此同时，他们还提供了一种生产再生纤维素膜的价廉、"绿色"新技术，即通过热水浴作为凝固浴，用纤维素/NaOH/尿素溶液制备再生纤维素膜[21]。2012 年，张俐娜在全国高分子材料科学与工程研讨会上提出，他们团队利用可再生的、动植物资源中天然高分子为原料，通过非共价键作用力构建了新的生物质基材料，并且它们废弃后在土壤中可生物降解[22]。次年，研究组在全国高分子学术论文报告会上指出，他们基于大分子和小分子氢键作用的机理，并利用水溶剂体系低温溶解方法解决了难溶性大分子甲壳素溶解的问题[23]。2020 年，研究组在《可持续高分子-纤维素新材料研究进展》和《Recent Progress in High-Strength and Robust Regenerated Cellulose Materials》两篇论文中指出，利用永不枯竭的纤维素资源通过"绿色"溶剂和新技术制备出的纤维素膜、水凝胶、气凝胶、微球、泡沫材料等都具有良好的性能和多种功能，而且在培养液和土壤中可以生物降解完全（图 4.15）[24-25]。

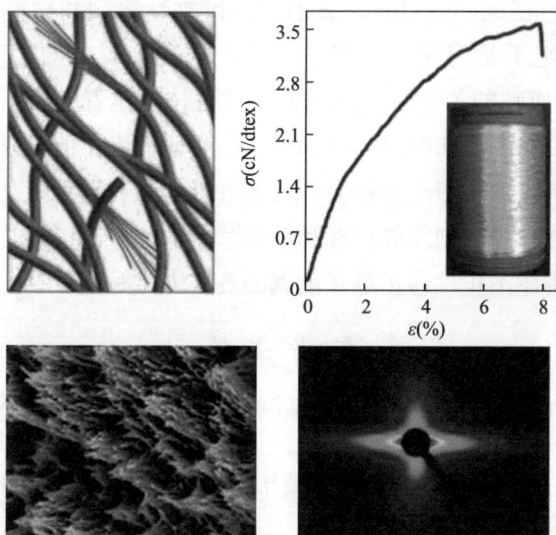

图 4.15　由纤维素溶液经诱导形成纳米纤维纺成的机械强度强的复合纤维[24]

二、教育思想

有激情不怕年高

　　张俐娜（1940—2020），籍贯江西萍乡，高分子物理化学家，中国"绿色"化学的先驱和斗士，天然高分子材料开拓者，中国科学院院士。长期致力于高分子物理与天然高分子材料的基础和应用研究。曾任国际刊物 *ACS Sustainable Chemistry & Engineering* 副主

编，国内《高分子学报》以及国际 *Journal of Biobased Materials and Bioenergy*、
Cellulose 等期刊的编委。已培养 57 名博士研究生和 25 名硕士研究生，在国内
外重要学术刊物发表论文 600 余篇，主编《天然高分子科学与材料》《基于生物
质的环境友好材料》等专著 15 部。曾获美国化学会安塞姆·佩恩（Anselme
Payen）奖、国家自然科学奖二等奖、"科学中国人年度人物"、"全国首届优
秀巾帼发明者"、"全国优秀教师"、"全国先进工作者"等多种奖项与荣誉。

张俐娜，被称作是"大器晚成"的科学家。在她 46 岁时，才开始了真正意
义上的科学研究；在她 60 岁，才开启了纤维素新溶剂和材料的全新领域的研
究。她说，"年纪不是问题，只要你肯学，一定会成功的[26]。"在她看来，
"激情是决定事业成败的关键。"她讲道，"科技工作者应该把研究方向同国家
的发展目标、人民的生活和健康结合起来，搞科研的人不能仅仅是为了完成几篇
论文而搞科研，还应该多考虑为社会、为老百姓作出有形贡献，科技工作者要爱
国，有爱国的精神，才有创新的目标和动力[26]。"

生命不息，奋斗不止，这正是张俐娜的真实人生写照。

参 考 文 献

[1] 张希, 刘冬生, 许小娟. 庆祝张俐娜院士 80 华诞专辑前言[J]. 高分子学报, 2020, 51（08）:
772-776.

[2] 周金平, 张俐娜, 黄进, 等. 聚氨酯/壳聚糖互穿聚合物网络涂层再生纤维素膜的生物降解
性[J]. 纤维素科学与技术, 2000（03）: 15-21.

[3] 郑化, 杜予民, 周金平, 等. 纤维素/甲壳素共混膜的结构表征与抗凝血性能[J]. 高分子学
报, 2002（04）: 525-529.

[4] 蔡杰, 张俐娜, 周金平, 等. 新型再生纤维素纤维的制备和表征[C]. 中国化学学会. 第四届
全国高聚物分子表征学术讨论会论文集. 2004: 2.

[5] Cai Jie, Zhang Lina, Zhou Jinping, etal. Novel fibers prepared from cellulose in NaOH/urea
aqueous solution[J]. Macromolecular Rapid Communications, 2004（25）: 1558-1562.

[6] 周金平, 邓清海, 吴晓军, 等. 甲基纤维素的合成及其结构和性能表征[C]. 中国化学学会.
第四届全国高聚物分子表征学术讨论会论文集. 2004: 2.

[7] Cai Jie, Zhang Lina. Rapid dissolution of cellulose in LiOH/Urea and NaOH/Urea aqueous
solutions[J]. Macromolecular Bioscience, 2005（5）: 539-548.

[8] 周金平, 常春雨, 董首山, 等. 纤维素水凝胶的合成及其结构和性能表征[C]. 中国化学会高
分子学科委员会. 2005 年全国高分子学术论文报告会论文摘要集. 2005: 1.

[9] 蔡杰, 张俐娜. 新型再生纤维素纤维的结构与性能[C]. 中国化学会高分子学科委员会. 2005
年全国高分子学术论文报告会论文摘要集. 2005: 1.

[10] 蔡杰, 张俐娜. 纤维素／NaOH/尿素水溶液的独特流变行为[C]. 中国化学会高分子学科委
员会. 2005 年全国高分子学术论文报告会论文摘要集. 2005: 282.

[11] 周金平, 刘石林, 张俐娜. 纤维素／磁性纳米粒子复合膜的结构与性能[C]. 中国化学会高分子学科委员会. 2005 年全国高分子学术论文报告会论文摘要集. 2005: 611.

[12] 张俐娜, 邝东. 纤维素在 NaOH/硫脲水溶液中溶液-凝胶转变行为[C]. 中国化学会高分子学科委员会. 2005 年全国高分子学术论文报告会论文摘要集. 2005: 1.

[13] 周金平, 李燃, 李倩, 等. 纤维素/四氧化三铁纳米复合膜的制备、结构及性能研究[C]. 中国化学会高分子学科委员会. 2007 年全国高分子学术论文报告会论文摘要集（上册）. 2007: 1.

[14] 吕昂, 张俐娜. 纤维素溶剂研究进展[J]. 高分子学报, 2007(10): 937-944.

[15] 蔡杰, 张俐娜, Shigenori Kuga. 高强度纤维素/SiO$_2$ 气凝胶的结构和性能[C]. 中国化学会高分子学科委员会. 2009 年全国高分子学术论文报告会论文摘要集（下册）. 2009: 1.

[16] 张俐娜, 祁海松, 蔡杰, 等. 纤维素纳米晶须增强再生纤维素膜的研究[C]. 中国化学会高分子学科委员会. 2009 年全国高分子学术论文报告会论文摘要集（下册）. 2009: 1.

[17] 常春雨, 彭俊, 张俐娜, 等. 纤维素/量子点荧光水凝胶的构建[C]. 中国化学会高分子学科委员会. 2009 年全国高分子学术论文报告会论文摘要集（下册）. 2009: 1.

[18] 裴莹, 张俐娜, 王慧媛, 等. 纤维素/明胶复合膜的超分子结构与性能[J]. 高分子学报, 2011(09): 1098-1104.

[19] 张俐娜, 常春雨, 史星伟, 等. 难溶性大分子的低温溶解及新材料的构筑[C]. 中国化学会高分子学科委员会. 2011 年全国高分子学术论文报告会论文摘要集. 2011: 1.

[20] 汤虎, 周维婕, 张俐娜. 甲壳素水凝胶对孔雀绿染料的吸附作用[C]. 中国化学会高分子学科委员会. 2011 年全国高分子学术论文报告会论文摘要集. 2011: 1.

[21] 纤维素/NaOH/尿素溶液通过热水再生成膜的结构和性能[C]. 中国化学会高分子学科委员会. 2011 年全国高分子学术论文报告会论文摘要集. 2011: 1.

[22] 低温溶解难溶解性大分子的机理及新材料构建[C]. 中国化学会、中国机械工程学会、中国材料研究学会. 2012 年全国高分子材料科学与工程研讨会学术论文集（上册）. 2012: 3.

[23] 张俐娜, 蔡杰, 段博, 等. 低温溶解甲壳素的机理及新材料构建[C]. 中国化学会高分子学科委员会. 2013 年全国高分子学术论文报告会论文摘要集——主题 I: 生物高分子与天然高分子. 2013: 1.

[24] 段博, 涂虎, 张俐娜. 可持续高分子-纤维素新材料研究进展[J]. 高分子学报, 2020, 51(01): 66-86.

[25] Tu Hu, Zhu, Mengxiang, Duan Bo, etal. Recent progress in high-strength and robust regenerated cellulose materials[J]. Advanced Materials, 2020(33): 1-22.

[26] 周金虎. 小世界 大人物——记全国政协委员、武汉大学化学与分子科学学院教授张俐娜[J]. 世纪行, 2006(05): 18-20.

第十例：努力走在科技最前沿

一、案例内容

初心不改，潜心治研，坚守分子筛领域

20 世纪 90 年代，各类新生材料崛起，分子筛这个传统研究领域一度处于瓶颈低谷期，但于吉红却对它"情有独钟"，并始终坚守分子筛领域，潜心研究。在她看来，具有纳米窗口的分子筛是一类极为神奇的材料，这一肉眼看不见的结构蕴含着奇妙的大世界，具有无与伦比的魅力[1]。2003 年，在徐如人院士的带领下，于吉红与研究组一同报道了一种设计具有特定孔道结构的分子筛骨架的计算机方法，即引入"禁区"的概念，他们认为这种方法对于根据功能需要定向设计具有特殊孔道的分子筛骨架更为直接有效[2]。两年后，他们又用分子动力学模拟的方法详细地研究了六甲胺和二苯基二甲基胺这两种有机结构导向剂对 EU-1 和 ZSM-50 骨架结构的影响。结果表明，主客体间的电荷密度匹配原则是决定骨架结构的重要因素[3]。2008 年，于吉红研究组在中国化学会第 26 届学术年会无机与配位化学分会场上做了题为《过渡金属取代磷酸铝分子筛 $AlPO_4$-5 的晶体形貌控制》的报告，指出在聚乙二醇存在条件下，过渡金属离子进入骨架的不同取代机制是影响分子筛形貌变化的关键原因[4]。此外，他们还在该会议上报告了离子热合成磷酸钴分子筛 GIS[5]。同年，他们报道了在微波辐射下，通过系统调控水与醇的体积比及加入晶种等方法实现了 $AlPO_4$-5 分子筛晶体的形貌和尺寸控制（图 4.16）[6]。

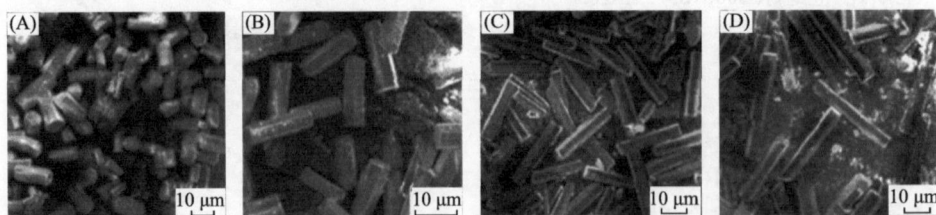

图 4.16　乙二醇与 H_2O 的体积比为 11：1 时的扫描电镜照片[6]

次年，小组通过水热合成方法，利用 1,2-环己二胺为模板剂，将金属原子 Mg 和 Zn 掺杂到磷酸铝体系中，合成了两种具有新颖分子筛结构的杂原子取代磷酸铝 MgAPO-CJ60 和 ZnAPO-CJ61，该成果为定向合成具有新颖拓扑结构的分子筛提供了理论依据[7]。2009 年，研究组在第十五届全国分子筛学术大会上指出，他们采用新合成二甲基二异丙基氢氧化铵为模板剂，在氟体系下合成了多型体 A 富集的全硅 Beta 沸石分子筛[8]。第二年，于吉红在中国化学会第 27 届学术年会上报告了介孔沸石分子筛及开放骨架无机晶体的结构设计与合成[9]。同年，小组以咪唑为模板剂，合成出了一例新型含铁磷酸铝类分子筛 $(C_3H_4N_2)_4Fe_2Al_6P_8O_{32}$[10]。2010 年，小组在《物理化学学报》上发表了题为"高度 b 取向 Silicalite-1 分子筛模的制备"的论文，他们所用的制备方法简单、重复性好，而且还实现了 Silicalite-1 沸石分子筛在基底表面的高度取向生长和膜中晶体大小及膜层微结构的调控[11]。2011 年，他们首次以自组装的铜胺配合物 $[Cu(en)_2]^{2+}$ 为模板剂，合成了具有 AWO 分子筛结构的磷酸铝微孔化合物 $[Cu(en)_2]_{0.5}[Al_3P_3O_{12}(OH)]$，并命名为 AlPO-CJ53（图 4.17）[12]。

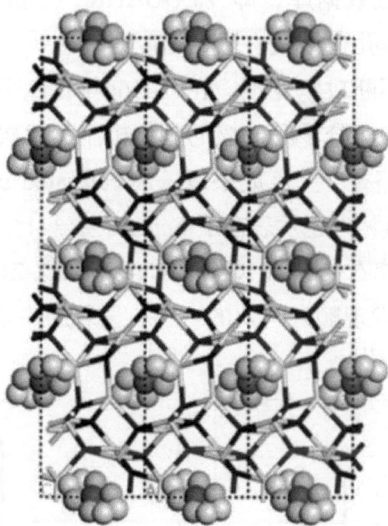

图 4.17　AlPO-CJ53 沿[001]方向的投影图[12]

同年，他们在《高等学校化学学报》上发表了以《分子筛在医学领域的应用及作用机制》为题的综述[13]。与此同时，他们在第十六届全国分子筛大会上指出，他们不仅以 N,N,N,N-四甲基己二胺为结构导向剂，在非浓凝胶体系下合成了 ITQ-13 沸石分子筛[14]，而且还以新型的有机季铵作为模板剂合成了手性介孔硅锗酸盐分子筛 ITQ-37[15]。除此之外，他们还在该会议上对在水热体系中首次合成的 Zn 掺杂磷酸铝分子筛 ZnAPO-17 进行了报告，并指出该化合物具有 ERI 分子筛拓扑结构[16]。2012 年，于吉红在第十二届固态化学与无机合成学术会议上做了题为《分子筛多孔晶体材料的定向设计与合成》的报告，他们小组开发了设计理想孔道结构的计算机方法，建立了定向合成具有特定孔道结构以及特殊聚集态结构的方法和途径[17]。第二年，研究组开发了一套专门用于预测无机晶体结构的计算机程序，即 Fragen 程序。他们利用该程序，以已知的 AET 分子筛结构为模板，通过控制每个 T 原子的 Wyckoff 点对称性，成功预测出 31 种合理的沸石分子筛结构，进一步证明了该程序在沸石分子筛结构预测方面具有巨大的优势。此外，他们还发现该程序比主流的结构预测方法在搜索空间构象方面具有更高的效率[18]。2017 年，他们采用水热法，通过调变反应溶胶的量合成了不同尺寸的不规则圆片状多孔锌硅分子筛 VPI-7，并且提出该 VPI-7 分子筛可以作为骨填充材料负载药物或生物大分子物质促进骨修复[19]。2021 年，小组在"材料基因工程技术在分子筛领域中的应用"一文中指出，早在 2009 年，他们小组便发布了分子筛领域首个合成数据库，即 ZEOBANK，该数据库收录了多种磷酸铝分子筛的合成信息，包括孔道维数、骨架密度等[20]。

几十年来，于吉红不断攻坚克难，在 2016 年，她带领的研究团队在国际上首次发现了羟基自由基加速分子筛成核的晶化机制，此次发现为分子筛材料的高效及绿色合成开辟了新路径[1]。该成果以《Accelerated crystallization of zeolites via hydroxyl free radicals》为题发表了在 *Science* 杂志上，文中指出，他们采用紫外照射或 Fenton 反应向沸石分子筛 Na-A、Na-X、NaZ-21 以及 Silicalite-1 的水热合成体系引入了·OH，发现额外引入的·OH 显著加快了沸石分子筛的成核，加速了晶化过程（图 4.18）[21]。

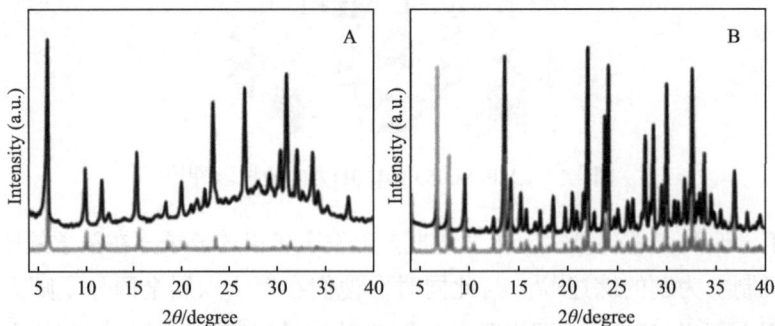

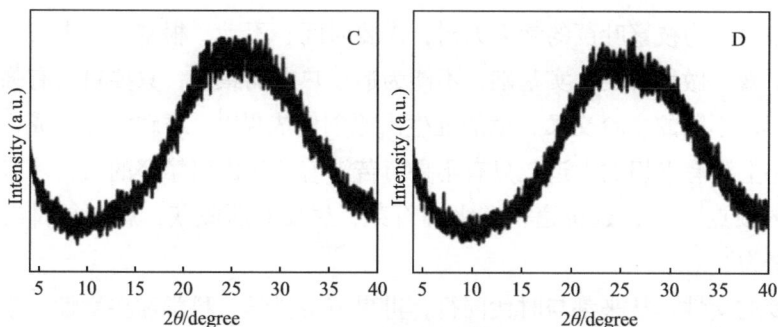

图 4.18　在 298 K 的紫外线照射和黑暗条件下的结晶过程[21]

　　2021 年，小组在《高等学校化学学报》上发表了以《羟基自由基在沸石分子筛合成中的作用》为题的综述，指出羟基自由基可以促进 Si—O—Si 键的断裂和重新生成，从而显著加快分子筛成核并促进硅原子进入骨架[22]。

二、教育思想

以兴趣始，以毅力终

　　于吉红（1967—），籍贯山东肥城，无机化学家，中国科学院院士。长期从事无机多孔功能材料的合成与制备化学研究。现任美国化学会 *Journal of the American Chemical Society* 执行主编，《高等学校化学学报》和 *Chemical Research in Chinese Universities* 主编，*Advanced Materials*、*ACS Nano* 等国际期刊编委/顾问编委。已培养博士 70 余人，发表 SCI 检索论文 300 余篇，出版《纳米孔材料化学》等著作 7 部。曾获国际纯粹与应用化学联合会化学化工杰出女性奖、国家自然科学奖二等奖、何梁何利基金科学与技术进步奖、第六届中国青年女科学家奖、"全国巾帼建功标兵"、"全国五一劳动奖章"、"全国三八红旗手"、"全国模范教师"等荣誉。

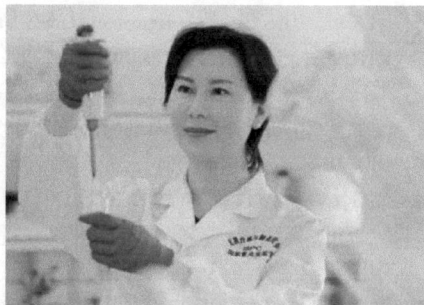

　　"科研以兴趣始，以毅力终"，这是于吉红的信念。

　　"科研对我来说，是一件很快乐的事，我们可以发现问题，并解决问题，这个过程会带来很大的满足感[23]"，于吉红常说，"兴趣是最好的导师"。保持兴趣，是她不断攀登科学高峰的底气。在科研中，她还一直推崇"大树理论"，即一棵小树成为枝繁叶茂的参天大树，需要时间、不动、根基、向上长、向阳光等几个要素，做科研要夯实基础，不能为追逐热点而跟风，只要自己有强壮的根基，并通过不断的学科交叉，就能催生出原创性成果[1]。磨砺始得玉成，"在科学的道路上没有平坦的大道，只有不畏劳苦沿着陡峭山路攀登的人，才有希望达到光辉的顶点[23]"，她讲道，"水滴石穿，想要有所收获，就必须付出足够的时间和努力"。

逐梦的女性，从来都与时代同行，世界需要科学，科学需要女性。于吉红谈到女科技工作者，她这样讲，"我认为女性科研工作者和男性没有什么差别，也许两者思维方式有些不同，但都需要有智慧的头脑和辛勤的投入，需要有知其难而为之的决心，女性一样可以成就非凡[23]。"

参 考 文 献

[1] 贾莹莹. 巾帼绽芳华 以"科技梦"助推"中国梦"[N]. 中国妇女报，2022-09-30(001).

[2] 郭敏，李乙，李激扬，等. 具有特定孔道结构的分子筛骨架的设计[J]. 复旦学报(自然科学版)，2003(06)：861-866.

[3] 李激扬，于吉红，徐如人. 理论研究两种具有 EUO 骨架结构类型的分子筛 EU-1 和 ZSM-50[J]. 高等学校化学学报，2005(03)：397-400.

[4] 闫文付，田大勇，曹学静，等. 过渡金属取代磷酸铝分子筛 $AlPO_4$-5 的晶体形貌控制[C]. 中国化学会. 中国化学会第 26 届学术年会无机与配位化学分会场论文集. 2008: 1.

[5] 邢宏珠，闫文付，于吉红，等. 离子热合成微孔磷酸钴分子筛 GIS[C]. 中国化学会. 中国化学会第 26 届学术年会无机与配位化学分会场论文集. 2008: 1.

[6] 田大勇，李激扬，闫文付，等. 微波辐射条件下混合溶剂体系中 $AlPO_4$-5 分子筛的晶貌控制[J]. 高等学校化学学报，2008，29(12)：2492-2495.

[7] 段芳正，李激扬，李乙，等. 两种具有新颖分子筛结构的杂原子取代磷酸铝的合成与结构[C]. 中国化学会分子筛专业委员会. 第十五届全国分子筛学术大会论文集. 2009: 2.

[8] 童明全，闫文付，于吉红，等. 多型体 A 富集的全硅 Beta 沸石分子筛[C]. 中国化学会分子筛专业委员会. 第十五届全国分子筛学术大会论文集. 2009: 3.

[9] 于吉红. 介孔沸石分子筛及开放骨架无机晶体的设计与合成[C]. 中国化学会. 中国化学会第 27 届学术年会第 08 分会场摘要集. 2010: 1.

[10] 郭亚楠，宋晓伟，李激扬，等. 新型含铁磷酸铝类分子筛的合成与结构[C]. 中国化学会. 中国化学会第 27 届学术年会第 08 分会场摘要集. 2010: 1.

[11] 王周翔，闫文付，田大勇，等. 高度 b 取向 Silicalite-1 分子筛膜的制备[J]. 物理化学学报，2010，26(07)：2044-2048.

[12] 段芳正，李激扬，孙伟，等. 具有 AWO 分子筛结构的磷酸铝[Cu(en)$_2$]$_{0.5}$[Al$_3$P$_3$O$_{12}$(OH)]：合成、结构与相转变[J]. 中国科学：化学，2011，41(01)：24-29.

[13] 陈炳鹏，王卓鹏，柳菁菁，等. 分子筛在医学领域的应用及作用机制[J]. 高等学校化学学报，2011，32(03)：485-493.

[14] 任晓燕, 李激扬, 于吉红, 等. 非浓凝胶体系下 ITQ-13 分子筛的合成与表征[C]. 中国化学会分子筛专业委员会. 第十六届全国分子筛大会论文集. 2011: 1.

[15] 钱昆, 李激扬, 姜久兴, 等. 以非手性结构导向剂合成的手性介孔分子筛 ITQ-37 的合成与表征[C]. 中国化学会分子筛专业委员会. 第十六届全国分子筛大会论文集. 2011: 1.

[16] 徐燕, 李激扬, 于吉红, 等. Zn 取代具有 ERI 拓扑结构的纳米 ZnAPO-17 的合成与性质研究[C]. 中国化学会分子筛专业委员会. 第十六届全国分子筛大会论文集. 2011: 1.

[17] 于吉红. 分子筛多孔晶体材料的定向设计与合成[C]. 中国化学会, 国家自然科学基金委员会. 第十二届固态化学与无机合成学术会议论文摘要集. 2012: 1.

[18] 卢君然, 李乙, 于吉红, 等. 利用 FraGen 程序预测沸石分子筛的骨架结构[J]. 物理化学学报, 2013, 29(08): 1661-1665.

[19] 李瑞延, 王双, 李冬冬, 等. VPI-7 分子筛的合成及生物学性能[J]. 高等学校化学学报, 2017, 38(11): 1935-1940.

[20] 陈思琦, 李莉, 李乙, 等. 材料基因工程技术在分子筛领域中的应用[J]. 高等学校化学学报, 2021, 42(01): 179-187.

[21] Feng Guodong, Cheng Peng, Yan Wenfu, et al. Accelerated crystallization of zeolites via hydroxyl free radicals[J]. Science, 2016(351): 1188-1191.

[22] 王健羽, 张强, 闫文付, 等. 羟基自由基在沸石分子筛合成中的作用(英文)[J]. 高等学校化学学报, 2021, 42(01): 11-20.

[23] 胡文媛. 于吉红: 化学界杰出女院士[J]. 国企管理, 2017, 114(08): 68-69.

致　　谢

本书编撰期间，研究生梁天、邢野、王亚南等做了大量的资料收集整理相关工作。此外，本书能够完成得益于青海高校应用化学虚拟教研室、青海民族大学双碳专项科研项目（CPCN202301）、青海省级"四新"研究与改革实践项目"面向盐湖应用化学人才培养研究"和青海省级哲学社会科学重点项目"建设世界级盐湖产业基地研究"（23ZCZD004）等的支持。在这里一并感谢。